KB197690

거의 모든 전치사 표현의 영어

위혜정

서울대학교 대학원 석사(외국어 교육과 영어 전공) 졸업 후,
현재 용인 신봉 고등학교에서 영어를 가르치고 있다.
경기도 교육청 지정 '창의인성수업디자인 연구회' 연구 위원으로 교사 대상 강의를 하고 있다.
지은 책으로 〈초등생의 영어 학부모의 계획〉, 〈아침10분 영어 필사의 힘〉,
〈하루 10분 100일의 영어 필사〉, 〈괜찮아, 바로 지금이 나야〉(공저)가 있다.

거의 모든 전치사 표현의 영어

지은이 위혜정
초판 1쇄 인쇄 2024년 11월 25일
초판 1쇄 발행 2024년 12월 5일

발행인 박효상 **편집장** 김현 **기획·편집** 장경희, 이한경 **디자인** 임정현
마케팅 이태호, 이전희 **관리** 김태옥

기획·편집 진행 김현
본문·표지 디자인 고희선

종이 월드페이퍼 **인쇄·제본** 예림인쇄·바인딩

출판등록 제10-1835호 **발행처** 사람in **주소** 04034 서울시 마포구 양화로 11길 14-10 (서교동) 3F
전화 02) 338-3555(代) **팩스** 02) 338-3545 **E-mail** saramin@netsgo.com
Website www.saramin.com

책값은 뒤표지에 있습니다.
파본은 바꾸어 드립니다.

ISBN
979-11-7101-117-9 14740
978-89-6049-936-2 (세트)

우아한 지적만보, 기민한 실사구시 사람in

전치사 정복이 영어 정복

거의 모든 전치사 표현의 영어
많지 않아 보이고
다 아는 것 같아도
이리 연결할 때
저리 연결할 때
카멜레온 같은
매력을 뿜어내는
영어 전치사의
모든 것
to the yoga center
요가센터로
모퉁이에서 만나다
meet at the corner
from 뉴욕에서부터
New York
다이빙 보드에서
뛰어내리다
jump off the diving board
공원을 여기저기 뛰어다니다
run around the park
내 생일에
on my birthday
HAPPY BIRTHDAY
지붕 위로
폴짝 뛰다
jump onto the roof
사다리를 타고
위로 올라가다
for 5 years
5년 동안
숲에 산책하러 가다
go for a walk in the woods
상자 밖으로 굴러 나오다
roll out of the box
방 안으로 뛰어들어가다
RUN into THE ROOM
climb up the ladder
ENGLISH PREPOSITIONS EXPLAINED

위혜정 지음

사람in

한국인 학생 한 명이 영어를 제대로 배우겠다고 마음먹고 미국으로 어학 연수를 갔습니다. 그럭저럭 잘 지내던 어느 날, 기숙사 출입 카드를 방에 두고 건물 밖으로 나왔다가 잠긴 문 앞에서 쩔쩔매는 상황이 벌어졌습니다. 유리창 너머 기숙사 건물 안에서 왔다 갔다 하는 학생들에게 문 좀 열어 달라고 말하면 되는데 어떻게 표현해야 할지를 몰라서 하염없이 시간만 흘려 보내고 있었지요. 한국말 "나 좀 들여보내 줄래?"에 해당하는 말이 튀어나오지 않았던 겁니다. 소심한 성격인 데다 완벽한 형식을 갖춘 문장을 쓰려고 이리저리 머리를 굴리던 그 학생 앞에 때마침 구세주 한 명이 등장했습니다. 원어민 학생 한 명이 기숙사 건물 안으로 들어가려고 친구에게 한마디를 던진 것이죠. 당황스러운 상황을 종료할 구원의 문장을 듣기 위해 학생은 귀를 쫑긋 세웠습니다. 원어민 학생은 영어로 뭐라고 했을까요? 한번 맞혀 보시겠어요?

이건 미국에서 함께 공부했던 제 친구의 경험담입니다. 친구의 이야기를 들으면서 제 개인적으로 전치사에 대해 새로운 시선을 갖게 된 날이기도 하지요. 이날을 계기로 문장을 만들 때 문법 요소를 하나하나 빠짐없이 모두 갖추는 데 초점을 맞추기보다는, 전치사 하나만 잘 사용해도 간결하고 멋스러운 표현이 가능하다는 것을 깨달았습니다. 융통성 있는 한국인들이 유독 외국어를 배우는 학습자의 입장이 되면 언제나 여백 없이 '완성'된 문장을 '완벽'하다고 생각합니다. 동사, 명사, 형용사, 부사 등의 내용어들을 중심으로 문장의 주요 구성 요소를 빼곡하게 채우려는 언어 습관이 발동되는 것이지요. 물론, 기본 구조를 탄탄하게 다지는 것은 무엇보다 중요합니다. 하지만 경직된 틀을 깨고 나오면 간결하게 의미 전달이 가능하다는 것을 알 수 있어요. 결국, 언어의 궁극적인 목표는 상호 간 의사소통이니까요.

당혹스러웠던 제 친구의 상황으로 다시 돌아가 볼게요. 원어민 학생 입에서 어떤 말이 나왔을까요? 혹시 "Would you please allow me to enter the dormitory?"를 떠올리셨나요? 완벽한 어법에 문법이 받쳐 준 빛나는 문장이죠. 하지만 앞에 언급한 상황 같은 일상에서 가볍게 통용되는 말은 아니에요. 그 원어민 학생은 전치사를 포함하여 단 세 단어로 구성된 "Let me in!"이라고 말했습니다. 어떠세요? 가볍지만 의미가 빠짐없이 다 들어가 있는 문장 아닌가요? 전치사 'in'의 의미를 제대로 알고 있다면 다양한 상황에서 간단명료한 표현이 가능해집니다. 그런데 왜 이렇게 말할까요? 언어의 효율성을 최대한 높이는 것이지요. 보다 짧은 어구로 동일한 내용을 표현할 수 있다면 더 짧은 표현을 선택해 쓰는 겁니다. "Count me in!(나도 끼워 줘!)", "Chip in!(힘 좀 보태!)" 등이 유사한 맥락의 표현이라고 할 수 있습니다. 뭔가 흥미가 생길락말락 한다고요? 네, 아주 좋습니다.

이 책에서는 오래도록 관심을 받지 못하고 무대 중심에서 살짝 벗어나 있었던 전치사에 대해 살펴보려 합니다. 주목받지 못했다고 중요하지 않은 것은 아니거든요. '전치사' 하면 떠오르는 이미지인 너무 다양한 뜻, 덜 중요한 품사라는 고정관념을 접어 주세요. 일단, 사전에서 번호 순으로 나열된 전치사의 여러 가지 뜻은 개별적으로 흩어진 낱개의 단위가 아니라, 기본 의미를 중심으로 가지치기 원리처럼 확장·파생되어 가는 것이랍니다. 또 전치사는 문장의 의미와 뉘앙스를 맛깔스럽게 살리는 기능어의 역할을 합니다. 제대로 알고 사용하면 세부적인 실수를 줄일 수 있으니 당연히 언어의 유창성을 높일 수 있고요.

우리는 생각보다 많은 전치사를 사용하고 있습니다. 그런데 각각의 고유한 의미를 제대로 이해하지 못해 실수를 많이 범하게 됩니다. 그래서 전치사로 인한 오류를 줄이기 위해 다양한 각도로 전치사 하나하나의 개별적 의미를 명확하게 다질 수 있는 방법을 고민하였습니다.

첫 번째, 그림을 통해 전치사의 개념을 명료하게 하는 작업에 공을 들였어요. 특히 공간상의 위치를 나타내는 전치사를 모아서 상황에 따른 미묘한 차이점들을 비교하고 시각화할 때, 공간에서 시간, 그리고 추상적 의미로 확장되는 개념의 연결고리를 만들 수 있거든요.

두 번째, 한국어로 번역했을 때 동일한 뜻을 지닌 전치사들은 실수하는 빈도수가 높습니다. 그래서 동일한 뜻의 전치사들을 따로 떼어내어 비교·분석하여 명확한 이해와 올바른 사용을 돕고자 했습니다.

세 번째, 우리나라 말이 아니다 보니 여러 가지 이유로 인해 전치사 관련 오류들이 발생하는데요, 실수를 범주화하여 왜 빈번하게 틀리는지 유사 오류들을 묶어서 주의를 기울일 수 있게 하였습니다. 동시에 어떻게 수정해야 하는지 비교·대조할 수 있도록 예문도 함께 수록하였고요.

이 책에서 가장 많은 분량을 차지하는 부분은 PART 3인데요. 특정 전치사와 함께 오는 동사/형용사·과거분사/명사를 연어(collocation)와 같이 통으로 접근할 수 있게 구성해 보았습니다. 각 챕터 별로 전치사가 가진 중심 의미와 이를 기준으로 어떻게 의미 파생이 일어나는지 설명한 것을 참고해 주세요. 전치사 하나에서 뽑아낼 수 있는 다양한 의미와 전체적인 개념을 잡은 후, 특정 내용어(동사/형용사·과거분사/명사)와 결합되는 전치사를 숙어처럼 다양한 예문과 함께 학습해 보세요. 반복하여 익히다 보면 전치사에 대한 예민한 감을 잡아갈 수 있을 것이고, 또 그러기를 바랍니다. 자, 이제 독특한 매력으로 문장의 어감과 의미를 살려 주는 전치사의 세계로 함께 떠나 볼까요?

위혜정

case 1 전치사에 관해 모두 알고 싶다?

PART 1의 UNIT 1부터 차근차근 해 나가세요. 영어에 전치사가 이렇게 많았나 싶고, '이게 전치사였다고?' 새롭게 알게 되는 것도 많습니다. 이후로 PART 2와 PART 3까지 죽죽 나가시면 됩니다.

case 2 전치사 사용 실수가 잦다?

PART 1과 PART 2를 집중적으로 학습하세요. 이 두 파트에 나오는 내용만 완벽하게 알아두면 전치사 사용에서 실수를 줄일 수 있습니다.

case 3 구동사가 약하다?

회화와 독해에서 정말 많이 접하는 것이 바로 구동사입니다. 구동사가 안 나오는 문장이 거의 없을 정도이니까요. 구동사는 사실, 맨날 봐도 헷갈려요. 우리는 원어민이 아니니까요. 하지만 전치사별로 연결되는 구동사를 모아 놓았으니 PART 3를 여러 번 공부해 보시기를 권합니다. 구동사 사용에 자신감이 생길 거예요.

모든 케이스 학습의 공통 사항

- 한 번만 읽고 끝내지 마세요. N회독이 중요한 건 전치사 공부도 마찬가지입니다.
- 본문에 QR 코드가 보이면 반드시 찍어서 원어민 발음을 확인해 보세요.
  원어민들이 평소에 말하는 속도로 녹음되어 있어, 음운현상 이해와 청취력 향상에 크게 도움이 될 것입니다.

●●● 이 책의 구성 

이 책은 총 3파트로 구성되어 있습니다.

PART 1

전치사가 무엇인지, 영어에는 몇 개의 전치사가 있는지를 알아봅니다. 또 우리말로는 의미가 같거나 비슷한 전치사들의 정확한 뜻과 쓰임새를 비교합니다.

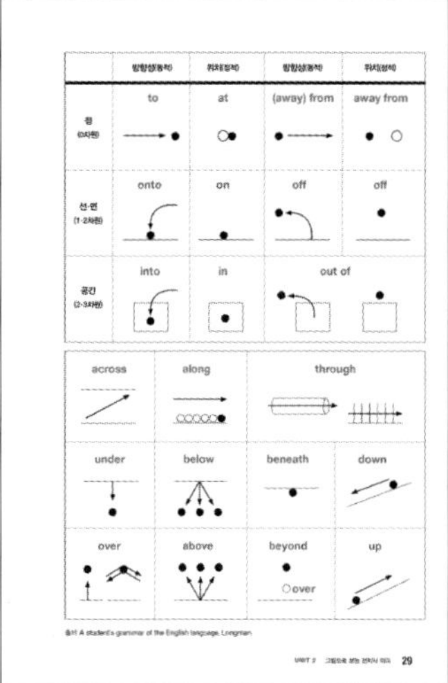

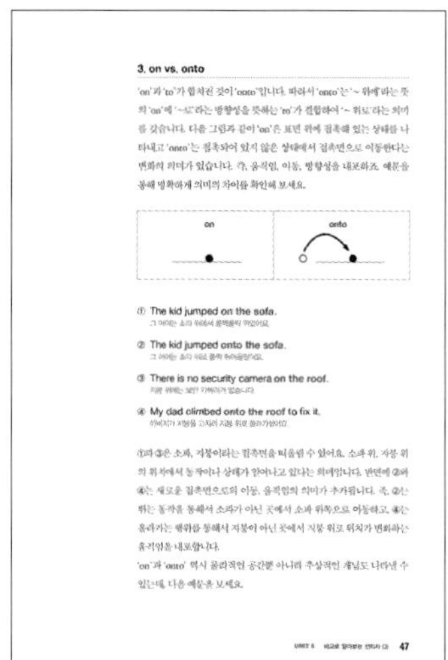

3. on vs. onto

① The kid jumped on the sofa.

② The kid jumped onto the sofa.

③ There is no security camera on the roof.

④ My dad climbed onto the roof to fix it.

47

PART 2

원어민이 아닌 우리가 영어 전치사 사용 시 가장 흔히 하는 실수들을 모았습니다. 써야 할 전치사를 안 쓰거나, 쓰지 말아야 할 전치사를 쓰거나, 엉뚱한 전치사를 쓰는 등 실수의 종류도 다양합니다. PART 2의 내용만 확실하게 자기 것으로 만들어도 영어 실력이 몰라보게 좋아질 겁니다.

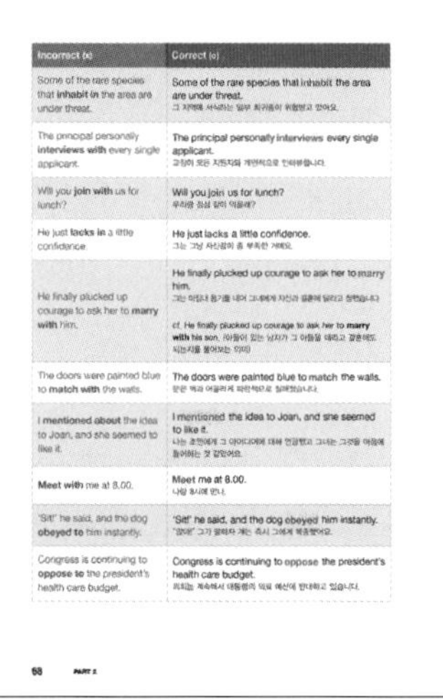

Incorrect (x)	Correct (o)
Some of the rare species that **inhabit in** the area are under threat.	Some of the rare species that inhabit the area are under threat.
The principal personally **interviews with** every single applicant.	The principal personally interviews every single applicant.
Will you **join with** us for lunch?	Will you join us for lunch?
He just **lacks in** a little confidence.	He just lacks a little confidence.
He finally plucked up courage to ask her to **marry with** him.	He finally plucked up courage to ask her to marry him. cf. He finally plucked up courage to ask her to **marry with** his son.
The doors were painted blue to **match with** the walls.	The doors were painted blue to match the walls.
I **mentioned about** the idea to Joan, and she seemed to like it.	I mentioned the idea to Joan, and she seemed to like it.
Meet with me at 8.00.	Meet me at 8.00.
'Sit!' he said, and the dog **obeyed to** him instantly.	'Sit!' he said, and the dog obeyed him instantly.
Congress is continuing to **oppose to** the president's health care budget.	Congress is continuing to oppose the president's health care budget.

68 PART 2

Incorrect (x)	Correct (o)
They finally **reached to** the coast after five weeks sailing.	They finally reached the coast after five weeks sailing.
I **regret about** leaving school so young.	I regret leaving school so young.
You **resemble with** your mother very closely.	You resemble your mother very closely.
She bitterly **resented to** her father's new wife. I **resented about** having to work such long hours.	She bitterly resented her father's new wife. I resented having to work such long hours.
That coat really **suits to** Paul.	That coat really suits Paul.
She **survived from** the attack.	She survived the attack.
She loves to **win in** an argument.	She loves to win an argument.

69

PART 3

이 책에서 가장 많은 부분을 차지하며, 각 전치사별로 그 앞에 내용어(동사/형용사·과거분사/명사)가 연결되는 것을 보여 줍니다. 전치사는 뒤에 (동)명사(구)가 온다는 큰 철칙이 있기에 전치사 뒤의 내용보다는 collocation 관점에서 전치사 앞에 놓여 전치사와 연결되는 내용어에 집중했습니다. 그래서 형용사 familiar 뒤에 with가 연결될 때와 to가 연결될 때의 의미가 다른 것을 배우게 됩니다. 원어민들의 사용빈도에 따라 별표로 표시해 놓았으니 참고하면서, 여러 번 반복해 학습하세요. QR 코드를 찍어서 원어민 발음을 확인하는 것도 잊지 마세요.

UNIT 1 동사 + to

V

194 PART 3

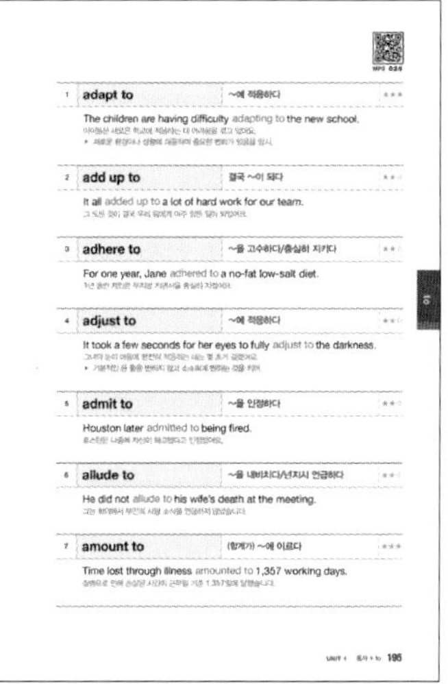
1 adapt to ~에 적응하다

The children are having difficulty adapting to the new school.

2 add up to 결국 ~이 되다

It all added up to a lot of hard work for our team.

3 adhere to ~을 고수하다/충실히 지키다

For one year, Jane adhered to a no-fat low-salt diet.

4 adjust to ~에 적응하다

It took a few seconds for her eyes to fully adjust to the darkness.

5 admit to ~을 인정하다

Houston later admitted to being fired.

6 allude to ~을 내비치다/넌지시 언급하다

He did not allude to his wife's death at the meeting.

7 amount to (합계가) ~에 이르다

Time lost through illness amounted to 1,357 working days.

195

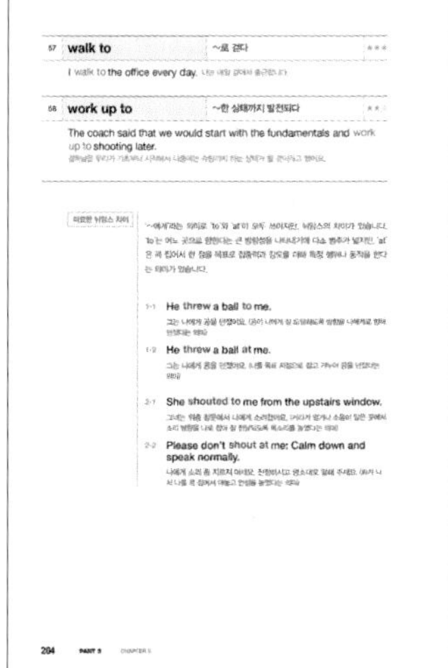
57 walk to ~로 걷다

I walk to the office every day.

58 work up to ~한 상태까지 발전되다

The coach said that we would start with the fundamentals and work up to shooting later.

1-1 He threw a ball to me.

1-2 He threw a ball at me.

2-1 She shouted to me from the upstairs window.

2-2 Please don't shout at me: Calm down and speak normally.

204 PART 3

UNIT 2 형용사/과거분사 + to

A

205

PART 1 전치사에 관하여

PART 2 전치사 관련 가장 흔한 실수

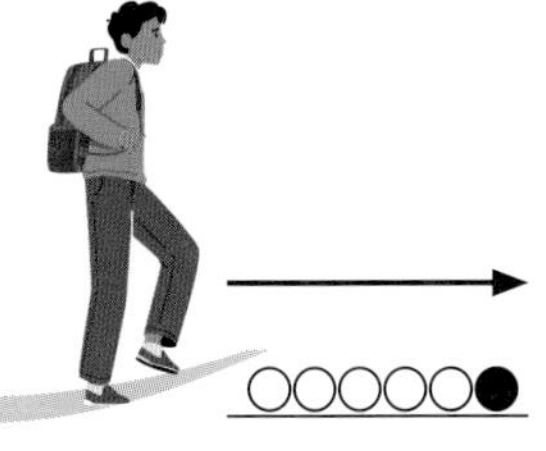

PART 3 전치사에 관한 모든 표현

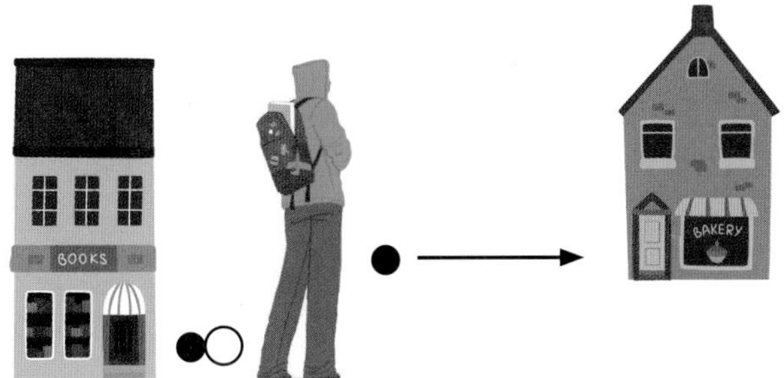
BOOKS
BAKERY

PART 1

전치사에 관하여

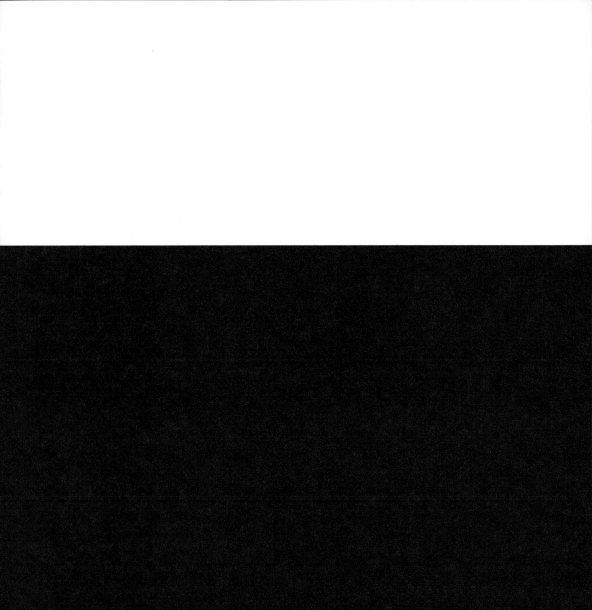

What are prepositions?

전치사는 접두어 'pre(앞)'와 명사 'position(위치)'이 합쳐진 파생어입니다. 사전적 의미로는 명사 혹은 대명사 앞에 위치하는 품사를 지칭하죠. 하지만 전치사를 이해할 때 단순히 뒤에 나오는 명사와의 관계에만 주목하면 안 됩니다. 엄밀히 따졌을 때 명사 앞에만 오는 건 아니기 때문입니다. 동사 뒤(rely on, consist of, part with)에도 위치하고, 동사 앞에 접두어로 붙어서 하나의 단어를 형성하는(understand, outdo, downsize) 때도 있습니다. 다시 말해 전치사는 앞뒤의 단어와 연결된 '관계어' 즉, 두 가지 요소를 앞뒤로 결합하면서 둘 사이의 의미 관계를 구체화해 주는 역할을 합니다. 물론 "In a few minutes, we'll know the result of the blood test.(몇 분 후에 피 검사 결과를 알게 될 거야.)"의 In a few minutes처럼, 전치사 앞에 연결되는 요소 없이 전치사구가 독립적으로 분리된 것처럼 보일 때도 있습니다. 하지만 자세히 들여다보면 전치사구 뒤에 따라오는 전체 문장과 연결되어 있다는 것을 알 수 있어요.

전치사는 문장 안에서 핵심 정보를 전달하는 내용어가 아닌, 문장 구조를 올바르게 잡아주는 기능어입니다. 그렇다고 의미 없는 단어로 가볍게 여겨서는 안 됩니다. 전치사를 정확하게 잘 사용하면 미묘한 뜻의 차이를 구별하는 유창성이 돋보이거든요. 또 사전에 등장하는, 수많은 뜻을 외워야 하는 머리 아픈 다의어로 치부해서도 안 됩니다. 단어의 다의성은 기본 의미에서 출발하기 때문에 전치사의 원래 뜻을 토대로 파생된 의미를 더듬어 확장해 나가면 됩니다.

전치사 앞에서 전치사와 결합하는 요소는 크게 세 가지로 동사(구), 형용사(구), 명사(구)가 있습니다. 개별 동사, 형용사, 명사는 특정 전치사와 찰떡궁합을 이루어 의미를 형성합니다. 전치사가 가진 기본 의미를 제대로 이해하고, 함께 쓰이는 단어 덩어리인 연어(collocation)를 짝꿍처럼 붙여서 학습하면 효과적입니다.

UNIT 1 영어에서 볼 수 있는 거의 모든 전치사

PREPOSITION

전치사 하면 떠오르는 것들이 있습니다. to, in, on 등이지요. 사실, 영어 전치사는 몇 개 안 될 것 같지만 알고 보면 깜짝 놀랄 정도로 많습니다. 명색이 〈거의 모든 전치사 표현의 영어〉인데, 영어에서 전치사가 얼마나 되는지 정도는 파악하고 가야겠죠?

다음 표를 보면, 우리가 상상도 못 했던 단어들이 전치사로 쓰이고 있습니다. 지금은 잘 안 쓰는 전치사도 있고, 라틴어나 프랑스어에서 온 것도 있으며, 격식체나 문예체 등에서 쓰는 것들도 있습니다. 또 영국 등의 특정한 지역에서만 주로 쓰이는 전치사들도 있어요. 지금까지 영어 공부를 하면서 몇 개나 접했는지 세어 보세요. 그리고 전치사들의 뜻을 개괄적으로 공부해 보세요. 참고로, in spite of처럼 여러 개의 전치사와 단어들로 구성된 소위 '전치사구'는 제외했습니다.

MP3 001

MP3 001-1

1	**about**	~에 관한, ~ 둘레에, ~ 여기저기에	The presentation will be about the new company policies. 발표는 회사의 새 정책에 관한 것이 될 겁니다.
2	**aboard**	(배·기차·비행기 등에) 탄, 탑승[승선]한	We were all aboard the ship when the storm hit. 폭풍우가 쳤을 때 우리는 모두 배에 탑승해 있었어요.
3	**above**	~보다 위에, ~보다 많은	The bird flew above the clouds, soaring through the clear blue sky. 새는 구름 위를 날아 맑고 푸른 하늘을 날았습니다.
4	**across**	가로질러, 건너편에, ~ 전체에 걸쳐	She walked across the bridge to reach the other side of the river. 그녀는 다리를 가로질러 걸어서 강 건너편에 도착했습니다.
5	**after**	(시간·순서상으로) 뒤에, ~을 쫓는	The party will take place at the community center after the graduation ceremony. 파티는 졸업식 후 커뮤니티 센터에서 열립니다.
6	**against**	~에 반대하여, ~에(게) 불리한	She argued against the proposed changes to the company's policies. 그녀는 회사 정책의 변경 제안에 반대했습니다.
7	**along**	~을 (죽·계속) 따라	We walked along the riverbank, enjoying the scenic views. 우리는 강둑을 따라 걸으며 아름다운 경치를 즐겼습니다.
8	**alongside**	~ 옆에 나란히, ~와 함께, ~와 동시에	The new restaurant opened alongside the bustling city street, attracting many customers. 새 레스토랑이 번화한 시내 거리와 나란히 하고 문을 열어 많은 고객을 끌어모았습니다.

9	**amidst** (= amid)	(특히 흥분·공포심이 느껴지는) 가운데[중]에, ~으로 에워싸인	The children played happily amidst the colorful flowers in the garden. 아이들은 정원의 화려한 꽃들에 둘러싸여 즐겁게 뛰어 놀았습니다.
10	**among**	~에 둘러싸인, ~ 중[사이]에	She found her keys among the clutter on the kitchen counter. 그녀는 주방 카운터의 어지러운 물건들 사이에서 열쇠를 찾았습니다.
11	**amongst**	주로 영국에서 쓰이며, among과 같은 뜻	The old book was hidden amongst the other volumes on the dusty shelf. 그 오래된 책은 먼지 쌓인 서가에 있는 다른 책들 사이에 숨겨져 있었습니다.
12	**around**	둘레에, (건너편에[으로]) 돌아	The children ran around the playground, laughing and playing games. 아이들은 운동장 주변을 뛰어다니며 웃고 게임을 했습니다.
13	**as**	~처럼, (자격·기능 등이) ~로(서)	He worked as a waiter during his summer break from college. 그는 대학 다닐 때 여름 방학 동안 웨이터로 일했습니다.
14	**astride**	(무엇의) 양쪽으로 두 다리를 벌리고	The cowboy sat astride his horse, surveying the vast prairie. 카우보이는 두 다리를 벌려 말 위에 올라타고 서는 광활한 대초원을 둘러보았습니다.
15	**at**	〈장소〉 ~에(서), 〈시간〉 ~에	She waited patiently at the bus stop for her ride to arrive. 그녀는 버스 정류장에서 차가 도착하기를 인내심을 갖고 기다렸습니다.
16	**atop**	꼭대기에, 맨 위에(구식, 문예투)	The flag waved proudly atop the highest peak of the mountain. 산의 맨꼭대기에서 깃발이 자랑스럽게 휘날렸습니다.

No.	Word	Meaning	Example
17	**barring**	~을 제외하고, ~이 없다면	Barring any unforeseen circumstances, the project should be completed by the end of the week. 예상치 못한 상황이 없다면, 이번 주말까지 프로젝트가 완료되어야 합니다.
18	**before**	(시간상 ~보다) 전[앞]에, (위치가 ~의) 앞에	He arrived at the airport just before the scheduled departure time. 그는 출발 예정 시간 직전에 공항에 도착했어요.
19	**behind**	(위치가) 뒤에, 배후에	The cat hid behind the couch when it heard thunder outside. 고양이는 밖에서 나는 천둥소리를 듣고 소파 뒤에 숨었습니다.
20	**below**	(위치가 ~보다) 아래에, (양·수준이) ~ 아래에	The treasure chest was buried below the old oak tree. 보물 상자는 오래된 참나무 아래에 묻혀 있었습니다.
21	**beneath**	아래[밑]에, (수준 등이) ~보다 못한	The cool shade provided relief from the sun's heat beneath the tall palm trees. 키 큰 야자수 아래 시원한 그늘이 햇볕을 피할 수 있게 해 줬어요.
22	**beside**	옆에, ~에 비해[견줘]	She sat beside her best friend during the concert. 그녀는 콘서트 내내 가장 친한 친구 옆에 앉아 있었습니다.
23	**besides**	~ 외에	Besides his regular job, he also volunteers at the local shelter on weekends. 정규 업무 외에, 그는 주말마다 지역 쉼터에서 자원봉사를 하기도 합니다.
24	**between**	(위치·시간이) 사이[중간]에	The playground is located between the school and the library. 운동장은 학교와 도서관 사이에 있습니다.

25	**betwixt**	~ 사이에 (문예체 또는 옛글투)	She found herself betwixt joy and sorrow, unsure of which emotion to embrace. 그녀는 기쁨과 슬픔 사이에서 어떤 감정을 받아들여야 할지 확신할 수가 없었습니다.
26	**beyond**	~ 저편에, (능력·한계를) 넘어서	The hikers ventured beyond the forest to explore the hidden waterfall. 등산객들은 숨겨진 폭포를 탐험하러 숲 너머로 모험을 떠났습니다.
27	**by**	~ 옆[가]에, (수단·방법) ~로, (늦어도) ~까지는, ~을 지나	The book was placed by the lamp on the bedside table. 책은 침대 옆에 두는 탁자 위 램프 옆에 놓여 있었습니다.
28	**chez**	~의 집에서	We're having dinner chez Pierre tonight. 오늘 밤 피에르 집에서 저녁을 먹기로 했어요.
29	**circa**	약, ~ 경	The manuscript was written circa 1500, during the Renaissance period. 이 원고는 르네상스 시대인 1500년경에 작성되었습니다.
30	**concerning**	~에 관한	I need to speak to you concerning the recent changes in the project. 프로젝트의 최근 변경 사항과 관련해 말씀드릴 것이 있습니다.
31	**considering**	~을 고려하면, ~을 고려하여	Considering his recent success, he decided to take on more challenging projects. 최근의 성공을 고려하여, 그는 더 도전적인 프로젝트를 맡기로 마음먹었습니다.
32	**despite**	~에도 불구하고	Despite the heavy rain, they decided to go for a hike in the mountains. 폭우에도 불구하고 그들은 산으로 하이킹을 가기로 했습니다.

33	**down**	(높은 데서) 아래로, (바라보고 있는 방향을) 따라 (아래쪽으로)	He climbed down the ladder carefully to reach the ground. 그는 조심스레 사다리 아래로 내려와서 땅에 닿았습니다.
34	**during**	~ 동안[내내], (~하는) 중에, (특정 기간 중 한 시점을 가리켜) ~에[때]	She felt a sense of tranquility during her morning meditation. 그녀는 아침 명상을 하는 동안 평온함을 느꼈습니다.
35	**except**	(누구·무엇을) 제외하고	Everyone attended the meeting except John. 존 빼고는 모두 다 그 회의에 참석했습니다.
36	**excluding**	~을 제외하고	All items on the menu are delicious, excluding the seafood dishes for those with allergies. 알레르기 있는 분들을 위한 해산물 요리를 제외하고는 모든 메뉴가 맛있습니다.
37	**following**	~ 후에, (특정 결과)에 따라	The meeting will take place in the conference room following the presentation. 프레젠테이션이 끝난 후 회의실에서 미팅이 진행됩니다.
38	**for**	(~가 갖게 하기) 위한, (이유·원인의) ~으로, (시간 구문과 함께) ~ 동안, ~에 찬성[지지]하는	She practiced the piano for three hours straight. 그녀는 세 시간 동안 내리 피아노를 연습했어요.
39	**from**	(출발지·시각) ~로부터, ~ 출신의	She received a gift from her grandmother on her birthday. 그녀는 생일날 할머니께 선물을 받았어요.
40	**given**	~을 고려해 볼 때	Given the circumstances, it was best to postpone the event. 상황을 고려했을 때, 행사를 미루는 게 최선이었습니다.
41	**in**	(지역·공간 내의) ~에, ('특정 기간 동안에'라는 뜻으로) ~에, (시간의 경과) ~ 후에	The children played happily in the park all afternoon. 아이들은 오후 내내 공원에서 신나게 놀았습니다.

MP3 001-2

42	**inside**	~의 안[속/내부]에[으로], (언급된 시간) 이내[안]에	She found her keys inside the drawer. 그녀는 서랍장 안에서 열쇠를 찾았습니다.
43	**into**	~ 안[속]으로[에]	He walked into the room and greeted everyone warmly. 그는 방 안으로 걸어들어가 모두에게 따뜻한 인사를 건넸습니다.
44	**like**	~와 비슷한, ~처럼	She sings like an angel, captivating everyone with her mesmerizing voice. 그녀는 천사처럼 노래하며 매혹적인 목소리로 모두를 사로잡습니다.
45	**minus**	~을 뺀[제외한], 영하의	He arrived at the meeting exactly at 9:00 AM, minus a few seconds. 그는 몇 초 빠진, 정확히 오전 9시에 회의에 도착했습니다.
46	**near**	(거리·시간상으로) ~에서 가까이	He parked his car near the entrance of the building. 그는 그 건물 입구 가까이에 주차했어요.
47	**notwithstanding**	~에도 불구하고	Notwithstanding the rain, they decided to continue with their outdoor picnic. 비가 오는데도 불구하고, 그들은 야외 소풍을 계속 진행하기로 했습니다.
48	**of**	(어떤 사람에게 속한 또는 그와 관련된) ~의	The keys are of the owner of the house. 열쇠는 집 주인의 것입니다.
49	**off**	(도로 등에서) 벗어나서, (공간·시간상으로) ~에서 아래로[멀리로]	He jumped off the diving board into the pool below. 그는 다이빙 보드에서 뛰어내려 아래 수영장으로 다이빙했습니다.
50	**on**	(무엇의 표면에 닿거나 그 표면을 형성함을 나타냄) ~ (위)에[로], ~에 관하여	He carefully put the fragile vase on the edge of the shelf. 그는 선반 가장자리 위에 깨지기 쉬운 꽃병을 조심스레 놓았습니다.

51	**onto**	(이동을 나타내는 동사와 쓰여) ~ (위)로[에], (면하고 있는 방향) ~ 쪽으로	She climbed onto the roof to retrieve her lost kite. 그녀는 잃어버린 연을 되찾으려고 지붕 위로 올라갔습니다.
52	**opposite**	건너편[맞은편]에, (연극·영화에서) ~ 상대역으로	She sat opposite her friend at the dinner table. 그녀는 저녁 식사 자리에서 친구 맞은 편에 앉았습니다.
53	**out**	장소·사물의 안에서부터 멀어져 가거나 밖으로 나옴, 자리에 없는	He walked out the door and into the bright sunshine. 그는 문 밖으로 나와 밝은 햇살 속으로 걸어갔습니다.
54	**outside**	(특정 장소에서 멀리 떨어진) 밖에, 겉에	We enjoyed a picnic outside the city, surrounded by nature. 우리는 도시 바깥에서 자연에 둘러싸여 소풍을 즐겼어요.
55	**over**	(다른 사람·사물이 덮이도록) ~ 위에, 가로질러, (시간·양·비용 등이) ~이 넘는	The plane flew over the mountains, offering breathtaking views of the landscape below. 비행기는 산 위를 날아갔고, 저 아래 숨막히는 풍경의 경치가 펼쳐졌습니다.
56	**past**	(위치·시간상) ~을 지나서	She walked past the store without noticing the sale signs in the window. 그녀는 창문에 있는 판매 표지판을 눈치채지 못한 채 매장을 지나쳐 걸어갔습니다.
57	**per**	각[매] ~에 대하여, ~당[마다]	He earns $20 per hour for his freelance work. 그는 프리랜서 일로 시간당 20달러를 법니다.
58	**plus**	플러스, 더하기, ~뿐만 아니라, ~도 또한	She ordered a large pizza with extra cheese, plus pepperoni and mushrooms. 그녀는 페퍼로니, 버섯을 더하고, 치즈를 추가한 라지 사이즈 피자 한 판을 주문했습니다.
59	**qua**	~로서, ~의 자격으로	The professor, qua expert in ancient history, provided valuable insights into the archaeological discoveries. 고대 역사 전문가로서 그 교수는 고고학적 발견에 귀중한 통찰력을 제공했습니다.

60	**regarding**	~에 관하여	She wrote a letter regarding the upcoming changes in the company's policy. 그녀는 곧 있을 회사 정책 변경에 관해 편지를 썼습니다.
61	**round**	~을 돌아, ~을 (빙) 둘러 (주로 영국에서 비격식체로 쓰임)	He wrapped the scarf round his neck to keep warm. 그는 보온을 위해 목에 스카프를 감았습니다.
62	**save**	~을 제외하고 (옛글투, 격식체)	All the students passed the exam, save one who fell ill and couldn't attend. 아파서 불참한 한 명을 제외하고 모든 학생이 다 시험에 합격했습니다.
63	**since**	~부터[이후]	He had been waiting at the bus stop since dawn, hoping to catch the first bus into town. 그는 시내로 가는 첫 버스를 타려고 새벽부터 버스 정류장에서 기다리고 있었습니다.
64	**than**	~보다	She was taller than her brother by several inches. 그녀는 남동생보다 몇 인치 더 컸습니다.
65	**through**	~을 통해[관통하여], (어떤 활동·상황·시기의) 처음부터 끝까지	He navigated through the dense forest, guided by the stars above. 그는 하늘의 별빛을 따라 울창한 숲 속을 헤쳐 나갔습니다.
66	**throughout**	~ 동안 쭉[내내], 도처에	Throughout the summer, they enjoyed swimming in the lake every weekend. 여름 내내 그들은 주말마다 호수에서 수영을 즐겼습니다.
67	**till**	~까지(덜 격식적이라 글에서 쓰이는 경우는 드뭄.)	He worked tirelessly till dawn to finish the project on time. 그는 제시간에 프로젝트를 끝내려고 새벽까지 지칠 줄 모르고 일했습니다.

68	**times**	~으로 곱한	Two times five makes ten. 2 곱하기 5는 10입니다.
69	**to**	(이동 방향의) ~로[에], ~ 쪽으로, (도달점의) ~까지	He walked to the store to buy some groceries. 그는 식료품을 사러 가게로 걸어갔어요.
70	**toward**	(어떤 방향) 쪽으로, (어떤 방향을) 향하여, (목표를) 향하여	She took a step toward the door, eager to leave the room. 그녀는 방을 나가고 싶은 마음에 문을 향해 한 걸음 내디뎠습니다.
71	**towards**	toward와 동일하며, toward는 미국에서, towards는 영국에서 주로 사용	He gestured towards the horizon, indicating the direction they should head. 그는 수평선을 향해 손짓을 하며 그들이 향해야 할 방향을 가리켰습니다.
72	**under**	~ 아래에, ~ 미만의, (관리자·정부 등의) -하[밑]에	She hid the treasure chest under the old oak tree. 그녀는 오래된 참나무 아래에 보물 상자를 숨겼습니다.
73	**underneath**	~의 밑[아래/안]에	The cat found a cozy spot underneath the blanket to take a nap. 고양이는 담요 아래에서 아늑한 자리를 찾아 낮잠을 잤습니다.
74	**unlike**	~와 다른, ~와는 달리	Unlike his siblings, he preferred solitude over socializing. 형제들과 달리 그는 사교보다는 고독을 더 좋아했습니다.
75	**until**	~ (때)까지	The restaurant serves breakfast until 11 a.m. every day. 그 식당은 매일 오전 11시까지 아침 식사를 제공합니다.
76	**unto**	~에게[로/까지], ~ (때)까지	Unto the land, the rain brought nourishment and life to the crops. 땅에 스며든 비는 농작물에 영양분과 생명을 불어넣어 주었습니다.

77	**up**	위로, (도로를 따라) 위쪽[저쪽]에	She climbed up the ladder to reach the top shelf. 그녀는 사다리를 타고 위로 올라가 맨 위 선반에 도달했습니다.
78	**upon** (= on)	~하자마자 (좀 더 격식적인 문맥이나 어구에서 사용)	Upon hearing the news, she immediately rushed to her friend's house to offer support. 소식을 듣자마자 그녀는 바로 응원을 해 주려고 친구네로 달려갔습니다.
79	**versus**	(소송·스포츠 경기에서) ~대	The team will compete against their rivals in the championship match, Team A versus Team B. 이 팀은 챔피언 결정전에서 라이벌인 A팀과 B팀을 상대로 경쟁하게 됩니다.
80	**via**	(어떤 장소를) 경유하여, (특정한 사람·시스템 등을) 통하여	She sent the documents via email to ensure they reached the recipient quickly. 그녀는 문서를 이메일로 보내 수신자에게 빠르게 전달되도록 했습니다.
81	**with**	~와 함께, ~을 써서, ~을 가진	He approached the situation with caution, mindful of potential risks. 그는 잠재적 위험을 염두에 두고 신중하게 상황에 접근했습니다.
82	**within**	(특정한 기간·거리·시간) 이내에	Within the hour, they completed the entire project ahead of schedule. 한 시간 만에 그들은 전체 프로젝트를 예정보다 앞당겨 완료했습니다.
83	**without**	~ 없이, ~하지 않고	She completed the puzzle without any help from her friends. 그녀는 친구들의 도움 없이 퍼즐을 완성했습니다.

UNIT 2 그림으로 보는 전치사 의미

PREPOSITION

전치사는 '전치사 + 명사(구)' 혹은 '동사 + 전치사' 형태로 많이 쓰입니다. 전자의 경우 전치사가 시간, 장소, 목적, 방법, 도구 등의 의미를 뜻하면서 문장 내에서 보어 혹은 형용사/부사 역할을 하지요. 후자의 경우, 'look at', 'rely on' 등의 구동사를 이루어 뒤에 목적어를 가져와 'look at the flower', 'rely on him' 등의 표현을 완성합니다.

전치사는 한국어에는 없는 품사입니다. 비슷한 의미의 단어가 한국어에 있다고 해도 영어 전치사처럼 세분되어 있지 않은 데다(e.g. under vs. beneath, over vs. beyond), 그 용법 역시 다양해서 헷갈리는 경우가 많습니다. 따라서 해당 전치사의 명확한 이미지를 머릿속에 그려 보는 것이 중요합니다. 전치사가 가진 일차적인 의미, 즉 공간상에서 어떤 의미를 내포하는지를 명확히 이해하면 의미가 확장되어 활용되는 표현을 이해하는 데 큰 도움이 됩니다. 여기서는 먼저 전치사를 공간상에 배치해 의미의 근간을 그림으로 살펴보겠습니다.

	방향성(동적)	위치(정적)	방향성(동적)	위치(정적)
점 (0차원)	to	at	(away) from	away from
선·면 (1·2차원)	onto	on	off	off
공간 (2·3차원)	into	in	out of	

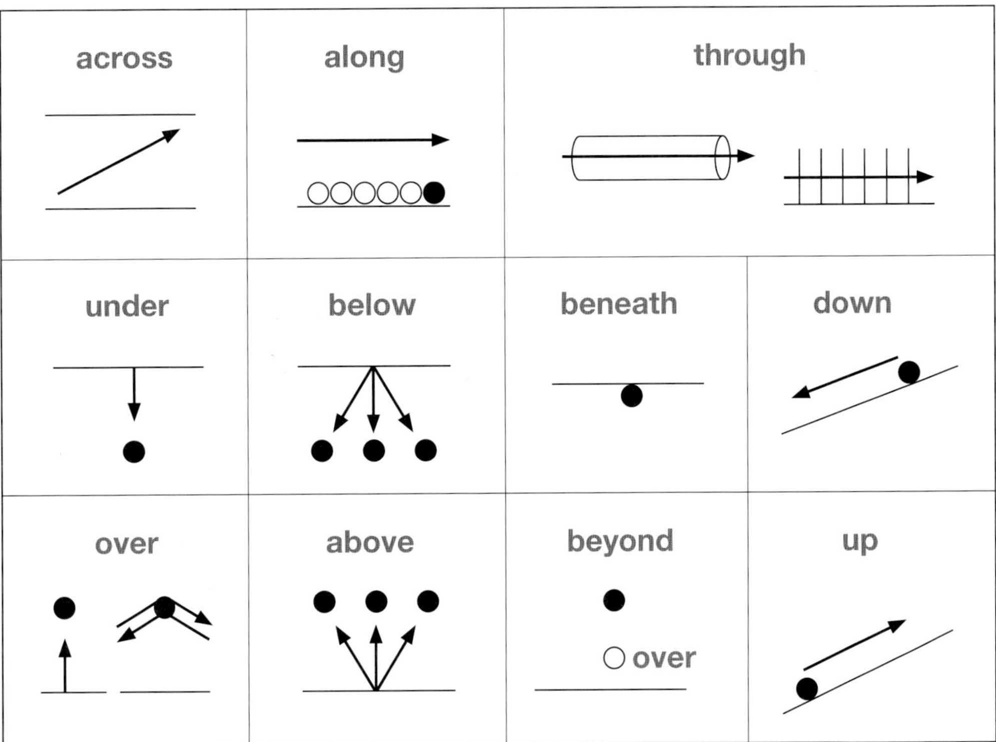

출처: A student's grammar of the English language, Longman

한국어 의미로 봤을 때 비슷해 보이는 전치사더라도 자세히 들여다보면 각각 고유한 의미가 있습니다. 예를 들어 'on', 'over', 'above', 'beyond', 'up'은 우리말로는 모두 '~ 위에'라는 뜻입니다. 'under', 'below', 'beneath', 'down' 역시 '~ 아래'로 동일하게 해석하지요. 하지만 개개의 전치사들은 공간의 범위, 운동성, 표면과의 접촉 여부 등에 따라 의미가 다르기에, 구체적으로 세분되어 쓰입니다. 이들을 앞의 도식으로 표현했을 때 조금씩 차이가 있다는 것이 눈에 보이실 거예요.

이번에는 개별적으로 보여드린 전치사들을 같은 공간상에서 시각 개념도라는 큰 그림으로 비교해 보겠습니다.

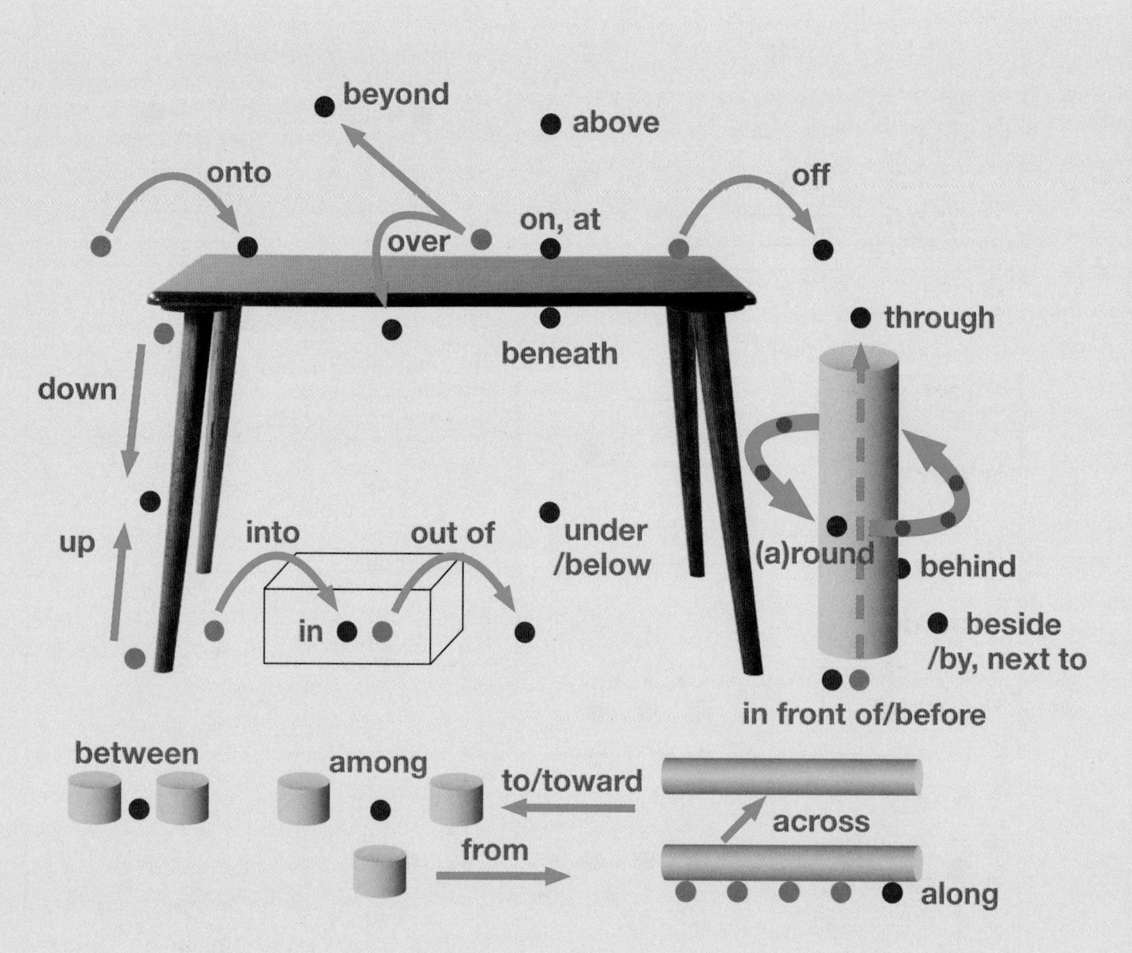

그림 속 전치사 간 용법의 차이를 다음 표를 보면서 비교해 보세요.

전치사	뜻	공간적 의미	예시
at	~에	접촉한 점 (0차원)	meet at the corner 모퉁이에서 만나다
on	~ 위에	접촉한 평면 위 (1, 2차원)	on the table 탁자 위에
in	~ 안에	공간 내부 (2, 3차원)	in the box 상자 안에
above	~(보다) 위에	접촉하지 않은 공간 위, 비교 대상보다 상대적으로 위	above the picture 그림 위에
over	~ 위에	(접촉 혹은 비접촉) 공간 위에 걸쳐 있음	over the fence 울타리 위로 (비접촉) over the shoulder 어깨에 걸쳐 (접촉)
beyond	~ 위에 ~ 너머	접촉하지 않은 공간 위 저 너머에	beyond the hill 언덕 너머로
(a)round	~ 둘레에	공간의 둘레	around the pole 막대 둘레에
beneath	~ 아래에	접촉한 평면 아래	beneath the table 탁자 아래에
under	~ 아래에	접촉하지 않은 공간 아래	under the sea 해저에
below	~(보다) 아래에	접촉하지 않은 공간 아래, 비교 대상보다 상대적으로 아래	below sea level 해수면 아래에
to	~에, ~로	최종 목표 지점으로 직진	to the school 학교로
toward(s)	~ 쪽으로 ~ 방향으로	최종 목표 지점을 향하여	toward the South 남쪽으로
through	~을 통하여	관통하여 통과함	through the forest 숲을 관통하여
along	~을 따라서	긴 것과 같은 방향으로 따라감	along the track 트랙을 따라서
across	~을 가로질러	한쪽에서 다른 쪽으로 가로질러 감	across the street 길을 가로질러서
from	~로부터	처음 시작점에서 출발	from New York 뉴욕에서부터

전치사	뜻	공간적 의미	예시
between	~ 사이에	두 명/두 개	(요즘은 둘, 셋을 엄격히 나누지 않고 사용) between/among us 우리 사이에
among	~ 사이에	세 명/세 개 이상	
beside	~ 옆에	바로 가까이 옆에	sit beside me 내 옆에 앉다
next to	~ 옆에	순서상 다음 옆에 (사이에 아무것도 없음)	My house is next to the park. 우리 집은 공원 바로 옆이에요.
by	~ 옆에	근접한 거리 (사이에 다른 대상이 있을 수 있음)	Sit by me. 내 옆에 앉아. My house is by the park. 우리 집은 공원 옆에 있어요.
near	~ 가까이에	근접하지만 beside, next to, by보다 살짝 거리감이 있음	I live near the school. 난 학교 근처에 살아요.
into	~ 안으로	안쪽을 향하는 동적인 느낌	run into the room 방 안으로 뛰어들어가다
onto	~ 위로	위쪽 표면을 향하는 동적인 느낌	jump onto the roof 지붕 위로 폴짝 뛰다
out of	~ 밖으로	바깥쪽을 향하는 동적인 느낌	roll out of the box 상자 밖으로 굴러 나오다
off	~에서	표면에서 떨어져 이탈하는 느낌	jump off the roof 지붕에서 폴짝 뛰어내리다

공간을 어떤 관점으로 보느냐에 따라서 의미가 조금씩 달라지기 때문에 문맥과 상황에 맞춰 전치사를 써야 합니다. 공간의 개념을 이해했다면 시간의 개념에서도 유사한 맥락으로 전치사를 구분해 사용할 수 있습니다. 전치사의 공간적 의미가 시간적 의미로는 어떻게 확장되어 쓰이는지 다음 표를 보세요. 자세한 사항은 뒤에서 unit별로 설명합니다.

전치사	뜻	시간적 의미	예시
at	~에	시간, 새벽, 정오, 밤	at 3 세 시에 at night 밤에
on	~에	날, 날짜, 요일	on Sunday 일요일에 on my birthday 내 생일에 on May 27th 5월 27일에
in	~에	기간(달, 계절, 년도)	in March 3월에 in 1900 1900년도에 in the 1800's 1800년대에
over	~ 동안	걸쳐 있는 기간	over the weekend 주말에
(a)round	약	대략적인 시간	around 1:00 1시쯤에
to	~까지	특정 시간까지	a quarter to ten 9시 45분(10시까지 15분 남았다의 의미)
toward(s)	~을 향해	특정 시간을 향해	toward morning 오전을 향해
through	~ 동안	처음부터 끝까지 지속적인 기간 내내	through the years 몇 년간 죽 I slept through his class. 난 그 사람 수업 내내 잤어요. (시작부터 끝까지 잔 경우)
during	~ 동안	시작과 끝을 알 수 있는 구체적인 일이나 기간 중	during the vacation 휴가 동안 during college days 대학 다니는 동안 I slept during his class. 그 사람 수업 동안 잤어요. (중간에 잔 경우)
for	~ 동안	지속적인 시간이나 기간 동안 계속	for 5 years 5년 동안 for a long time 오랫동안
from	~부터	시작 시점	I study from 9 to 5. 난 9시부터 5시까지 공부해요.
between	~ 사이	시간과 시간 사이	between 9 and 10 o'clock 9시와 10시 사이
by	~까지	늦어도 ~까지는	by 6:00 pm 오후 6시까지

UNIT 3 비교로 알아보는 전치사 (1)

PREPOSITION

at/on/in + 장소 관련 명사

'at', 'on', 'in'은 다음 이미지에서처럼 공간상으로 다른 차원에 위치합니다.

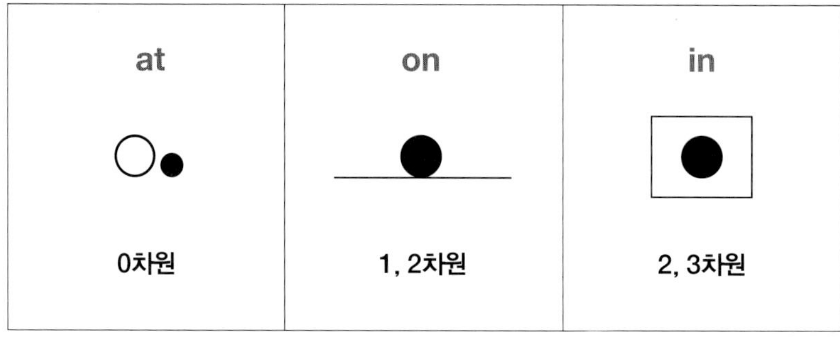

출처: A student's grammar of the English language, Longman

쉽게 말해서 'at'은 점을, 'on'은 선 혹은 면을, 'in'은 면 혹은 공간의 개념을 묘사한다고 보면 됩니다. 'at'에서 시작하여 'in'으로 갈수록 점점 큰 범위로 확대되는 이미지가 그려집니다. 다음 예문을 보세요.

I waited for him at the bookstore on the Park Avenue in Manhattan.
나는 맨해튼 파크 애비뉴에 있는 서점에서 그를 기다렸어요.

장소의 개념으로 나오는 서점, 파크 애비뉴 거리, 맨해튼은 공간상 그 범위가 넓어집니다. 뉴욕의 섬인 맨해튼이 가장 큰 공간의 개념으로 'in'과 함께 쓰이고, 그 지역 내의 수많은 거리 중 하나인 파크 애비뉴는 'on'을, 그 거리 위에서 어느 한 지점을 가리키는 서점은 'at'과 함께 쓰이고 있습니다.

at + 장소 관련 명사

'at'은 장소 관련 명사와 함께 쓰일 때 지도 위에 점을 찍듯이 특정 지점을 가리킵니다.

① We met **at school**.
우리는 학교에서 만났어요.

② The police checked IDs **at the gate**.
경찰이 정문에서 신분증을 확인하더라고요.

③ They live **at 150 Oxford Street**.
그들은 옥스퍼드대로 150번지에 살아요.

①에서 학교는 명확한 위치가 있는 특정 건물을 의미합니다. ②에서 정문은 한쪽 공간과 다른 쪽 공간을 연결하는 경계 지점으로서의 장소를 뜻하겠지요. ③에서 번지수는 지도상 정확한 숫자로 점 찍어 표현할 수 있기 때문에 'at'과 함께 쓰입니다. 'at'은 점이라는 뉘앙스를 띠어서 명확한 위치를 나타내거나 좁거나 구체적인 장소와 함께 쓰입니다. 중요한 건 말하거나 글을 쓰는 사람의 의도에 따라 정의 개념이 살짝 달라진다는 사실이죠.

on + 장소 관련 명사

'on'은 1, 2차원적인 선과 면을 의미합니다. 표면에 접촉하거나 접촉하지 않은 선과 면의 개념을 모두 떠올려 볼 수 있어요.

④ Don't step **on the line**.
선을 밟지 마. (← 선 바로 위로 밟지 마.)

⑤ The dog was lying **on the floor**.
개가 바닥에 누워 있었어요.

⑥ Who was that **on the phone**?
누구랑 통화 중이었어? (← 전화상의 그 사람 누구였어?)

⑦ My house is **on Main Street**.
우리 집은 메인 가에 있어요.

⑧ We got **on the train**.
우리는 기차를 탔어요.

④는 접촉하고 있는 선을 의미합니다. ⑤는 접촉하고 있는 면을 뜻하겠지요. ⑥은 유선상의 통화, 즉 전화선이라는 비접촉의 추상성을 내포합니다. ⑦은 길게 쭉 뻗은 대로를 선으로 봤을 때 그 위 어디에 우리 집이 있다는 이미지를 떠올릴 수 있습니다. ⑧의 예문 역시 일정 노선을 쭉 따라 운행되는 대중교통 노선을 선으로 놓고 본 이미지가 반영돼 있습니다. 이렇듯 'on'은 길, 층, 통신수단, 교통수단 등과 함께 물리적인 장소의 개념, 추상적인 개념을 넘나들며 1, 2차원의 세계를 구현합니다.

in + 장소 관련 명사

'in'은 어느 장소의 안쪽을 가리키는 2차원, 혹은 꼭 내부가 아니더라도 '~에서'라는 의미의 3차원 공간으로 들어오는 느낌입니다. 다음 이미지에서 볼 수 있듯이 접촉의 의미인 'on'에 비해 'in'은 무언가로 싸여 있다는 뉘앙스를 풍깁니다.

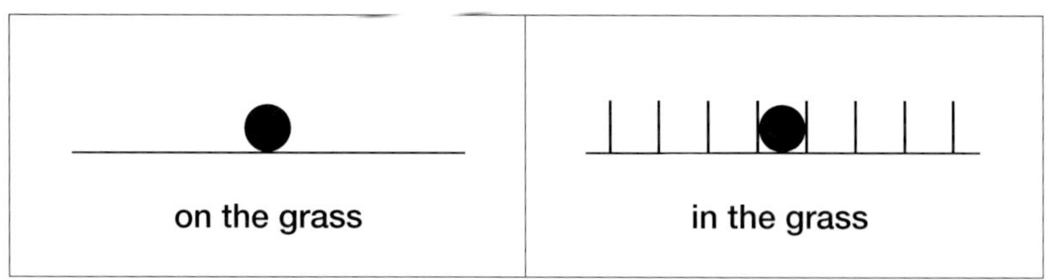

출처: A student's grammar of the English language, Longman

이런 특징으로 인해 'in'은 도시, 나라, 주(state), 동서남북, 숲 등 2 3차원 공간과 장소를 나타낼 때 사용합니다.

① I live **in Toronto.** 나는 토론토에 살아요.

② We've been **in the library** for five hours.
우리가 5시간째 도서관에 있는 거예요.

③ The sun was setting **in the west.**
해가 서쪽에서 지고 있었어요.

④ I last saw her **in the car park.**
나는 그녀를 주차장에서 마지막으로 봤어요.

⑤ Let's go for a walk **in the woods.**
숲에 산책하러 가자.

at/on/in + 장소 관련 명사 의미 차이 비교

다음 문장을 보세요.

① I'll see you **at the building**.
그 건물에서 봐. (← 그 건물에서 널 만날게.)

② There is a bell tower **on the building**.
건물 위에 종탑이 있어요.

③ I work **in the building**.
나, 그 건물에서 일해.

이 세 문장은 어떤 차이가 있을까요? ①은 초행길이라 길을 잘 모르는 친구에게 특정 건물의 위치를 설명하고 거기서 만나자고 약속할 때 하는 말입니다. 건물을 지도상에서 한 점으로 보는 관점이 내포되어 있기에 'at'을 사용합니다. ②는 건물의 표면 위라는 2차원의 장소 개념이 포함되며, 그 위에 종탑이 있으므로 'on'과 함께 쓰였습니다. ③은 건물을 3차원 공간으로 보고 그 안에서 일한다는 의미가 있기에 'in'을 썼습니다. 공간에 대한 인식 차이에 따라 전치사를 바꾸어 사용하는 거죠. 다음 문장을 보세요.

④ I sat **on the chair**.
나는 의자에 앉았어요.

⑤ I sat **in the armchair**.
나는 안락의자에 앉았어요.

④와 같이 2차원의 평면으로 앉은 의자에는 'on'을 쓰지만, ⑤와 같이 안락의자에 폭 싸여 앉은 3차원 공간으로 인식하면 'in'을 사용합니다.

⑥ His house is **on the way** from Aberdeen to Dundee.
그의 집은 애버딘에서 던디로 가는 길에 있어요.

⑦ Who's the good-looking boy **in the sixth row**?
6번째 줄에 있는 잘생긴 남자는 누구야?

⑥과 같이 쭉 연결된 길이라는 '선' 위에 있는 집을 묘사할 때는 'on'을 쓰지만, ⑦과 같이 여섯 번째 줄이라는 한 공간을 차지하는 상황을 묘사할

때는 'in'을 씁니다. 즉, 선 위에 있는 상태를 묘사하느냐, 혹은 선의 한 부분을 이루는 3차원의 공간을 묘사하느냐에 따라 다른 전치사를 사용합니다.

⑧ The plane stops for an hour **at Frankfurt.**
그 비행기는 프랑크푸르트에서 한 시간 체류합니다.

⑨ She lives **in Frankfurt.**
그녀는 프랑크푸르트에 살아요.

in이 쓰인다고 알고 있는 도시 앞에도 'at'이 쓰일 수 있어요. 이때는 'in'이 쓰였을 때와 미묘한 뉘앙스 차이가 있습니다. ⑧은 여행의 긴 과정 중 한 지점에 점 하나를 찍은 듯 프랑크푸르트를 잠깐 찍고 가는 특정 상황을 묘사합니다. 반면, ⑨는 특정 상황의 한 지점을 의미하는 게 아니라, 항상성을 띠는 거주의 상황, 프랑크푸르트라는 공간 내에 살고 있다는 개념을 나타냅니다.

UNIT 4 비교로 알아보는 전치사 (2)

PREPOSITION

at/on/in + 시간 관련 명사

전치사 'at', 'on', 'in'을 구분할 때 Atonin의 시간 피라미드가 자주 등장합니다.

다음 그림을 살펴보면 공간 개념이 시간에서도 유사하게 녹아들어 있습니다. 피라미드 최상단의 'at'은 작은 시간 단위를 나타낼 때 쓰이며 최하단의 'in'으로 내려갈수록 시간 영역이 더 확장됩니다.

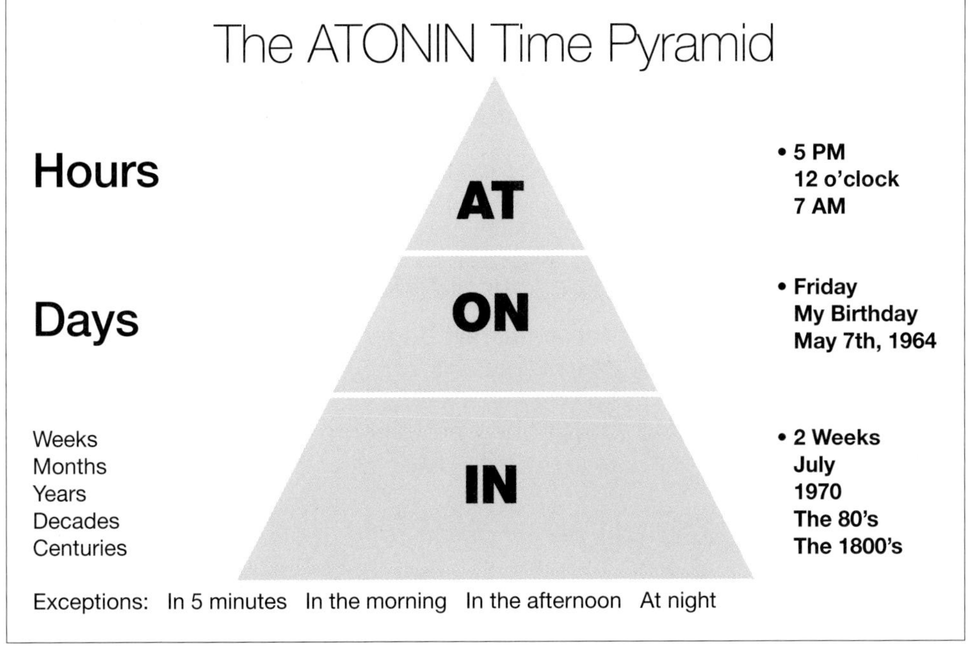

at + 시간 명사

'at'은 시점이 구체적이며 작은 시간 단위 앞에 쓰입니다. 차원이 없는(dimensionless) 시간, 즉 점으로 콕 집어 줄 수 있는 시간을 나타내죠.

① I woke up **at 6 o'clock.** 나는 6시에 깼어요.

② The meeting was scheduled **at noon.**
회의는 정오로 잡혀 있었습니다.

③ I had a salad **at lunchtime.** 나는 점심시간에 샐러드를 먹었어요.

④ The painful evacuation took place **at night.**
고통스러운 대피가 밤에 일어난 겁니다.

⑤ We'll have a party **at the end of the year.**
우리 연말에 파티할 거예요.

①~⑤ 예문에서 볼 수 있듯이 '6시, 정오, 점심시간, 밤, 연말' 같이 특정한 시점을 구체적으로 가리키거나 묘사할 때 전치사 'at'을 사용합니다. 'on'이나 'in'에 비해 비교적 작은 시간 단위와 함께 쓰이죠. 시계의 분침과 초침 끝이 뾰족하게 점을 찍어 특정 시간을 가리키는 이미지를 연상하면 이해가 빠릅니다. 단, at night(밤에)는 예외입니다.

on + 시간 명사

피라미드 중간에 있는 'on'은 점과 같은 시간이 모여 이뤄지는 날(day)과 함께 쓰입니다. 주로 특정한 날, 요일, 주말, 날짜 앞에서 쓰이며 시간의 개념이 좀 더 확장되죠.

⑥ I'll meet you **on your birthday.** 네 생일에 만나.

⑦ The heavy torrential rain began **on Friday.**
금요일에 집중 호우가 내리기 시작했어요.

⑧ We used to visit our grandparents **on the weekend.**
우리는 주말에 조부모님을 찾아뵙곤 했지요.

⑨ The ship arrived **on May 7th.** 배가 5월 7일에 도착했어요.

in + 시간 명사

'in'은 날의 개념이 확대되어 하루하루가 모인 비교적 긴 시간과 함께 쓰입니다. 큰 시간 개념인 월, 계절, 연도, 연대, 세기 등이 이에 해당합니다. 단, in 5 minutes(5분 후에), in the morning/afternoon/evening(아침에/오후에/저녁에)는 예외입니다.

⑩ Janice took his holidays **in February.**
재니스는 2월에 휴가를 갔어요.

⑪ The project was completed **in spring.**
그 프로젝트는 봄에 완료되었습니다.

⑫ The baby was born **in 2023.**
그 아기는 2023년에 태어났어요.

⑬ Textile exports grew rapidly **in the 1980s.**
섬유 수출은 1980년대에 빠르게 성장했습니다.

on/in + 시간 관련 명사 의미 차이 비교

'in'은 'at'이나 'on'처럼 구체적인 특정 시간이나 때가 아닌 넓은 시간의 범위를 나타낸다고 했습니다. 다음 문장의 차이를 생각해 보세요.

① This is why heavy drinkers feel tired **in the morning.**
이래서 술을 많이 마시는 사람들이 아침에 피곤하다고 느끼는 겁니다.

② See you **on Monday morning.**
월요일 아침에 봐.

①은 일반적으로 하루 중 '아침 기간'이라는 시간의 구간, 범위, 경과의 의미를 내포합니다. 반면, ②는 일반적인 시간의 범위보다는 월요일 아침이라는 약속을 잡은 특정한 날을 강조하고 있어요. 더 명료한 뉘앙스 차이를 다음 예문을 살펴보죠.

③ The 11:00 train left **on time.**
11시 기차가 정각에 떠났어요.

④ We arrived **in time** to take the 11:00 train.
우리는 11시 기차를 타게 제시간에 도착했어요.

③은 기차가 일정에 맞추어 11시에 정확하게 출발했다는 의미입니다. ④는 11시 출발 기차를 타려고 늦지 않게 도착한 시간의 구간을 나타냅니다. 이미지로 정리하면, on time은 '정각에', '정확히 그 시간에'라는 뜻으로 약속한 시점에 딱 맞춘다는 의미입니다. 이와 비교해 in time은 시간의 범위를 두어 '정해진 시간 내에', '늦지 않고 제시간 안에'라는 뜻입니다. 그림으로 표현하면 다음과 같습니다.

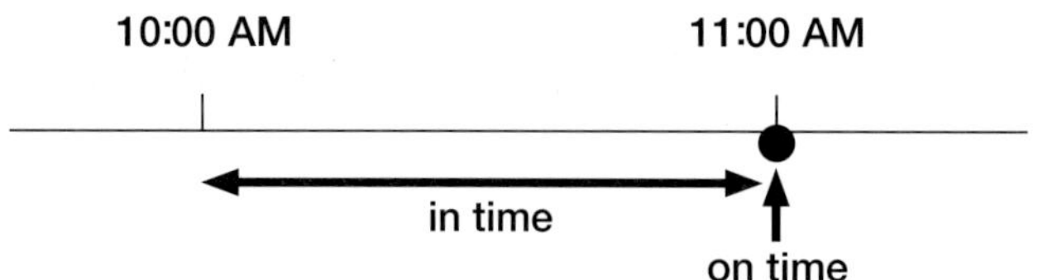

at/on + 시간 관련 명사 의미 차이 비교

at이 비교적 짧은 시간을 나타내기는 하지만, 하루 이상의 기간을 나타낼 때도 'at'을 사용하는 경우가 있습니다. 하지만 이때의 at은 당일 하루를 나타내는 'on'이나, 혹은 시간의 범위와 경과(period of time)를 나타내는 'in'과 사뭇 다릅니다. 이때도 역시 'at'은 특정 시점(point of time)의 강조에 초점이 있는데, 예문으로 확인해 보세요.

① We're having the roof repaired **at Easter**.
우리는 부활절 (기간 중 어떤 시점)에 지붕을 수리할 거예요.

② She last saw her parents **at Christmas**.
그녀는 크리스마스 때 부모님을 마지막으로 뵈었어요.

③ What are you doing **on Easter Monday**?
부활절 월요일에 뭐 할 거야?

④ The film opened **on Christmas Day**.
그 영화는 크리스마스 당일에 개봉했습니다.

대개 성탄절(Christmas), 부활절(Easter), 추수감사절(Thanksgiving), 신년(New Year)은 당일 하루가 아니라 여러 날에 걸친 연휴 기간입니다. 이때는 'at'을 쓰는데요, 그 이유는 어떤 사건이나 발생한 일을 묘사할 때 연휴라는 긴 시간의 흐름이 아니라 그 휴일 기간이라는 한 시점으로 인식하기 때문입니다. 이에 반해 ③의 Easter Monday나 ④의 Christmas Day는 'on'이 가진 접촉의 의미, 즉 맞닿아 있는 바로 '당일'의 의미를 나타냅니다. 즉, 며칠간의 부활절 기간이 아닌 월요일 부활절 당일, 크리스마스 휴가 기간 중 크리스마스 당일이라는 특정한 날을 지칭하는 것이죠.

UNIT 5 비교로 알아보는 전치사 (3)

PREPOSITION

1. by vs. until

'by'와 'until'은 우리말로 똑같이 '~까지'라고 해석되어 헷갈리기 쉽습니다. 하지만 분명한 차이가 있는데요, 다음 이미지를 보세요.

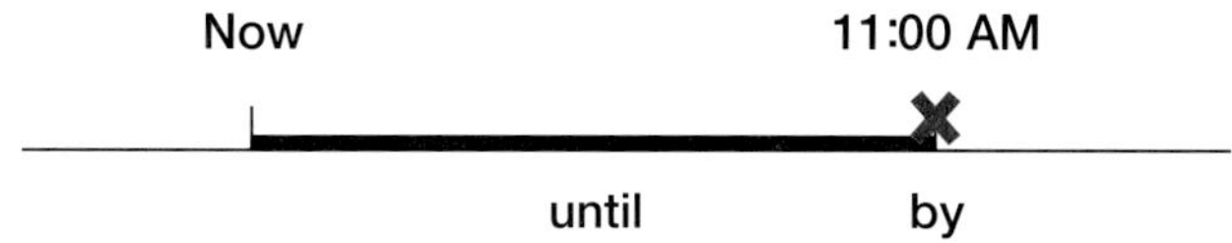

by는 어떤 행동이 어떤 시점까지 완료가 되어 끝나는 것을 의미합니다. 'by 11:00 AM'은 11시까지는 무슨 일이 있어도 늦지 않게 어떤 일이 끝나야 하며, 이 마감 시간 이외의 때인 그 전이나 후는 고려 대상이 아닙니다. 즉, 종료 시점 자체가 중요한 초점이지요.

반면, 'until'은 행동, 상황, 상태가 어느 시점까지 지속될 때 사용합니다. 예를 들어, 'until 11:00 AM'은, 오전 11시라는 명시된 시점까지 계속되는 과정과 기간에 초점이 있습니다. 행위나 상태가 줄곧 진행되다가 구체적인 시점 이후에는 끝이 나는 '종결'의 의미를 내포합니다. 미세한 의미로 다시 정의하면 by는 '~까지 딱 맞춰서'라는 뜻이며, until은 '~까지 쭉'이 될 수 있습니다. 예문을 통해 명확하게 차이를 구분해 보세요.

① I need to finish this assignment **by tomorrow.**
나는 이 과제를 내일까지 끝내야 해요.

② He was sick **until last week.**
그는 지난주까지 아팠어요.

③ I'll work **until 5 p.m.**
난 오후 5시까지 일할 거예요.

①은 내일까지 딱 맞춰서 숙제를 끝내야 하는 상황입니다. 숙제 종료 시

점은 어제일 수도, 오늘일 수도, 내일일 수도 있으나 모레는 안 된다는 의미죠. 적어도 내일이라는 마감일에 딱 맞춰서 늦지 않게 끝이 나야 합니다. ②는 아픈 상태가 지난주까지 줄곧 지속되었음을 의미합니다. 지난주라는 시점을 통과한 이후에는 회복되어 아프지 않다는 의미가 내포되어 있죠. ③은 오후 5시까지 쭉 일할 것이고 5시가 지나면 일하지 않겠다는 뜻이 숨어 있습니다.

④ A: Can I stay **until the weekend**?
제가 주말까지 머물러도 될까요?

B: Yes, but you'll have to leave **by Monday midday** at the latest.
네. 하지만 늦어도 월요일 정오(12:00)까지는 나가셔야 합니다.

④에서 주말까지 쭉 머무는 상태(stay)의 지속은 'until'을 사용합니다. 하지만 월요일 정오까지 나가는(leave) 행위가 종료되는 것을 나타낼 때는 'by'를 쓰죠. 주말까지 머물다가 주말이 지나면 머무는 상태가 끝이 납니다. 또 월요일 정오 전까지는 집을 비워 주어야 하며 그 시점이 토요일이든 일요일이든 상관없이 늦어도 월요일에는 나가야 하는 것입니다. 이렇게 의미상 차이가 있기에 각 전치사와 어울려 쓰이는 동사의 특징에도 차이가 있습니다. 일회적이거나 단발성 행위를 나타내는 동사는 'by'와 함께 쓸 수 있지만 'until'과는 어울리지 않습니다. 반대로 상태나 상황이 쭉 연속되는 동사는 'until'과는 쓰이지만, 지속의 개념이 빠지는 'by'와 함께 올 때는 어색하겠죠. 다음 예문을 통해 느껴 보세요.

⑤ You should return the book ~~until Friday~~.
→ You should return the book **by Friday**.
금요일까지 책을 반납하셔야 합니다.

⑥ Let's wait ~~by tomorrow~~.
→ Let's wait **until tomorrow**.
내일까지 기다려 보자.

⑤의 책을 반납하는 행동은 여러 번 반복되거나 계속해서 지속되는 것이 아니라 단발성으로 한 번에 끝나는 행위입니다. 게다가 수요일이든 목요일이든 상관없이 늦어도 금요일까지는 이루어져야 하지요. 따라서

'until'이 아닌 'by'와 함께 쓰여야 어색하지 않습니다. 반면, ⑥의 기다리는 행위는 일회성 동작이 아니라 특정 기간 동안 지속되는 상태를 나타냅니다. 이 경우, 'by'가 아니라 'until'과 함께 쓰이는 것이 적합합니다.

2. in vs. into

'in'과 'to'가 합쳐진 것이 'into'입니다. 따라서 'into'는 '~(안)에'라는 뜻의 'in'에 '~로의'라는 방향성을 뜻하는 'to'가 결합하여 '~ 안으로'의 의미를 갖습니다. 다음 이미지처럼 'in'은 위치라는 정적인 결과를 나타내며, 'into'는 어떤 공간 안으로 들어가는 운동성, 방향성, 변화 등의 역동적인 과정을 담습니다.

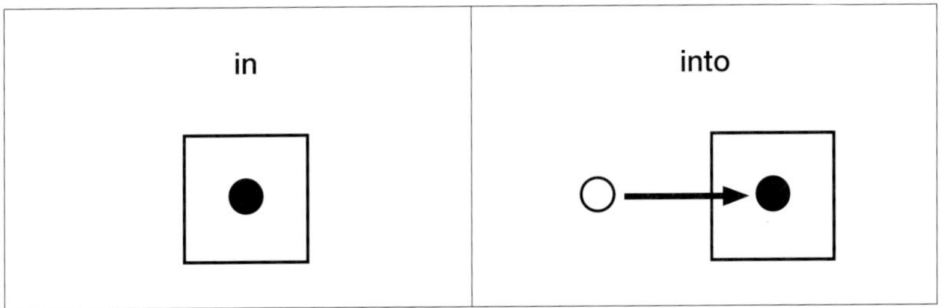

① He was **in the house.**
그는 집에 있었어요.

② He went **into the house.**
그는 집 안으로 들어갔어요.

③ The ball is rolling **in the box.**
그 공이 상자 안에서 (이리저리) 구르고 있어요.

④ The ball is rolling **into the box.**
그 공이 상자 안으로 굴러 들어가고 있어요.

①, ③의 'in'은 집, 상자 등의 '장소' 혹은 '위치'를 나타냅니다. 움직이거나 상황의 변화를 나타내는 역동성이 배제되었죠. 반면, ②, ④의 'into'는 집 안으로, 상자 안으로 들어가거나 굴러가는 공간의 이동과 움직임이 느껴집니다.

'in'과 'into'는 물리적인 공간을 나타내지만, 추상적인 표현에서도 등장합니다. 그 차이를 'in'과 'into'가 함께 쓰인 문장을 통해 살펴보세요.

⑤ He **got into** trouble and he is still **in trouble**.
그는 문제에 휘말렸고, 여전히 힘든 상태예요. (←그는 문제에 빠져들어서 여전히 그 문제 속에 있어요.)

⑥ I was always interested **in astronomy**, but after attending a stargazing event with my friends, I became so **into it** that I bought my own telescope.
나는 늘 천문학에 관심이 많았는데, 친구들과 함께 천체 관측 행사에 참석한 후 천체 관측에 완전히 푹 빠져서 내가 쓸 전용 망원경을 샀어요.

⑤에서 'in'은 문제에 빠진 정적인 상태를 묘사하고, 'into'는 문제가 없는 상태에서 문제가 있는 상태로의 이동과 변화를 뜻합니다. ⑥에서 'in'은 평상시의 흥미와 관심을 평면적으로 보여주는 반면, 'into'는 어떤 상태로 깊게 빠져들어 망원경까지 구매하는 강한 에너지의 흐름과 입체감을 느낄 수 있습니다. 그 차이점이 느껴지시나요? 'into'에 대한 예문을 더 살펴보죠.

⑦ The ice turned **into water**.
얼음이 물이 되었어요.

⑧ Earnest Hemingway's books have been translated **into many languages**.
어니스트 헤밍웨이의 책은 많은 언어로 번역되었죠.

⑨ Ann ran **into Tom**.
앤은 톰과 우연히 마주쳤어요.

'into'는 의식, 동작, 상태가 한 영역에서 다른 영역으로 변화하는 것을 의미하기도 합니다. 그 변화는 ⑦과 같이 고체가 액체로 변하는 물질의 변화일 수도 있고, ⑧과 같이 언어의 변화일 수도 있으며, ⑨와 같이 의식과 무의식의 상태 변화일 수도 있습니다. ⑨의 경우, 예측이 가능한 의식에서 예측 불허의 영역으로 들어온 'run into'는 톰이 앤의 의식 속에 있지 않은 상태로 뛰어들어왔고 의식하게 되었기 때문에 우연히 마주쳤다는 의미가 되는 것이죠.

3. on vs. onto

'on'과 'to'가 합쳐진 것이 'onto'입니다. 따라서 'onto'는 '~ 위에'라는 뜻의 'on'에 '~로'라는 방향성을 뜻하는 'to'가 결합하여 '~ 위로'라는 의미를 갖습니다. 다음 그림과 같이 'on'은 표면 위에 접촉해 있는 상태를 나타내고 'onto'는 접촉되어 있지 않은 상태에서 접촉면으로 이동한다는 변화의 의미가 있습니다. 즉, 움직임, 이동, 방향성을 내포하죠. 예문을 통해 명확하게 의미의 차이를 확인해 보세요.

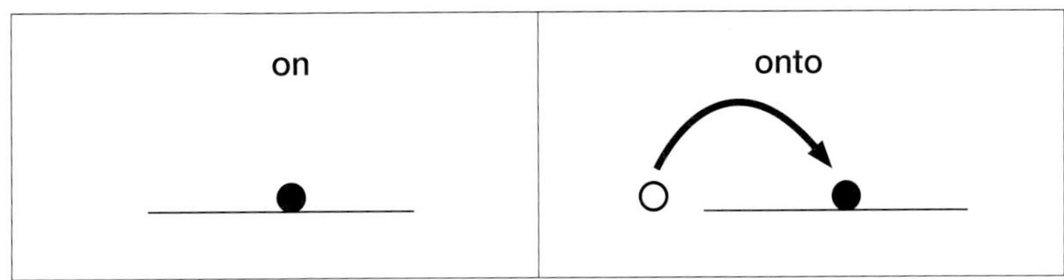

① The kid jumped **on the sofa.**
그 아이는 소파 위에서 폴짝폴짝 뛰었어요.

② The kid jumped **onto the sofa.**
그 아이는 소파 위로 폴짝 뛰어올랐어요.

③ There is no security camera **on the roof.**
지붕 위에는 보안 카메라가 없습니다.

④ My dad climbed **onto the roof** to fix it.
아버지가 지붕을 고치러 지붕 위로 올라가셨어요.

①과 ③은 소파, 지붕이라는 접촉면을 떠올릴 수 있어요. 소파 위, 지붕 위의 위치에서 동작이나 상태가 일어나고 있다는 의미입니다. 반면에 ②와 ④는 새로운 접촉면으로의 이동, 움직임의 의미가 추가됩니다. 즉, ②는 뛰는 동작을 통해서 소파가 아닌 곳에서 소파 위쪽으로 이동하고, ④는 올라가는 행위를 통해서 지붕이 아닌 곳에서 지붕 위로 위치가 변화하는 움직임을 내포합니다.

'on'과 'onto' 역시 물리적인 공간뿐 아니라 추상적인 개념도 나타낼 수 있는데, 다음 예문을 보세요.

⑤ Now we move **onto the winter racing season.**
이제 우리는 겨울 경주 시즌으로 넘어갑니다.

⑥ Archaeologists knew they were **onto something big** when they started digging.
고고학자들은 발굴을 시작했을 때 그들이 뭔가 큰 것을 발견했다는 것을 알았죠.

⑦ I am **onto you**. Why don't you admit you lied?
너 딱 걸렸어. 거짓말한 거 인정하지 그래?

'on'이 지속적인 상태를 의미한다면 'onto'는 상황의 이동, 목표 지점으로 향하여 발전과 변화를 이루어가는 역동성을 내포합니다. 따라서 'onto'는 생각을 발전시켜 나가다 보니 '중요한 것을 발견하고 파악하다, 잘 알게 되다'라는 의미까지 확장됩니다. ⑤는 시즌이라는 상황이 바뀐 것을 나타냅니다. ⑥은 목적한 방향대로 추적하고 조사하다 보니 무엇인가를 발견하는 지점에 이르게 되었음을, 그러다 보니 ⑦에서처럼 '모든 것을 다 알게 되다'라는 의미로 쓰입니다.

4. for vs. during

'for'와 'during'은 우리말로 똑같이 '~ 동안'으로 해석되어 헷갈리기 쉽습니다. 그러나 둘은 함께 쓰이는 어구와 초점이 서로 다르죠. 'for'는 시간의 지속을 나타내는 전치사로 어떤 일이 얼마나 오랫동안 계속되는지 'how long'에 초점을 둡니다. 따라서 two hours, a week 등 시간의 흐름, 시간의 길이를 나타내는 구문과 함께 쓰입니다. 반면에 'during'은 어떤 일이 언제 일어나는지 발생한 때, 즉 'when'에 초점이 있습니다. 따라서 수치상으로 환산되지 않는 기간, 사건, 행사 등의 명사(방학, 휴가, 주말 등)와 함께 쓰입니다.

① My father was in hospital **for six weeks.**
아버지는 6주간 병원에 계셨어요.

② My father was in hospital **during the summer.**
아버지는 여름 동안 병원에 계셨죠.

③ I was asleep **for half an hour.**
나는 30분간 잤어요.

④ I fell asleep **during the movies.**
나는 영화 상영 중에 잠들었어요.

①과 ③은 각각 병원에 입원한 상태, 잠을 자는 상태가 6주, 30분처럼 일정 기간 지속되는 상황을 나타내므로 'for'를 사용합니다. ②와 ④는 그러한 상태를 시간의 흐름 속에서 바라보지 않고 언제 일어났는지에 더 초점을 두고 있어요. 따라서 '여름에', '영화 상영 중에' 같이 명사를 동반한 'during'이 쓰입니다. 또 다음 예문처럼 일정한 때(during)에 더 구체적인 시간의 지속과 흐름(for)을 함께 나타낼 수도 있습니다.

⑤ **During the summer**, we stayed in a rented cottage **for a month.**
여름 동안 우리는 빌린 오두막에서 한 달간 지냈어요.

'for'와 'during'을 좀 더 예민하게 구분하여 사용할 수도 있습니다. 'for'는 특정 기간 내내 일이 계속 진행되는 것을, 'during'은 일이 기간 중 쭉 일어나지 않고 한 번 이상 발생하는 경우를 묘사합니다. 다음 예문으로 차이를 비교해 보세요.

⑥ I traveled around Europe **for a month.**
나는 한 달 동안 유럽을 여행했어요.

⑦ His cell phone rang once **during the class.**
수업 시간 중에 그의 휴대전화가 한 번 울렸지요.

⑥은 한 달 동안 계속 여행했다는 상태의 지속을 의미하기에 'for'가 쓰입니다. 반면 ⑦은 수업 시간 중 어떤 시점에 한 번 휴대전화가 울렸기에 'during'을 썼습니다.

5. between vs. among

'~ 사이에'라는 뜻의 'between'과 'among'은 대상이 둘이냐 셋 이상이냐로 구분해 사용한다고 알려져 있습니다. 즉, 둘 사이에서는 'between'을, 셋 이상일 때는 'among'을 쓴다는 것으로요. 하지만 요즘은 숫자를 기준으로 나누지 않고 두 전치사를 혼용하여 사용할 때가 많습니다. 그렇다면 둘을 어떻게 구분해 사용할까요? 기준을 '분리', '개별성'에 둡니다. 'between'은 개별적인 개체(들)로 분리되는 요소를 대상으로 할 때, 'among'은 총체적인 의미 혹은 정확히 나누어지지 않는 무리를 대상으로 할 때 씁니다.

① The discussion was **between Erick, Jack, and me.**
토론은 에릭, 잭, 나 사이에 이루어졌어요.

② His house is **between the woods, the river, and the village.**
그의 집은 숲, 강, 마을 사이에 있습니다.

③ His house is hidden **among the trees.**
그의 집은 나무 사이에 숨어 있어요.

④ Your letter is somewhere **among all these papers.**
네 편지가 이 서류 사이 어딘가에 있단 말이야.

①, ②는 대상이 셋 이상이지만 'between'이 쓰였습니다. ①에서는 사람이라는 개별 존재를 하나의 개체로 보고 있으며 ②에서는 숲, 강, 마을을 하나하나의 독립적인 요소로 보고 있기 때문입니다. 반면, ③은 나무를 한 그루씩 따로 분리하지 않고 전체 그림으로 인식하기 때문에 'among'을 씁니다. 마찬가지로 ④에서도 섞여 버린 서류들을 총체적으로 묶어서 'among'을 사용합니다.

⑤ They found an envelope full of money **among all the rubbish.**
그들은 온갖 쓰레기들 사이에서 돈이 가득 든 봉투 하나를 발견했어요.

⑤처럼 개별성이 없는 총체적인 개념을 가진 경우, 특히 분리되지 않는 셀 수 없는 단수 명사는 'among'과 함께 쓰입니다.

6. (a)round vs. about

'(a)round'와 'about'은 '~ 주변에', '대략'의 뜻으로 서로 교차 사용할 수 있지만, 엄밀히 말해 뉘앙스 차이가 있습니다. '(a)round'는 원을 그리듯 둘레를 빙 돌아 감싸는 개념이고 'about'은 일정한 궤도 없이 주변 곳곳의 여기저기라는 느낌입니다. 다음 이미지를 보면 이해가 빠를 겁니다.

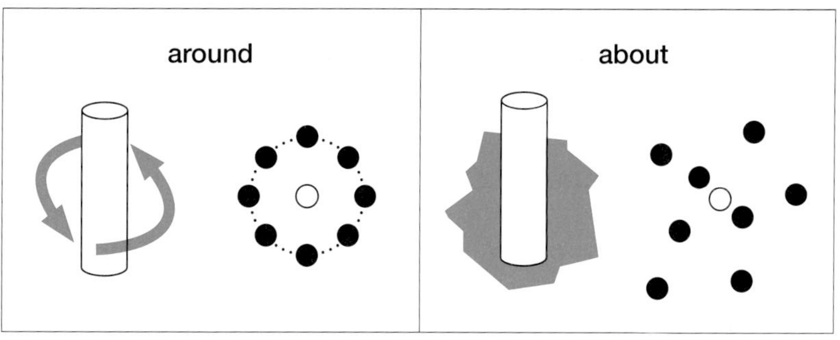

① The Earth goes **around the Sun**.
지구는 태양 주변을 돕니다.

② The terminal is open **around the clock**.
터미널은 24시간 내내 열려 있어요.

③ The children were running **about everywhere**.
아이들이 여기저기 뛰어다니고 있었어요.

④ Stop **standing about** and do some work.
빈둥거리고 서 있지 말고 일 좀 해.

①은 태양을 중심으로 공전 궤도를 따라 회전하며 돈다는 느낌이며 ②는 시곗바늘이 원을 그리며 빙 돌아가는 시간의 흐름을 나타냅니다. ③, ④는 중심축이 있거나 원을 그리는 움직임이 아니라 정해지지 않은 패턴으로 이리저리 움직이는 느낌입니다.
'(a)round'와 'about'이 뉘앙스 차이가 있지만 앞에서 언급한 것처럼 교차하여 사용할 수 있는 건, 'around'가 명확하지 않고 정해지지 않은 움직임도 나타내기 때문입니다. 따라서 ③, ④에서 'about'을 대체하여 'running around', 'standing around'를 써도 무방합니다. 하지만 주의해야 할 점은 'about'은 'around'를 대신하지 못하는 때도 있다는 것입니다. 원을 그리는 패턴을 묘사해야 하는 ①, ②의 경우, 'around'를 'about'으로 바꾸면 어색한 표현이 됩니다. 그 외에 시간이나 수의 대략 짐작을 나타낼 때도 '(a)round'와 'about'은 자연스레 상호 호환이 가능합니다.

⑤ There were **around/about fifty people** there.
그곳에 대략 50명이 있었어요.

⑥ What time shall I come? **Around/About eight**?
몇 시에 갈까? 8시쯤?

⑤, ⑥에서처럼 정확한 수치는 아니지만, 기준점 주변의 '~쯤', '대략'의 의미로 쓰일 때 두 전치사가 모두 올 수 있습니다.

7. about vs. on

'~에 관하여', '~에 대하여'라는 의미로 'about'과 'on'이 모두 쓰이는데, 둘은 어떤 차이가 있을까요? 다음 예문을 보세요.

① a book for children **about Africa and its people**
아프리카와 아프리카 사람들에 관한 어린이용 책

② a textbook **on African history**
아프리카 역사에 관한 교재

③ a conversation **about money**
돈에 관한 대화

④ a lecture **on economics**
경제학 관련 강의

'about'은 일상적이고 일반적인 주제와 짝을 이룹니다. ①의 아이들에게 소개할 아프리카는 그 내용이 전문성을 띤다기보다는 비교적 가벼운 소재의 전반적인 것이겠지요. ③의 대화 내용도 돈에 대해 사람들이 일상적으로 주고받는 생각과 의견을 말합니다. 이에 비해 'on'은 전문 도서, 논문, 대담과 같이 진지하고 전문적인 내용과 함께 쓰입니다. ②의 책은 아프리카 역사에 대해 학습용으로 출판하는 교재로 깊은 내용을 다루고 있겠죠. ④의 강의 역시 경제학이라는 묵직한 주제를 다루기 때문에 'on'이 더 적절합니다.

8. near vs. next to

'near'와 'next to'는 두 대상이 물리적으로 가까운 느낌이 듭니다. 두 전치사 모두 가까운 거리를 나타낸다면 차이점은 무엇일까요? 'near'는 앞, 뒤, 위, 아래, 옆 등의 다양한 위치에 상관없이 가까운 경우를 나타냅니다. 즉, 멀리 있지 않고 근접 거리에 있다는 의미이죠. 이에 비해 'next to'는 중간에 무엇인가가 끼어 있지 않고 바로 옆에 나란히 있다는 의미입니다.

따라서 가까이 있더라도 앞이나 뒤, 위나 아래에 있거나, 혹은 두 물체 사이를 막는 무엇인가가 존재한다면 'next to'를 쓸 수 없습니다.

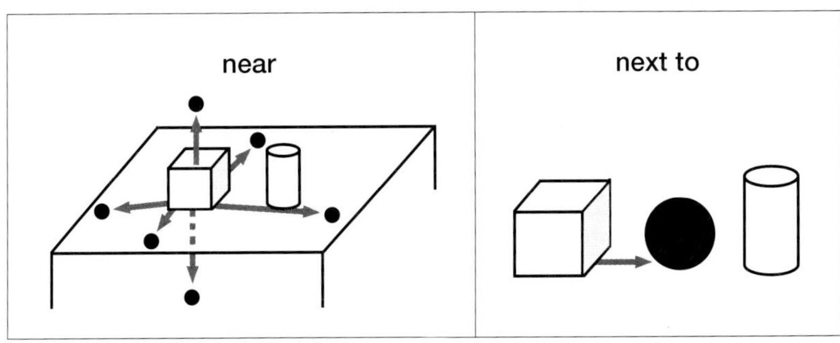

① My classroom is **near the library.**
내 교실은 도서관 가까이에 있어요.

② My classroom is **next to the bathroom.**
내 교실은 화장실 바로 옆이에요.

학교 건물에서 도서관이 2층, 교실이 3층이고 교실 옆에 바로 화장실이 있다고 생각해 볼게요. 도서관은 교실보다 한 층 아래에 있지만 걸어갈 수 있는 가까운 거리입니다. 따라서 ①에서처럼 'near'를 쓸 수 있습니다. 그리고 교실과 화장실이 옆으로 나란히 배치되어 있으므로 ②와 같이 'next to'를 쓸 수 있습니다. 같은 '가까이'의 의미라도 'near'가 'next to'보다 거리감이 있습니다.

③ Our house is **near the park.**
우리 집은 공원 근처에 있어요.

④ Our house is **next to the park.**
우리 집은 공원 바로 옆이에요.

③은 우리 집의 위치가 공원과 가깝기는 하지만 바로 옆에 붙어 있지 않고 걸어갈 정도의 근접 거리에 있다는 의미입니다. 이에 비해 ④는 우리 집 바로 옆에 공원이 나란히 위치한다는 뜻이 내포돼 있습니다. 따라서 ③에 비해 ④가 거리상 더 가까운 느낌이지요.
'next to'는 나란히 배열된 순서상 '~ 다음으로'라는 의미로도 쓰입니다.

⑤ **Next to soccer**, I like playing tennis best.
축구 다음으로 난 테니스 치는 걸 가장 좋아해요.

⑥ **Next to her**, I'm a very poor cook.
그녀 다음으로 내가 요리를 진짜 못해요.

⑤는 좋아하는 것을 리스트 상에서 순서대로 나열했을 때 축구 다음으로 좋아하는 운동, ⑥은 요리 못하는 사람을 첫 번째부터 쭉 나열했을 때 그녀 다음으로 요리 못하는 사람의 순서를 나타냅니다.

9. because of vs. due to

'because of'나 'due to' 모두 '~ 때문에'라는 원인을 나타냅니다. 의미가 비슷해서 서로 바꿔서 사용할 수 있을 것 같지만 문장에서 쓰이는 패턴에는 차이가 있습니다. 'because of'는 부사의 특성을, 'due to'는 형용사의 특성이 있다고 생각하면 이해하기 쉽습니다. 부사는 형용사나 동사를 수식하고, 형용사는 명사를 수식하거나 서술이가 되지요? 따라서 'because of'는 동사나 형용사에 대한 이유를, 'due to'는 명사에 대한 이유를 나타낸다고 보면 됩니다. 또 'due to'는 격식을 갖춘 문어체에서 많이 쓰이고 주로 뒤에 명사를 동반하지만, 'because of'는 비격식적인 글이나 대화체에서도 등장하는 등 사용 범위가 더 넓으며, 뒤에 명사뿐 아니라 대명사나 동명사가 오는 경우도 많습니다.

① I succeeded **because of** hard work and her parents' support.
나는 각고의 노력과 그녀 부모님의 지원 덕분에 성공했습니다. (동사 succeeded를 수식)

② I am successful **because of** hard work and her parents' support.
나는 각고의 노력과 그녀 부모님의 지원 덕분에 성공했습니다. (형용사 successful을 수식)

③ My success is **due to** hard work and her parents' support.
내가 성공한 건 각고의 노력과 그녀 부모님의 지원 덕분입니다. (be동사 뒤의 형용사로 쓰임)

①의 succeed와 ②의 successful은 동사와 형용사입니다. 이에 대한 이유를 부가적으로 제시하기 위해서 'because of'가 부사적 역할(adverbial prepositional phrase)을 하며 바로 뒤따라옵니다. ③은 success라는 명사의 원

인을 설명해 주기 위해서 be동사 뒤에서 형용사적 역할(adjective prepositional phrase)로 'due to'가 따라옵니다. 다음의 문장 쌍들을 보며 확인해 보세요.

④ The tree grows **because of** the nutrients in the soil.
나무는 토양의 영양분 때문에 자라죠.

⑤ The tree's growth is **due to** nutrient-rich soil.
나무의 성장은 영양분이 풍부한 토양 덕분입니다.

⑥ The car accident happened **because of** a distracted driver.
운전자의 부주의 때문에 교통사고가 났어요.

⑦ The car accident was **due to** a distracted driver.
교통사고는 운전자의 부주의로 인한 것이었습니다.

⑧ The company went bankrupt **because of** poor financial management.
회사는 부실한 재무 관리로 인해 파산했습니다.

⑨ The company's bankruptcy was **due to** poor financial management.
회사가 파산한 것은 부실한 재무 관리 때문이었어요.

④, ⑥, ⑧의 grow, happen, bankrupt는 모두 문장에서 서술어 역할을 하는 동사 혹은 형용사입니다. 따라서 'because of'가 부사처럼 따라와 이유를 부가 설명할 수 있습니다. 이때 'due to'는 올 수 없습니다. 'because of' 대신 'due to'를 사용하려면 ⑤, ⑨의 growth, bankruptcy처럼 동사나 형용사를 명사로 품사를 변환하거나 ⑦과 같이 be동사 뒤에서 'due to'가 형용사 역할을 할 수 있도록 문장을 바꾸어야 합니다. 더 쉽게 구별하는 방법은 다음 ④'와 ⑤' 문장에서처럼 'caused by'로 대체가 가능할 경우는 'due to'를, 그렇지 못하는 경우는 'because of'를 사용한다고 생각하면 됩니다.

④' The tree grows ~~caused by~~ the nutrients in the soil. (x)
→ **because of**

⑤' The tree's growth is **caused by** nutrient-rich soil. (o)
→ **due to**

그렇다면 다음과 같이 문장 맨 앞에서는 어떤 전치사구를 써야 할까요?

⑩ (Due to/Because of) popular demand, the band agreed to have another concert.
대중의 요구로 인해, 밴드는 다른 콘서트를 한 번 더 하기로 동의했습니다.

'agree(동의하다)'에 대한 원인이 대중의 요구이기 때문에 이 문장에서는 동사를 수식하는 'because of'가 들어가는 것이 적절합니다. 문장을 시작할 때는 보통 'because of'를 많이 사용합니다.

⑪ More brutal crimes happen **because of** hatred. (o)
증오 때문에 더 잔혹한 범죄가 일어나지요.
→ **Because of** hatred, more brutal crimes happen. (o)

⑫ Recent extreme weather events are **due to** global warming. (o)
최근의 기상 이변은 지구 온난화로 인한 것입니다.
→ **Due to** global warming, recent extreme weather events are. (x)

⑪과 같이 문장 뒤에서 동사의 이유에 대해 부가 설명하는 'because of'가 앞으로 이동할 수 있습니다. 그러나 ⑫처럼 대개 be동사 뒤에 위치하는 'due to'가 문장 앞으로 이동하면 문장 자체가 어색해지겠죠?
물론, 언어의 변화로 일반 회화체에서는 'because of'와 'due to'가 엄격한 구분 없이 상호 교환적으로 쓰이기도 합니다. 하지만 공인 시험이나 공식적인 문서 작성 시에는 문법적으로 옳고 그름의 잣대가 엄격하므로 둘의 차이를 구분하여 사용해야 한다는 점, 꼭 알아두세요.

10. after vs. in

'in'과 'after'는 시간 관련 어구와 함께 쓰이면 '~ 후에'로 우리말로는 의미가 같습니다. '~ 후에'라고 하면 직관적으로 'in'보다 'after'를 더 빨리 떠올리다 보니 오류가 자주 발생하지요.

1 ⓐ I'm leaving home **in** ten minutes. (o)
ⓑ I'm leaving home **after** ten minutes. (x)
나 10분 후에 집에서 나갈게.

1의 ⓑ에서 'after'를 쓰면 틀린 표현이 됩니다. 전치사 'in'과 'after'의 차이는 무엇일까요? 다음 예문들과 함께 비교해 살펴보죠.

2 ⓐ **After** 10 minutes of wrestling with the beast, he eventually hauled the massive fish on board. (o)

ⓑ ~~In~~ 10 minutes of wrestling with the beast, he eventually hauled the massive fish on board. (x)
10분 동안 그 야수와 씨름한 끝에 그는 결국 거대한 물고기를 배로 끌어올렸어요.

3 ⓐ The store will be opened **after** 10:00 a.m. (o)

ⓑ The store will be opened ~~in~~ 10:00 a.m. (x)
그 가게는 오전 10시 이후에 열 것입니다.

'in'과 'after' 두 전치사의 차이는 시간의 기준점입니다. 'in'은 현재를 기준으로 앞으로의 시간을 의미합니다. 즉, 기준점이 현재이고 지금부터 얼마 뒤의 기간을 나타내죠. 그에 반해 'after'는 시간의 기준점이 현재가 아니라 'after' 뒤에 오는 명사(구)입니다. 따라서 기준점이 과거가 될 수도, 미래가 될 수도 있지요. 1 예문에서는 화자인 내가 '지금'부터 시작해서 10분 후에 집을 떠나겠다고 말합니다. 기준점이 '현재'이므로 이때는 'after'가 아니라 'in'이 적절하겠지요.
2 예문에서는 10분간 야수와 씨름하는 사건과 그 야수인 물고기를 배에 올리는 사건 두 가지가 나타납니다. 시간적 순서상, 씨름했던 과거 10분의 시간 이후에 물고기를 끌어올리는 행동이 뒤따릅니다. 특정한 과거의 첫 번째 사건을 기준으로 그 후에 다른 두 번째 사건이 발생하는 것을 묘사하므로 'in'이 아니라 'after'가 맞습니다. 3 예문에서는 지금이 기준이 아니라 앞으로 오게 될 오전 10시라는 미래의 시점을 기준으로 그 이후에 상점이 문을 연다는 의미입니다. 따라서 'in'이 아닌 'after'를 쓰는 것이 맞습니다.

11. from vs. since

두 전치사 모두 '~부터'라는 시작과 출발의 의미를 포함하지만, 내포하는 의미에 차이가 있습니다.

1 ⓐ **I've been waiting** for her **since** three o'clock. (o)

ⓑ I've been waiting for her ~~from~~ three o'clock. (x)

나는 3시부터 (지금까지 쭉) 그녀를 기다리고 있어요.

2 ⓐ I'll be here **from** three o'clock tomorrow. (o)

ⓑ I'll be here ~~since~~ three o'clock tomorrow. (x)

내가 내일 3시부터 여기에 있을게.

'from'은 시작된 시점만을 가리키며 종료 시점에 대해서는 알 수가 없습니다. 반면 'since'는 시작된 시점에서 출발하여 발화하는 시점까지 상태나 과정이 계속되고 있다는 의미를 내포합니다. 따라서 'since'는 시작점부터 발화 시점까지라는 기간의 개념이 들어가므로 완료시제와 함께 쓰이죠. 1 예문에서처럼 'since'는 현재완료(진행) 시제와 함께 쓰입니다.

2 예문에서의 화자인 나는 내일 3시부터 이곳에 있을 거라고 말합니다. 이때는 과거부터 시작되어 발화 시점까지 범위가 있는 기간을 의미하지 않고, 앞으로 일어날 일의 상태나 동작에 관한 시작점만을 전달합니다. 내일 3시부터 와 있겠다는 의미이므로 'from'이 적절하겠지요.

UNIT 6 전치사인 듯 아닌 듯한 표현

PREPOSITION

동사 'concern(~와 관련되다)', 'exclude(~을 제외하다)', 'include(~을 포함하다)' 뒤에 진행형 접사 '-ing'를 붙여 만든 'concerning', 'excluding', 'including'은 분사(participle)로 쓰이기도 하고 전치사 역할을 하기도 합니다. 후자의 경우를 분사형 전치사(participle preposition 혹은 participial preposition)로 분류합니다. 많은 사람이 오랜 기간 사용하면서 전치사로 굳어진 표현이라고 볼 수 있지요. 'concerning'은 '~와 관련하여', 'excluding'은 '~를 제외하고', 'including'은 '~을 포함하여'의 뜻을 지닙니다.

① I've had a letter from the tax authorities **concerning** my tax payments.
세금 납부와 관련하여 세무 당국으로부터 편지를 받았어요.

② **Excluding** water, half of the body's weight is protein.
물을 제외하면 체중의 절반이 단백질이죠.

③ The watch is $200, **including** tax.
그 시계는 세금 포함 200달러입니다.

①, ②, ③ 모두 동사가 분사 형태로 바뀌어 뒤에 명사구가 오는 것으로 보아 전치사구와 유사한 패턴이지요. 장기간의 언어 습관으로 이제 전치사로써 지위를 인정받고 있습니다. 이 세 가지 경우 외에도 더 많은 분사형 전치사가 있습니다. 동사에 '-ing' 진행형 접사뿐만 아니라 '-ed'와 '-en'의 과거분사형 접사와 결합한 것도 있는데, 다음의 표로 정리합니다.

전치사	의미	예문
considering	~을 고려하면	**Considering** the situation, he is hoping for too much too soon. 상황을 고려할 때 그는 너무 빨리 너무 많은 것을 바라고 있어요.
following	~ 후에	In the centuries **following** Christ's death, Christians believed the world was about to end. 예수의 죽음 이후 수 세기 동안 기독교인들은 세상이 곧 끝날 것이라고 믿었어요.
regarding	~에 관하여	I have a lot of questions to ask **regarding** the new contract. 새 계약에 관해 물어볼 것이 많습니다.
given	~을 고려할 때	**Given** his age, he is remarkably active. 그분 연세를 고려할 때 그분은 놀라우리만큼 활동적이신 거예요.

After 10 minutes of wrestling with the beast, he eventually hauled **the massive fish** on board.

PART 2

전치사 관련 가장 흔한 실수

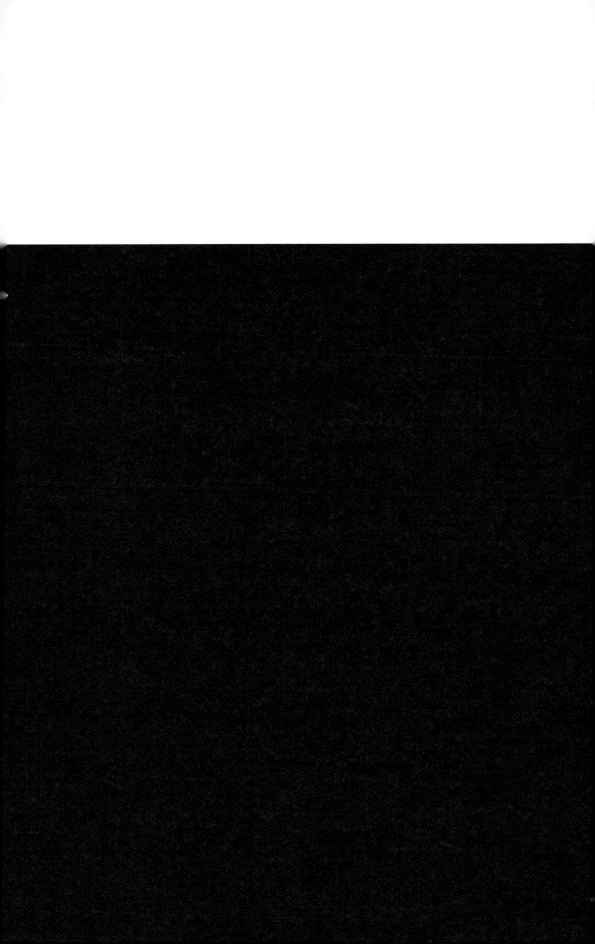

UNIT 1 불필요한 전치사 추가

PREPOSITION

1. 전치사가 필요 없는 타동사에 전치사 쓰기

전치사 실수와 관련해 가장 흔한 것이 타동사 뒤에 전치사를 넣는 것입니다. 동사 뒤에 전치사를 넣을 수 있지 않냐고요? 넣을 수 있지만, 목적어가 바로 오는 타동사 뒤에는 넣지 않습니다. 그런데도 이런 실수를 하는 건, 한국어 의미상 동사에 전치사가 필요한 것처럼 보이기 때문입니다. 그러나 다음에 나오는 타동사는 동사 자체에 이미 전치사의 의미가 내포되어 있으므로 전치사를 중복해서 사용하지 않도록 주의하세요.

자동사로 착각하기 쉬운 타동사

1	**access**	~에 접근하다/접속하다	access to (x)
2	**accompany**	~와 동행하다	accompany with (x)
3	**address**	~에게 연설하다	address to (x)
4	**answer**	~에게 답하다	answer to (x)
5	**approach**	~에 접근하다	approach to (x)
6	**attend**	~에 참석하다	attend to (x), attend at (x)
7	**await**	~을 기다리다	await for (x)
8	**call**	~에게 전화하다	call to (x)
9	**climb**	~로 오르다	climb to (x)

10	**comprise**	~로 구성되다	comprise with (x)
11	**consider**	~에 대해 고려하다	consider about (x)
12	**consult**	~와 상담하다	consult with (x)
13	**contact**	~에게 연락하다/접촉하다	contact to (x)
14	**discuss**	~에 대해 논의하다	discuss about (x)
15	**enter**	~ 안으로 들어가다	enter into (x)
16	**explain**	~에 대해 설명하다 ~에게 설명하다	explain about (x) explain to (x)
17	**greet**	~에게 인사하다	greet to (x)
18	**inhabit**	~에 살다 ~에 서식하다	inhabit in (x)
19	**interview**	~와 인터뷰하다	interview with (x)
20	**lack**	~이 부족하다	lack in (x)
21	**join**	~와 함께하다	join with (x)
22	**marry**	~와 결혼하다	marry with (x)
23	**match**	~와 어울리다	match with (x)
24	**mention**	~에 대해 언급하다	mention about (x)
25	**meet**	~와 만나다	meet with (x)
26	**obey**	~에게 복종하다	obey to (x)
27	**oppose**	~에 반대하다	oppose against (x) oppose to (x)

28	**reach**	~에 도달하다	reach to (x)
29	**regret**	~에 대해 후회하다	regret about (x)
30	**resemble**	~와 닮다	resemble with (x)
31	**resent**	~에게 분개하다 ~에 대해 분노하다	resent to (x) resent about (x)
32	**suit**	~에게 잘 어울리다	suit to (x)
33	**survive**	~에서 생존하다 ~에서 살아남다	survive from (x)
34	**win**	~에서 이기다	win in (x)

MP3 002

예문을 보며 확인해 보세요.

Incorrect (x)	Correct (o)
Most people use their phones to **access ~~to~~** the Internet.	Most people use their phones to **access** the Internet. 대부분 사람들이 핸드폰을 사용해 인터넷에 접속합니다.
Wherever her husband went, she would **accompany ~~with~~** him.	Wherever her husband went, she would **accompany** him. 남편이 어딜 가든 그녀는 남편과 동행했어요.
He **addressed ~~to~~** an audience of 10,000 supporters.	He **addressed** an audience of 10,000 supporters. 그는 10,000명의 지지자들이 모인 군중들에게 연설했어요.
I knew Ben was lying when he **answered ~~to~~** me.	I knew Ben was lying when he **answered** me. 벤이 나에게 대답했을 때 난 그가 거짓말하고 있다는 것을 알았죠.
He didn't **approach ~~to~~** the front door at once.	He didn't **approach** the front door at once. 그는 한 번에 정문으로 접근하지 않았어요.

Incorrect (x)	Correct (o)
Over two hundred people **attended ~~to~~** the funeral.	Over two hundred people **attended** the funeral. 200명이 넘는 사람들이 장례식에 참석했습니다.
He's anxiously **awaiting ~~for~~** his test results.	He's anxiously **awaiting** his test results. 그는 초조하게 검사 결과를 기다리고 있어요.
I'll **call ~~to~~** you soon.	I'll **call** you soon. 너에게 곧 전화할게.
Boys were **climbing ~~to~~** trees along the river bank.	Boys were **climbing** trees along the river bank. 남자아이들이 강둑을 따라 서 있는 나무들 위로 오르고 있었어요.
The house **comprises ~~with~~** two bedrooms, a kitchen, and a living room.	The house **comprises** two bedrooms, a kitchen, and a living room. 그 집은 침실 2개, 주방, 거실로 구성되어 있어요.
We're still **considering ~~about~~** where to move to.	We're still **considering** where to move to. 우리는 아직도 어디로 이사할 것인가로 고민하고 있답니다.
If the symptoms get worse, **consult ~~with~~** your doctor.	If the symptoms get worse, **consult** your doctor. 증상이 더 심해지면 주치의와 상담해.
I **contacted ~~to~~** him at his office, but he wasn't in.	I **contacted** him at his office, but he wasn't in. 나는 그의 사무실로 그에게 연락했지만, 그는 사무실에 없었어요.
The later chapters **discuss ~~about~~** the effects on the environment.	The later chapters **discuss** the effects on the environment. 이후 장에서는 환경에 미치는 영향에 대해 논의합니다.
Silence fell as I **entered ~~into~~** the room.	Silence fell as I **entered** the room. 내가 방 안으로 들어서자 침묵이 차악 흘렀어요.
The teacher **explained ~~about~~** the rules to the children.	The teacher **explained** the rules to the children. 선생님이 아이들에게 규칙에 대해 설명하셨어요.
He **greeted ~~to~~** me at the door.	He **greeted** me at the door. 그는 문에서 나에게 인사했습니다.

Incorrect (x)	Correct (o)
Some of the rare species that **inhabit** ~~in~~ the area are under threat.	Some of the rare species that **inhabit** the area are under threat. 그 지역에 서식하는 일부 희귀종이 위협받고 있어요.
The principal personally **interviews** ~~with~~ every single applicant.	The principal personally **interviews** every single applicant. 교장이 모든 지원자와 개인적으로 인터뷰합니다.
Will you **join** ~~with~~ us for lunch?	Will you **join** us for lunch? 우리랑 점심 같이 먹을래?
He just **lacks** ~~in~~ a little confidence.	He just **lacks** a little confidence. 그는 그냥 자신감이 좀 부족한 거예요.
He finally plucked up courage to ask her to **marry** ~~with~~ him.	He finally plucked up courage to ask her to **marry** him. 그는 마침내 용기를 내어 그녀에게 자신과 결혼해 달라고 청했습니다. cf. He finally plucked up courage to ask her to **marry with** his son. (아들이 있는 남자가 그 아들을 데리고 결혼해도 되는지를 물어보는 의미)
The doors were painted blue to **match** ~~with~~ the walls.	The doors were painted blue to **match** the walls. 문은 벽과 어울리게 파란색으로 칠해졌습니다.
I **mentioned** ~~about~~ the idea to Joan, and she seemed to like it.	I **mentioned** the idea to Joan, and she seemed to like it. 나는 조앤에게 그 아이디어에 대해 언급했고 그녀는 그것을 마음에 들어하는 것 같았어요.
Meet ~~with~~ me at 8.00.	**Meet** me at 8.00. 나랑 8시에 만나.
'Sit!' he said, and the dog **obeyed** ~~to~~ him instantly.	'Sit!' he said, and the dog **obeyed** him instantly. "앉아!" 그가 말하자 개는 즉시 그에게 복종했어요.
Congress is continuing to **oppose** ~~to~~ the president's health care budget.	Congress is continuing to **oppose** the president's health care budget. 의회는 계속해서 대통령의 의료 예산에 반대하고 있습니다.

Incorrect (x)	Correct (o)
They finally **reached ~~to~~** the coast after five weeks sailing.	They finally **reached** the coast after five weeks sailing. 5주 간의 항해 후에 그들은 마침내 해안에 도착했어요.
I **regret ~~about~~** leaving school so young.	I **regret** leaving school so young. 나는 너무 어릴 때 학교를 떠난 게 후회스러워요.
You **resemble ~~with~~** your mother very closely.	You **resemble** your mother very closely. 넌 너희 엄마를 아주 똑 닮았구나.
She bitterly **resented ~~to~~** her father's new wife. I **resented ~~about~~** having to work such long hours.	She bitterly **resented** her father's new wife. 그녀는 아버지의 새 아내에게 몹시 분개했어요. I **resented** having to work such long hours. 나는 그렇게 오랜 시간 일해야 하는 것에 분개했습니다.
That coat really **suits ~~to~~** Paul.	That coat really **suits** Paul. 그 코트, 폴에게 진짜 잘 어울려요.
She **survived ~~from~~** the attack.	She **survived** the attack. 그녀는 그 공격에서 살아남았죠.
She loves to **win ~~in~~** an argument.	She loves to **win** an argument. 그녀는 논쟁에서 이기는 것을 아주 좋아합니다.

2. 한국어 해석에 따른 불필요한 전치사 삽입

한국어 해석상 전치사를 붙여야 할 것 같아서 발생하는 실수는 3가지입니다. 차례대로 살펴볼게요.

부사 앞에 전치사를 넣는 실수

뜻을 보니 '~에서', '~로'가 있으니까 전치사가 필요해 보여 발생하는 오류입니다. 하지만 부사는 그 자체로 독립적인 품사라서 그 앞에 불필요하게 전치사를 붙이는 실수를 하지 않아야 합니다. 전형적인 예는 다음과 같습니다.

MP3 003

Incorrect	Correct
I want to go ~~to~~ **overseas** alone.	I want to go **overseas** alone. 나는 혼자 해외에 가고 싶어요. cf. I want to go **to foreign countries** alone. 나는 혼자 외국에 가고 싶어요.
He lives ~~in~~ **there**.	He lives **there**. 그는 거기에 살아요. cf. He lives **in the countryside**. 그는 시골에 삽니다.
Come ~~to~~ **here** with your sister.	Come **here** with your sister. 언니랑 여기로 와.
Where is my father ~~at~~?	**Where** is my father? 우리 아버지 어디에 계셔?
Lucy was moving ~~to~~ **nearby**.	Lucy was moving **nearby**. 루시는 근처로 이동하고 있었어요.
I want to go ~~to~~ **home**.	I want to go **home**. 나 집에 가고 싶어.

오감을 나타내는 동사 뒤에 전치사를 넣는 실수

feel(~라고 느끼다), look(~인 듯 보이다), sound(~인 듯 들리다), taste(~한 맛이 나다), smell(~한 냄새가 나다) 동사 뒤에 형용사가 나올 때 한국어 해석에 '~인 듯, ~처럼'의 의미가 있어서 전치사 'like'를 넣는 오류입니다. 하지만 이 동사들은 전치사 없이 바로 형용사를 보어로 취하는 불완전자동사들이므로, 형용사 앞에 전치사를 넣지 않아야 합니다. 단, 오감 동사 뒤에 명사가 와서 '~처럼'의 뜻이라면 전치사 'like'를 넣어야 맞습니다.

MP3 004

Incorrect	Correct
She **looks ~~like~~** upset.	She **looks** upset. 그녀는 속상한 것처럼 보여. cf. She **looks like** a doll. 그녀는 인형처럼 보여.
It **sounds ~~like~~** foolish.	It **sounds** foolish. 그건 바보같이 들려요. cf. It **sounds like** a real story. 그건 실화처럼 들리는데.
This wine **tastes ~~like~~** floral.	This wine **tastes** floral. 이 포도주는 꽃 같은 맛이 나요. cf. This coffee **tastes like** fresh apple juice. 이 커피는 신선한 사과주스 같은 맛이 납니다.
I **felt ~~like~~** stupid.	I **felt** stupid. 내가 바보처럼 느껴졌어요. cf. I **felt like** a totally different person. 내가 완전히 다른 사람처럼 느껴졌다니까요.
It **smells ~~like~~** moldy in the fridge.	It **smells** moldy in the fridge. 냉장고에서 곰팡이 냄새가 나요. cf. My attic **smells like** old paper. 내 다락방은 오래된 종이 같은 냄새가 납니다.

4형식 구문에서 간접목적어 앞에 전치사를 넣는 실수

4형식 구문에서 간접목적어 앞에 전치사를 넣는 실수가 빈번합니다. '~에게'라는 의미가 있기 때문이죠. 4형식에 쓰이는 동사는 원래부터 전치사 없이 목적어를 두 개 가지고 올 수 있습니다.

MP3 005

Incorrect	Correct
If the school **gives ~~to~~** me the right, I'll change the seat.	If the school **gives** me the right, I'll change the seat. 학교에서 나에게 권한을 준다면, 자리를 바꿀 거예요.
Could you **send ~~to~~** them a reply as quickly as possible?	Could you **send** them a reply as quickly as possible? 가능한 한 빨리 그들에게 답장 좀 보내주시겠어요?
She is **teaching ~~to~~** me French.	She is **teaching** me French. 그녀가 나에게 프랑스어를 가르쳐 주고 있어요.
Can you **bring ~~to~~** me a cup of coffee?	Can you **bring** me a cup of coffee? 나에게 커피 한잔 가져다줄래?
The children proudly **showed ~~to~~** me their presents.	The children proudly **showed** me their presents. 아이들은 나에게 자기들이 받은 선물을 자랑스럽게 보여주었어요.
They **offered ~~to~~** Jason a very good job, but he turned it down.	They **offered** Jason a very good job, but he turned it down. 그들이 제이슨에게 아주 좋은 일자리를 제안했지만 그는 그 제안을 거절했어요.
He **cooked ~~to~~** us a huge dinner.	He **cooked** us a huge dinner. 그는 우리에게 아주 푸짐한 저녁밥을 요리해 주었죠.
Can you **tell ~~to~~** me how to get to the library?	Can you **tell** me how to get to the library? 나에게 도서관 가는 방법 좀 알려 줄래?
Mom would **read ~~to~~** me a book.	Mom would **read** me a book. 엄마는 내게 책을 읽어 주시곤 하셨죠.

Incorrect	Correct
She **asked** ~~**to**~~ me a question.	She **asked** me a question. 그녀가 나에게 질문을 하나 했어요.
He **bought** ~~**to**~~ his mother some flowers.	He **bought** his mother some flowers. 그는 엄마에게 꽃을 사드렸습니다.
Do you like to **leave** ~~**to**~~ him a message?	Would you like to **leave** him a message? 그분에게 메시지 남기실래요?

단, 4형식 동사가 3형식으로 전환될 때는 전치사를 동반해야 합니다. 즉, 간접목적어를 [전치사 + 목적어] 형태의 전치사구로 변환해서 문장 맨 끝으로 보내는 것을 말합니다. 이때 목적어 앞에 쓰이는 전치사는 동사의 종류에 따라 다음과 같이 크게 세 가지로 분류합니다.

전치사	동사	예문
to	bring(가져오다), give(주다), hand(건네주다), lend(빌려주다), show(보여주다), teach(가르쳐 주다), send(보내주다), tell(말해 주다), throw(던져 주다), pass(전달해 주다), write(쓰다)	[4형식] Bring me the book. [3형식] Bring the book **to** me. 그 책 나에게 가져와.
for	bake(구워 주다), buy(사 주다), cook(요리해 주다), find(찾아주다), get(사 주다), make(만들어 주다), save(남겨 두다)	[4형식] She baked them bread and cookies. [3형식] She baked bread and cookies **for** them. 그녀는 그들에게 빵과 쿠키를 구워 줬어요.
of	ask(물어보다), beg(애원하다), inquire(물어보다), require(요구하다)	[4형식] He asked me a question. [3형식] He asked a question **of** me. 그가 나에게 질문을 했어요.

3. 전치사가 필요 없는 특정 표현 앞에 전치사 표기

보통 시간을 나타내는 명사 앞에 전치사 'at', 'on', 'in'을 씁니다. 단, 시간 명사가 'this', 'next', 'last', 'every'의 수식을 받을 때는 전치사를 생략합니다. 언어의 효율성 측면에서 전치사가 없어도 시간을 나타내는 표현임을 알 수 있기에 생략해 쓰이던 것이 굳어진 것이지요.

MP3 006

Incorrect	Correct
Why were you so upset ~~in~~ **this morning**?	Why were you so upset **this morning**? 오늘 아침에 왜 그렇게 기분이 안 좋았어?
He is going to Europe ~~in~~ **next month**.	He is going to Europe **next month**. 그는 다음 달에 유럽에 갈 거야.
What did you do ~~at~~ **last night**?	What did you do **last night**? 어젯밤에 뭐 했어?
We go to church ~~on~~ **every Sunday**.	We go to church **every Sunday**. 우리는 매주 일요일에 교회에 갑니다.

UNIT 2 필수적인 전치사 누락

PREPOSITION

1. 전치사가 필요한 자동사 뒤에 전치사 누락

언어 체계가 다르기에 우리말로는 목적어가 필요 없는 자동사처럼 보이는 것이 영어에서는 타동사인 경우가 있고, 또 반대로 목적어가 바로 있어야 하는 타동사처럼 보이는데, 반드시 전치사와 함께 목적어를 취해야 하는 경우가 있습니다. 이러다 보니 전치사를 빠뜨려서 오류를 범하는 경우가 빈번합니다. 다음은 전치사 누락 오류율이 가장 높은 자동사와 그 예문입니다.

MP3 007

Incorrect	Correct
Until I was 16 years old, I had not ~~believed~~ God.	Until I was 16 years old, I had not **believed in** God. 16살 때까지 나는 신의 존재를 믿지 않았습니다. ▸ believe: ~의 말을 믿다/신뢰하다 believe in: ~가 잘될 거라고 믿다, 종교/존재를 믿다
Catherine's parents now ~~approve~~ her marriage.	Catherine's parents now **approve of** her marriage. 캐서린의 부모님이 이제는 그녀의 결혼에 찬성하세요.
She refused to ~~listen~~ reason.	She refused to **listen to** reason. 그녀는 이유 듣기를 거부했어요.
The men all turned to ~~look~~ me as I entered the room.	The men all turned to **look at** me as I entered the room. 내가 방에 들어서자 남자들이 모두 몸을 돌려 나를 보았어요.
What do you see when ~~looking~~ the mirror?	What do you see when **looking in** the mirror? 거울을 볼 때 뭐가 보이니?

Incorrect	Correct
He ~~**paid**~~ his dinner when the bill came.	He **paid for** his dinner when the bill came. 계산서가 오자 그는 저녁 식사 값을 냈어요.
I ~~**waited**~~ her outside while she went in to see the doctor.	I **waited for** her outside while she went in to see the doctor. 나는 그녀가 의사에게 진료 받으러 안으로 들어간 동안 밖에서 그녀를 기다렸어요.
What do you ~~**think**~~ the latest plans for improving the underground system?	What do you **think about** the latest plans for improving the underground system? 지하철 시스템 개선을 위한 최신 계획에 대해 어떻게 생각해?
The policeman ~~**asked**~~ my license and registration.	The policeman **asked for** my license and registration. 경찰관이 내게 면허증과 등록증을 달라고 했어요.
Some of the world's most successful entrepreneurs never ~~**graduated**~~ college.	Some of the world's most successful entrepreneurs never **graduated from** college. 세계에서 가장 성공한 기업가 중 일부는 대학을 졸업하지 않았습니다.
I can't ~~**concentrate**~~ my work with all that noise.	I can't **concentrate on** my work with all that noise. 소음 때문에 일에 집중할 수가 없어요.

'believe'는 한국인 대학생들을 대상으로 한 연구(2011)에서 전치사 누락 오류율 100%를 보인 동사입니다. 'approve' 역시 '~에 대해 찬성하다'의 뜻일 때 전치사 'of'를 동반하는 자동사입니다. 그런데도 of를 빠뜨리는 것은 '~을 승낙(인)하다'라는 의미일 때는 목적어가 바로 오는 타동사로도 쓰이기 때문입니다.

'listen', 'look', 'wait' 같은 동사들 역시 자동사인데, 목적어 없이 명령형으로 많이 쓰이기 때문에 자연스레 목적어를 붙일 때도 전치사 없이 그대로 뒤에 쓰는 실수를 하는 경우가 많습니다. 하지만 목적어가 있을 때는 반드시 전치사를 사용해야 합니다. 이 외에 전치사를 동반해야 하는 자동사들은 PART 3에서 소개됩니다. 내용을 반복적으로 학습해서 동사와 함께 쓰이는 전치사를 빠뜨리지 않도록 하세요.

2. 누락 실수가 잦은 특정 구문

한국인 학습자들이 전치사를 빠뜨리는 실수를 자주 하는 특정 구문이 있습니다. 다음 형식과 같이 '(대)명사' 뒤에 'to부정사'가 오는 경우로, to부정사가 주로 앞의 (대)명사를 꾸미는 역할을 할 때입니다.

MP3 008

Incorrect	Correct
We need a chair to ~~**sit**~~.	We need a chair to **sit on.** 우리는 앉을 의자가 필요해.
We must have a house to ~~**live**~~.	We must have a house to **live in.** 우리는 살 집이 있어야 해.
I need some paper to ~~**write**~~.	I need some paper to **write on.** 나는 쓸 종이가 필요해.
I want a pencil to ~~**write**~~.	I want a pencil to **write with.** 나는 쓸 연필이 필요해.
The kid found a friend to ~~**play**~~.	The kid found a friend to **play with.** 그 아이는 함께 놀 친구를 찾아냈어요.
He desperately needed a person to ~~**talk**~~.	He desperately needed a person to **talk to.** 그는 말할 상대가 필사적으로 필요했어요.
He is easy to ~~**talk**~~.	He is easy to **talk to.** 그는 말하기 쉬운 상대예요.
There was a serious conflict for an actor to ~~**deal**~~.	There was a serious conflict for an actor to **deal with.** 배우로서 감당해야 할 심각한 갈등이 있었어요.
This is the very topic for us to ~~**focus**~~.	This is the very topic for us to **focus on.** 이것이 우리가 집중해야 할 바로 그 주제입니다.
There are many flavors to ~~**choose**~~.	There are many flavors to **choose from.** 선택할 수 있는 맛이 많아요.

전치사와 명사가 나란히 연결되어 있을 때는 오류가 없는데, 다음 구조처럼 'to + 동사원형 + 전치사'가 (대)명사 뒤에 놓여 수식해 줄 때, 즉 두 요소가 분리될 때 실수가 나타납니다.

(대)명사... + to 동사원형 + 전치사

이런 구문에서는 한국어 해석이 전혀 어색하지 않다 보니 의식하지 못한 채 전치사를 자주 빠뜨립니다. 이때는 분리된 명사를 to부정사 바로 뒤로 이동시킨 후 전치사의 유무를 판단하는 예민함을 발휘해야 합니다.

ⓐ We need a chair to sit **on**. (o)
ⓑ We need a chair to sit. (x)

ⓒ There are many flavors to **choose from**. (o)
ⓓ There are many flavors to **choose**. (x)

'chair'를 동사 'sit' 뒤로 이동시키면 'sit chair'라는 표현이 됩니다. 나란히 놓고 보니 좀 어색하지요? 'sit'은 '~에 앉다'라는 자동사로 목적어를 바로 가져올 수 없으니까요. 앉으려면 의자 위에 앉아야 하므로 전치사 'on'이 명사 'chair' 앞에 놓여 동사와 연결을 해 주어야 합니다. 이 형태는 전치사와 (대)명사가 분리되었을 때도 유지됩니다.
'choose'는 '선택하다'라는 의미의 타동사라서 'from'이 없어도 무방한 듯 보입니다. 이때는 'choose'와 'choose from'의 의미상 차이로 구분해야 합니다. 'choose'는 선택지의 개수에 상관없이 무엇인가를 결정하는 행위나 결과를 나타내는 포괄적이고 일반적 의미입니다. 이와 비교해 'choose from'은 다양한 선택지들이 가능한 상황이라는 특수성을 전제합니다. 미묘한 의미 차이지만 전치사를 잘 살려서 사용하면 맛깔스럽게 의미를 표현할 수 있습니다.

3. 한국어 해석만으로 필요한 전치사 누락

한국어에서 영어로 직역할 때 어색한 문장이 나올 때가 있습니다. 여기에는 여러 이유가 있을 수 있지만, 명사와 짝을 이루는 전치사가 빠지는 경우가 이에 해당하는데, 이때 오류를 인지조차 못 하고 그냥 지나칠 때가 많지요. 한국어로 해석해 보면 전혀 어색하지 않기 때문입니다. 전형적인 예는 다음과 같습니다.

명사와 짝을 이루는 전치사가 빠지는 경우

'focus', 'interest', 'effect', 'devotion', 'relationship' 같은 명사는 찰떡궁합처럼 항상 함께 따라다니는 전치사가 정해져 있습니다. 따라서 다음에 제시된 표 안의 예문들과 같이 be동사로 분리되더라도 전치사로 연결이 되어야 합니다. PART 3에서 각 전치사의 〈명사 + 전치사〉 조합을 참고해서 빠뜨리는 실수를 줄이도록 하세요.

MP3 009

Incorrect	Correct
The focus is full and active participation.	The focus is **on** full and active participation. 중점은 완전하고 적극적인 참여입니다.
My interest is the relationship between exercise and mental well-being.	My interest is **in** the relationship between exercise and mental well-being. 나의 관심은 운동과 정신 건강의 관계이죠.
The effect is memory and not motor ability itself.	The effect is **on** memory and not **on** motor ability itself. 그 효과는 운동 능력 자체가 아니라 기억력에 있습니다.
Their devotion is education.	Their devotion is **to** education. 그들의 헌신은 교육에 있습니다.
Perhaps his most important relationship is his secretary, Sam.	Perhaps his most important relationship is **with** his secretary, Sam. 아마도 그의 가장 중요한 관계는 그의 비서인 샘이죠.

이중 전치사를 잘 사용하지 못하는 경우

전치사가 두 개 이상 나란히 오는 이중 전치사를 잘 사용하지 못하는 경우가 있습니다. 한국어 의미상 문제가 없어 보이는 데다 전치사 뒤에는 명사(구)가 온다는 인식 때문에 전치사 두 개를 나란히 붙이는 것을 어색하게 생각하기 때문이죠. 대표적인 예가 'from behind(~의 뒤에서부터)', 'from under(~의 아래로부터)', 'from within(~의 안에서부터)', 'in between(~ 중간에, 틈에)' 입니다.

MP3 010

Incorrect	Correct
A boy crept out ~~**from**~~ the curtain on his hands and knees.	A boy crept out **from behind** the curtain on his hands and knees. 한 소년이 커튼 뒤에서부터 손과 무릎을 꿇고 살금살금 기어 나왔습니다.
The flood waters came ~~**from**~~ the earth's crust.	The flood waters came **from under** the earth's crust. 홍수 물은 지각 아래로부터 나왔죠.
True submission comes ~~**from**~~ the heart.	True submission comes **from within** the heart. 진정한 순종은 마음 안에서부터 나옵니다.
I ate several snacks ~~**between**~~ meals.	I ate several snacks **in between** meals. 나는 식사 사이에 몇 번의 간식을 먹었어요.

전치사 하나가 빠졌다고 해서 완전히 틀린 표현은 아니지만, 전치사가 빠지면 원래 전달하고자 하는 뜻을 제대로 살릴 수 없으므로 더욱 명료하고 정교한 의미 전달을 위해서는 이런 이중 전치사 표현을 확실히 알아두어야 합니다.

UNIT 3 전치사 사용의 혼란

PREPOSITION

우리가 원어민이 아니다 보니 전치사를 혼동하여 사용하는 사례가 허다합니다. 4형식 문장이 3형식으로 바뀔 때 동사에 따라 전치사를 달리 사용하지 않고 해석상 'to'를 붙이는 경우가 대표적이죠. 'arrive at', 'responsible for', 'answer to'와 같이 동사, 형용사, 명사가 짝꿍처럼 데리고 다니는 전치사를 숙지하지 못해 범하는 오류들도 많습니다. 또 감정을 나타내는 형용사도 뒤에 사람이 오느냐, 사건/상황이 오느냐에 따라 동반되는 전치사가 다릅니다. 'at', 'on', 'in', 'from', 'for', 'since' 등 전치사의 개념 자체를 혼동하여 적재적소에 사용하지 못하는 경우도 많지요. 이런 오류는 빈번하게 실수하는 예시를 반복적으로 학습해 줄여 나가는 수밖에 없습니다.

MP3 011

4형식에서 3형식으로 전환 시 전치사 사용 오류

Incorrect	Correct
He **bought** some flowers ~~to~~ his mother.	He **bought** some flowers **for** his mother. 그는 어머니에게 꽃을 사드렸어요.
I'm **baking** a birthday cake ~~to~~ Alex.	I'm **baking** a birthday cake **for** Alex. 알렉스에게 줄 생일 케이크를 굽고 있어요.
She **did** a favor ~~to~~ me.	She **did** a favor **for** me. 그녀가 내게 호의를 베풀었어요.
He **cooked** lunch ~~to~~ me.	He **cooked** lunch **for** me. 그는 나에게 점심을 요리해 주었어요.
He **made** some coffee ~~to~~ us.	He **made** some coffee **for** us. 그는 우리에게 커피를 내려 주었어요.

Incorrect	Correct
We want to **build** a better future ~~**to**~~ our children.	We want to **build** a better future **for** our children. 우리는 우리 아이들에게 더 나은 미래를 만들어 주고 싶어요.
Can you **find** my bag ~~**to**~~ me?	Can you **find** my bag **for** me? 내 가방 좀 찾아줄래?
Please **save** some food ~~**to**~~ me.	Please **save** some food **for** me. 나에게 음식 좀 남겨 줘.
Did you **get** a present ~~**to**~~ your mother?	Did you **get** a present **for** your mother? 엄마에게 드릴 선물은 샀니?
Can I **leave** a message ~~**to**~~ Sue?	Can I **leave** a message **for** Sue? 수에게 메시지 남겨도 될까?
I've **chosen** a present ~~**to**~~ Luis.	I've **chosen** a present **for** Luis. 나는 루이스에게 줄 선물을 골랐어요.
Can I **ask** a favor ~~**to**~~ you?	Can I **ask** a favor **of** you? 너에게 부탁 하나 해도 될까?

짝꿍 전치사를 잘못 사용한 오류

MP3 012

Incorrect	Correct
This painting is very ~~**similar with**~~ one painted by Tina.	This painting is very **similar to** one painted by Tina. 이 그림은 티나가 그린 그림과 매우 유사한걸.
Dan bought the car ~~**with $2,000**~~.	Dan bought the car **for $2,000**. 댄은 그 차를 2,000달러에 샀어요.
I go to work ~~**in bus**~~.	I go to work **by bus**. 나는 버스 타고 출근해요.

Incorrect	Correct
She had to make the long trek ~~**by foot**~~.	She had to make the long trek **on foot**. 그녀는 도보로 긴 여행을 해야 했지요.
Have you ever been ~~**in New York**~~?	Have you ever been **to New York**? 뉴욕에 가 본 적 있니?
He is a student ~~**of Oxford University**~~.	He is a student **at Oxford University**. 그는 옥스퍼드 대학 학생입니다.
She read about it ~~**on the newspaper**~~.	She read about it **in the newspaper**. 그녀는 신문에서 그것에 관해 읽었어요.
Open your books ~~**of page 45**~~.	Open your books **to page 45**. 책 45페이지를 펴세요.
~~**The key of**~~ happiness is living a balanced life.	**The key to** happiness is living a balanced life. 행복의 열쇠는 균형 잡힌 삶을 사는 것입니다.
We started talking ~~**with/by/in the phone**~~ every night.	We started talking **on the phone** every night. 우리는 매일 밤 전화 통화를 하기 시작했어요.
This is the tallest building ~~**of the world**~~.	This is the tallest building **in the world.** 이것이 세계에서 가장 높은 건물입니다.
For babies, breastfeeding is ~~**superior than**~~ bottle-feeding.	For babies, breastfeeding is **superior to** bottle-feeding. 아기에게는 모유 수유가 분유 수유보다 낫습니다.
These products are ~~**inferior than**~~ those we bought last year.	These products are **inferior to** those we bought last year. 이 제품들은 우리가 작년에 구입한 것들보다 못해요.
One patient ~~**died from**~~ pancreatic cancer seven years later.	One patient **died of** pancreatic cancer seven years later. 환자 한 명이 7년 후에 췌장암으로 사망했습니다.
He was ~~**accused for**~~ failing to pay his taxes.	He was **accused of** failing to pay his taxes. 그는 세금을 내지 않은 것으로 고소당했어요.

Incorrect	Correct
He didn't seem very ~~**interested about**~~ what I was saying.	He didn't seem very **interested in** what I was saying. 그는 내 말에 별로 관심이 없어 보였어요.
Let me ~~**help**~~ you ~~**on**~~ your work.	Let me **help** you **with** your work. 내가 네 일을 도와줄게.
I am not very ~~**good in**~~ English.	I am not very **good at** English. 나는 영어를 아주 잘하지 못해.
We will ~~**go in**~~ a trip next week.	We will **go on** a trip next week. 우린 다음 주에 여행 갈 거야.
She decided to ~~**stay in**~~ home and look after her children.	She decided to **stay at** home and look after her children. 그녀는 집에 머물면서 아이들을 돌보기로 했어요.
He was ~~**deprived from**~~ sleep and food.	He was **deprived of** sleep and food. 그는 수면과 음식이 부족했어요.
The ~~**answer of**~~ the question is very simple.	The **answer to** the question is very simple. 그 질문에 대한 대답은 매우 간단합니다.
I don't remember my first day ~~**in school**~~.	I don't remember my first day **at school**. 학교에서의 첫날이 기억나지 않아요.
New Yorkers just hate ~~**waiting on line**~~.	New Yorkers just hate **waiting in line**. 뉴욕 사람들은 그냥 줄 서서 기다리는 것을 싫어하죠.
Turn right ~~**on the next intersection**~~.	Turn right **at the next intersection**. 다음 교차로에서 우회전해.
Sign ~~**on/in the bottom**~~, please.	Sign **at the bottom**, please. 아래에 서명하세요.
Turn right ~~**on the traffic lights**~~ and continue into Forest Road.	Turn right **at the traffic lights** and continue into Forest Road. 신호등에서 우회전해서 포레스트가로 계속 가.
My cousin lives ~~**in 168 Oxford Street**~~.	My cousin lives **at 168 Oxford Street**. 내 사촌은 옥스퍼드가 168번지에 살아요.

Incorrect	Correct
The bus stops several times ~~**in the way**~~ to the port.	The bus stops several times **on the way** to the port. 그 버스는 항구로 가는 길에 여러 번 정차해요.
Are you taking your English class ~~**at/on the afternoon**~~?	Are you taking your English class **in the afternoon**? 오후에 영어 수업 듣고 있니?
The baby was born ~~**at/in 1st May 2023**~~.	The baby was born **on 1st of May, 2023**. 그 아기는 2023년 5월 1일에 태어났습니다.
The excessive sweating usually occurs ~~**in the night**~~.	The excessive sweating usually occurs **at night**. 과도한 발한은 보통 밤에 발생하지요.
He recognized a ~~**limit in**~~ economic growth.	He recognized a **limit to** economic growth. 그는 경제 발전의 한계를 인식했습니다.
I saw the commercial ~~**in TV**~~.	I saw the commercial **on TV**. TV에서 그 광고를 보았어요.
We talked very often ~~**in the Internet**~~.	We talked very often **on the Internet**. 우리는 인터넷에서 매우 자주 대화했어요.
We eventually ~~**arrived to**~~ the train station.	We eventually **arrived at** the train station. 우리는 마침내 기차역에 도착했습니다.
Getting a driving license ~~**depends of**~~ passing the written and practical examinations.	Getting a driving license **depends on** passing the written and practical examinations. 운전면허 취득은 필기 시험과 실기 시험 합격 여부에 달려 있어요.
It has been raining ~~**from yesterday**~~.	It has been raining **since** yesterday. 어제부터 계속 비가 오고 있네요.
The skeleton ~~**consists in**~~ very lightweight bones.	The skeleton **consists of** very lightweight bones. 골격은 매우 가벼운 뼈로 구성돼 있습니다.
I ~~**prefer**~~ red wine ~~**than**~~ white.	I **prefer** red wine **to** white. 나는 백포도주보다 적포도주를 더 좋아해요.

Incorrect	Correct
After he ~~**graduated at/in**~~ high school, he joined the Army.	After he **graduated from** high school, he joined the army. 고등학교 졸업 후 그는 군에 입대했습니다.
I'm very ~~**bad in**~~ cooking.	I'm very **bad at** cooking. 나는 요리를 진짜 못해요.
~~**Congratulations for**~~ your new promotion!	**Congratulations on** your new promotion! 승진 축하해!
The airline is legally ~~**responsible to**~~ the safety of its passengers.	The airline is legally **responsible for** the safety of its passengers. 항공사는 승객의 안전에 법적 책임이 있습니다.
The ~~**opposite of**~~ creativity is order and control.	The **opposite to** creativity is order and control. 창의성의 반대는 질서와 통제입니다.
Her voice was shaking ~~**despite of**~~ all her efforts to control it.	Her voice was shaking **despite** all her efforts to control it. 목소리를 통제하려는 모든 노력에도 불구하고 그녀의 목소리가 떨리고 있었어요.
If you're cold, come sit ~~**near to**~~ the fire.	If you're cold, come sit **near** the fire. 추우면 불 가까이로 와서 앉아.
His disability ~~**prevents**~~ him ~~**to**~~ driving.	His disability **prevents** him **from** driving. 그는 장애로 인해 운전을 못 해요.
My brother is ~~**divorced with**~~ his wife.	My brother is **divorced from** his wife. 남동생이 부인과 이혼했어요.
I ~~**spend**~~ a lot of money ~~**in**~~ clothes.	I **spend** a lot of money **on** clothes. 나는 옷 사는 데 돈을 많이 써요.
Are you ~~**angry about**~~ him?	Are you **angry at** him? 너 그에게 화났니?
Come and sit here ~~**besides**~~ me.	Come and sit here **beside** me. 와서 내 옆에 앉아. ▸ besides: ~ 외에

Incorrect	Correct
Let's meet ~~until~~ 6:00 pm.	Let's meet **by** 6:00 pm. 6시까지 만나자.
I'm ~~afraid about/by~~ spiders.	I'm **afraid of** spiders. 나는 거미가 무서워.

MP3 013

의미가 달라지는 전치사 사용

Incorrect	correct
He doesn't like to be too ~~familiar to~~ his staff.	He doesn't like to be too **familiar with** his staff. 그는 직원들과 너무 친해지는 건 좋아하지 않아요. ▸ familiar with: ~와 친한
The street was ~~familiar with~~ me.	The street was **familiar to** me. 그 거리는 나에게 익숙했어요. ▸ familiar to: ~에게 익숙한
You can't expect them to ~~agree with~~ everything.	You can't expect them to **agree on** everything. 그들이 모든 것에 동의할 거라고 기대할 수는 없어요. ▸ agree on: 상호 결정이나 합의에 도달하다
I see your point but I'm not sure I ~~agree to~~ you.	I see your point but I'm not sure I **agree with** you. 네가 말하는 요점은 알겠어. 하지만 너와 같은 의견인지는 잘 모르겠다. ▸ agree to: 동의하거나 수락하다 ▸ agree with: 누군가와 같은 의견이다
I'm ~~upset with~~ what he said.	I'm **upset about** what he said. 나는 그의 말에 기분이 상했어요. ▸ upset about: ~에 화가 나는
I'm ~~upset about/to~~ him.	I'm **upset with** him. 나는 그에게 마음이 상했어요. ▸ upset with: ~에게 마음이 상하는, 화가 나는

UNIT 4 헷갈리는 to의 용법

PREPOSITION

'to'는 명사, 대명사 혹은 동명사를 동반하는 전치사이기도 하지만, to부정사를 이루는 to이기도 합니다. 그래서 뒤에 (동)명사가 와야 하는지, 동사원형이 와야 하는지를 놓고 헷갈리는 경우가 많아요. 예문을 통해 살펴보겠습니다.

1

ⓐ I'm going **to school** now.
나 지금 학교에 가는 중이야.

ⓑ I'm going **to call** you tonight.
오늘 밤에 너에게 전화할 거야.

ⓐ의 'to'는 전치사로 쓰였습니다. 그래서 명사가 뒤따라 나옵니다. ⓑ의 'to'는 뒤에 동사원형이 오는 to부정사의 to입니다. 'be going to + 동사원형'으로 (마음속으로/전부터) 계획된 미래를 나타내는 구문이지요.

2

ⓐ I **am used to getting** up early.
나는 일찍 일어나는 것이 익숙해졌어요.

ⓑ I **used to get** up early, but now I'm a night owl.
예전에는 일찍 일어났는데 지금은 올빼미형이에요.

ⓒ These scissors **were used to** cut the shape out.
이 가위는 모양을 잘라내는 데 쓰였어요.

ⓐ의 'to'는 뒤에 동명사가 옵니다. 'be [get] used to'는 '~에 익숙하다'로 이때의 to는 전치사입니다.

ⓑ의 'used to(~하곤 했다)'는 현재에는 더 이상 일어나지 않는 과거의 동작과 상태를 나타내는 표현으로 뒤에 동사원형이 옵니다. 이때의 to는 to부정사의 to가 아니라 동사구 used to의 일부로 봐야 합니다.

ⓒ는 동사 'use(사용하다)'가 수동태로 쓰이고 있으며, 뒤에 목적을 나타내는 to부정사가 연결된 구문입니다. '~하는 데 쓰이다'의 의미가 되지요.

PART 3

전치사에 관한 모든 표현

CHAPTER 1

거의 모든 전치사 for의 표현

for

전치사 'for'는 뒤에 나오는 명사에 가치와 의미를 부여합니다. 그 대상에 가치를 두고 마음을 두고 있기에 '~을 위해서', 혹은 '~ 때문에' 어떤 행위를 하는 것이죠. 또 그 대상에 대해 기꺼이 대가를 치르거나 교환을 하게 되니 '~를 대신해서'라는 뜻으로도 쓰이고요. 그 대상에 최종 목표나 지향점을 두다 보면 '~을 향해서', '~을 하려고' 등의 방향과 목적을 나타내는 의미도 지닙니다. 그 대상을 향하다 보니 마음으로 '찬성하다', '선택하다'의 뜻으로 파생되기도 하고요. 함께 쓰이는 동사 역시 대상에 대한 열망, 기다림, 요청, 찾기, 지원 등의 행동이나 상태와 관계가 있답니다. 전체적으로 보면 모두 연결되어 의미망을 형성하는 게 보이실 거예요.

UNIT 1	동사 + for
	PREPOSITION

MP3 014

1	**account for**	~에 대한 이유를 설명하다	★★★

His good manners and attitudes account for his popularity.
좋은 매너와 태도가 그 사람의 인기 비결이죠. (← 좋은 매너와 태도가 그의 인기를 설명합니다.)

	account for	~을 구성하다	

Women account for 60% of university graduates.
여성이 대학 졸업생의 60%를 차지합니다.

2	**act for**	~을 대행하다	★★☆

The lawyer continues to act for his client.
그 변호사는 계속 자기 의뢰인을 대행합니다.

3	**allow for**	~을 고려(감안)하다	★★★

We have to allow for the possibility of the trip being delayed.
그 여행이 지연될 수도 있다는 가능성을 저희가 감안해야 해요.

4	**angle for**	~을 노리다	★★☆

She's angling for a promotion with her extra effort.
그녀가 남다른 노력으로 승진을 노리고 있어요.

5	**apologize for**	~에 대해 사과하다	★★☆

The lady apologized for arriving late. 그 여성분이 늦게 도착한 것에 사과했습니다.

6	**apply for**	~에 지원하다	★★★

He applied for the marketing manager position at XYZ Corporation.
그 사람이 XYZ사의 마케팅 과장 자리에 지원했어요.

7	**ask for**	~을 요청하다	★★★

He just asked for a little patience. 그가 방금 조금만 참아 달라고 요청했어요.

8	**be for**	~을 위한 것이다	★★★

This gift is for my father. 이 선물은 아빠 드릴 거야. (← 이 선물은 아빠를 위한 거야.)

	be for	~을 찬성하다	

I am all for it! 나는 거기에 절대적으로 찬성이야!

9	**be in for**	(좋지 않은) 일을 당하게 되어 있다	★★☆

Brace yourself, you are in for a shock! 마음의 준비를 해. 네가 충격을 받을 거야!

10	**beg for**	~을 간청(구걸)하다	★★☆

I didn't want to beg for money. 나는 돈을 달라고 구걸하고 싶지는 않았어요.

11	**brace for**	~에 대비하다	★★☆

Brace for impact! 충격에 대비하세요!

12	**call for**	~을 요청하다	★★★

The team workers called for his resignation.
팀원들이 그의 사임을 요청했습니다.

13	**care for**	~을 좋아하다/아끼다	★★★

She really cares for her younger brother. 그녀는 남동생을 정말 아껴요.

14	**cast about for**	~을 찾아내려 애쓰다	★★☆

She spent years casting about for her life goal.
그녀는 인생 목표를 찾으려고 몇 년을 보냈어요.

15	**cater for**	~의 요구를 만족시키다	★★☆

Schools often fail to cater for the needs of gifted children.
학교는 영재 아동에게 필요한 것을 종종 충족시키지 못해요.

16	**come up for**	(~을 할 때가) 되어 가다	★★☆

The contract is coming up for renewal in August.
그 계약이 8월에 갱신을 앞두고 있어요. (← 그 계약이 8월에 갱신을 할 때가 되어 간다.)

	come up for	~로 고려되다	

Peter comes up for re-election next year.
피터가 내년에 있을 재선 물망에 오르고 있어요.

17	**compensate for**	~을 보상하다	★★★

The brain finds its way to compensate for the sensory loss, developing greater ability in other senses when people lose their sight or hearing.
뇌는 감각 손실을 보상하는 방법을 찾아요. 그래서 사람들이 시력이나 청력을 잃으면 뇌가 다른 감각에서 더 큰 능력을 개발하지요.

18	**cover for**	~을 덮어 주다/보호하다	★★☆

My brother would cover for me when I came in late.
내가 늦게 들어오면 오빠가 (부모님께 혼나지 않도록) 덮어 주곤 했어요.

19	**cry for**	~을 소리쳐 구하다	★★☆

The drowning woman cried for help. 물에 빠진 여자가 도와달라고 소리쳤어요.

20	**die for**	~하고 싶어 죽다	★★☆

I'm dying for chocolate ice cream. 초콜릿 아이스크림 먹고 싶어 죽겠어요.

21	**fall for**	순진하게 믿다, ~에 속아 넘어가다	★★☆

He is too smart to fall for the trick. 그 사람, 너무 똑똑해서 그 속임수에 안 넘어가요.

22	**feel for**	~을 동정하다/불쌍히 여기다	★★☆

I know what it's like to lose a family, so I do feel for her.
가족을 잃는다는 게 어떤 것인지 알아서 난 그녀가 참 가여워요.

23	**fend for**	혼자 힘으로 꾸려 나가다	★★☆

Now the children had to fend for themselves since their parents had gone away on holiday alone.
부모님이 휴가를 떠나서 이제 아이들이 혼자서 해결해야만 했어요.
▸ 주로 fend for oneself의 형태로 쓰임.

24	**fight for**	~을 (얻기) 위해 싸우다	★★★

Black Americans fought for the right to vote.
미국 흑인들은 투표권을 얻기 위해 싸웠어요.

25	**fill in for**	(~가 자리를 비운 사이에) 대신 일을 해 주다	★★☆

David is sick today so I am filling in for him.
오늘 데이비드가 아파서 제가 대신 일하는 중이에요.

26	**go for**	~을 시도하다	★★★

Don't give up. Just go for it! 포기하지 말고 그냥 해 봐!

go for	~을 좋아하다	

I don't go for horror movies. 나는 공포 영화를 좋아하지 않아요.

go for	~을 선택하다	

I'll go for a strawberry yogurt. 나는 딸기 요구르트로 할래.

27	**go in for**	~에 관심이 있다	★★☆

I don't really go in for jazz music. 나는 재즈는 그다지 관심이 없어요.

28	**head for**	~로 향하다	★★☆

We headed for the national forest, excited for our hiking adventure.
우리는 하이킹 모험에 대한 기대감에 부풀어 국유림으로 향했어요.

29	**hunt for**	~을 사냥하다	★★☆

Both species hunt for food in areas where glaciers meet the ocean.
두 종 모두 빙하가 바다와 만나는 지역에서 먹이를 사냥하지요.

	hunt for	~을 찾다/수색하다	

They are still hunting for the missing child.
그들은 아직도 실종된 아이를 수색하고 있어요.

30	**leave for**	~을 향해 떠나다	★★☆

I'll leave for California next week. 저 다음 주에 캘리포니아로 떠날 거예요.

31	**long for**	~를 열망하다	★★☆

He longed for an adventure around the world.
그는 전 세계를 돌아다니는 모험을 갈망했어요.

32	**look for**	~를 찾다(찾는 과정에 초점)	★★★

I've been looking all over for you. 내가 널 여기저기 얼마나 찾아다녔다고.

33	**make up for**	~을 대신하다	★★☆

Nothing can make up for the absence of a mother.
어떤 것도 엄마의 빈자리를 대신할 수는 없어요.

	make up for	~을 만회(보상)하다	

He bought me a little gift to make up for being late.
그가 늦은 것을 만회하려고 내게 작은 선물을 사 왔더라고요.

34	**pay for**	~에 대한 대금을 내다	★★★

My parents always pay for dinner. 저희 부모님이 늘 저녁 식사 값을 내세요.

35	**pray for**	~을 희망(기도)하다	★★★

We're praying for good weather for the soccer match this Saturday.
이번 주 토요일 축구 경기에 날씨가 좋기를 기도하고 있어요.

36	**prepare for**	~을 준비하다	★★★

The team is preparing for the championship match by practicing intensively every day. 선수단은 매일 집중적으로 연습하면서 챔피언 결정전을 준비하고 있어요.

37	**qualify for**	~의 자격을 얻다	★★☆

Judy qualifies for maternity leave because she has been in her job long enough. 주디는 직장에서 오래 근무해서 출산 휴가를 받을 자격이 있어요.

38	**register for**	~에 등록하다	★★☆

You must first register for your conference pass.
우선 회의 출입증부터 등록하셔야 해요.

39	**root for**	(스포츠팀이나 힘든 상황에 처한 사람을) 응원하다	★★☆

Good luck, we'll be rooting for you. 행운을 빌어. 우리가 널 응원할 거야.

40	**run for**	~에 입후보하다	★★☆

He has explicitly denied his interest in running for president.
그는 대선 출마에 관심이 있다는 것을 명백히 부인했습니다.

41	**search for**	~을 찾다	★★★

The school is currently searching for ways to save money.
학교는 현재 비용을 절약할 수 있는 방법을 찾고 있어요.

42	**send for**	~를 오라고 요청하다	★★☆

Send for a doctor, quickly! 빨리 의사를 불러요!

43	**settle for**	~으로 만족하다	★★☆

I couldn't afford the car I really wanted, so I had to settle for second best.
내가 정말로 원하는 차를 살 여유가 없어서 차선책에 만족해야 했어요.

44	**sit in for**	(출장이나 병가 쓴 사람의) 일을 대신하다	★☆☆

Mr. Brown is sick today, so Jeniffer is sitting in for him.
브라운 씨가 오늘 아파서 제니퍼가 브라운 씨 일을 대신하고 있어요.

45	**speak for**	~을 대표하여 말하다	★★☆

He spoke for all the employees of the company.
그가 회사 전 직원들을 대표해서 말했어요.

46	**spring for**	(남을 대신해서) ~의 값을 지불하다	★★☆

I'll spring for the dinner tonight. 오늘 저녁 식사 값은 내가 낼게.

47	**stand for**	~ 편을 들다	★★★

I will always stand for my friends when they need me.
친구들이 절 필요로 하면 전 언제든 친구들 편에 설 거예요.

stand for	~을 대표하다

This party stands for working-class values.
이 정당은 노동자 계급의 가치를 대변합니다.

stand for	(약어나 상징물이) ~을 의미하다

The "U" in UFO stands for 'Unidentified.'
UFO의 U는 Unidentified(미확인)를 뜻해요.

stand for	~을 허용하다/그냥 넘어가다

I'm not going to stand for such mischievous behaviors in my class!
내 수업 시간에 그런 장난스러운 행동은 그냥 넘어가지 않을 거예요!

48	**stand in for**	~을 대신하여 일을 보다	★★☆

My assistant will stand in for me while I'm away.
제가 자리를 비운 동안 제 조수가 절 대신해 일을 볼 겁니다.

49	**stand up for**	~을 지지(옹호)하다	★★☆

You should stand up for your friend. 네가 네 친구를 지지해 주어야지.
▸ stick up for와 혼용할 수 있지만, 더 광범위하고 격식을 갖춘 느낌.

50	**stick up for**	~을 옹호(변호)하다	★★☆

Her friends stuck up for her when other people said she was guilty.
다른 사람들이 그녀가 유죄라고 말할 때 친구들은 그녀를 옹호해 주었어요.
▸ stand up for와 혼용할 수 있지만, 비격식의 개인적인 관계에서 사용.

51	**substitute for**	~을 대체하다	★☆☆

Computers can't substitute for human interaction.
컴퓨터가 인간의 상호 작용을 대체할 수는 없지요.

52	**vouch for**	(사실임을, 좋다는 걸) 확실히 보증하다	★★☆

We can vouch for the accuracy of the information since the expert has checked the reports.
전문가가 보고서를 확인했기에 정보의 정확성을 보증할 수 있습니다.

53	**wait for**	~을 기다리다	★★★

The boy's been waiting for his mom at the park all day.
그 남자아이가 공원에서 온종일 엄마를 기다리고 있어요.

54	**whistle for**	(가망이 없는 상태에서) ~을 기대하다	★★☆

I'm afraid you'll have to whistle for it if you want to borrow money. I don't have any. 네가 돈을 빌리고 싶다면 가망 없는 걸 기대해야 할 것 같다. 나는 돈이 없거든.

미묘한 뉘앙스 차이

'~을 향해서', '~에게'라는 의미로 쓰일 때 'to'를 쓰기도 하지만, 이는 단순한 방향성을 나타내거나 결과적으로 상황이 일어났음을 의미합니다. 'for'를 사용할 때는 가치를 두고 마음을 쓰는 등의 정성이 들어가 있거나, 처음부터 그것이 목적이 된다는 미묘한 뉘앙스의 차이가 있다는 것도 알아두세요!

1-1 **He came home for lunch.**

그는 점심을 먹으러 집에 왔어요. (점심을 먹을 계획으로 집에 왔다.)

1-2 **He came home to lunch.**

그는 집에 와서 점심을 먹었어요. (집에 와서 어쩌다 보니 점심을 먹게 되었다.)

2-1 **They sailed for Boston.**

그들은 보스턴으로 항해했어요. (보스턴을 목적지로 삼고 그곳을 향해 출발했다.)

2-2 **They sailed to Boston.**

그들은 보스턴으로 항해했어요. (보스턴이 있는 방향으로 항해했다.)

3-1 **I bought this ring for you.**

너 주려고 이 반지를 샀어. (내 마음이 가치가 있는 널 향해 있고 이를 위해 정성을 들여 반지를 구매했다.)

3-2 **He gave his watch to the kid.**

그 사람이 자기 시계를 그 아이에게 주더군요. (그는 시계의 소유권–일시적이든 영구적이든 간에–을 그 아이에게로 이동시켰다.)

UNIT 2 형용사/과거분사 + for

PREPOSITION

MP3 015

1	**admired for**	~로 존경받는	★★☆

He was admired for his great skills in organization development.
그는 조직 개발 분야에서 아주 뛰어난 능력을 보여 존경받았죠.

2	**appreciated for**	~로 평가받는	★★☆

She was appreciated for her dedication and hard work in completing the project ahead of schedule.
그녀는 예정보다 일찍 프로젝트를 완료한 헌신과 노고로 평가받았습니다.

3	**appropriate for**	~에 적합한	★★★

Is this film appropriate for small children? 이 영화가 어린아이들이 보기에 적합하니?

4	**arrested for**	~ 혐의로 체포된	★★☆

George was never arrested for domestic violence.
조지는 가정 폭력으로 체포된 적은 한 번도 없었어요.

5	**bad for**	~에 나쁜	★★☆

Those shoes are bad for your feet. 그 신발은 네 발에 안 좋아.

6	**bound for**	~행의	★★☆

The plane is bound for Paris. 그 비행기는 파리행입니다.

7	**dire for**	~에게 치명적인/끔찍한	★★☆

True or not, the consequences were dire for almost everybody.
사실이든 아니든 결과는 거의 모든 사람에게 치명적이었어요.

8	**eager for**	~을 간절히 바라는	★★☆

He was eager for his first day at the new job, excited to meet his colleagues. 그는 동료들을 만난다는 생각에 들떠 새로운 직장에서의 첫날을 간절히 고대했습니다.

9	**eligible for**	~할 자격이 있는	★★☆

Are you eligible for early retirement? 너 조기 퇴직 자격(요건)이 되니?

10	**enough for**	~에 충분한	★★★

Two coats were enough for full coverage.
두 번만 바르면 충분히 다 커버할 수 있었어요.

11	**excused for**	~을 봐주는	★★☆

You're excused for not knowing who she is.
그녀가 누구인지 모른다는 건 넘어가 줄게.

12	**famed for**	~로 유명한	★★☆

The area is famed for Irish traditional music.
그 지역이 아일랜드 전통 음악으로 유명해.

13	**famous for**	~로 유명한	★★☆

The Eiffel Tower is famous for its iconic structure and breathtaking views of Paris. 에펠탑은 상징적인 구조와 숨이 멎을 듯이 멋진 파리의 전경으로 유명해요.

14	**fit for**	~에 적합한	★★★

The topic was not fit for polite conversation.
그 주제가 정중한 대화에는 적합하지 않았습니다.

15	**good for**	~에 좋은	★★★

Eating fruits and vegetables is good for your overall health.
과일과 채소를 먹는 게 전반적인 네 건강에 좋아.

16	**grateful for**	~에 감사하는	★★★

I'm so grateful for all the support that you've given me.
여러분이 제게 보내주신 모든 지원에 정말 감사드립니다.

17	**headed for**	~로 향하는	★★★

They look as though they're headed for divorce.
그들은 마치 이혼을 향해 가는 것처럼 보여요.

18	**inappropriate for**	~에 어울리지 않는	★★☆

Such policies are totally inappropriate for a free, capitalistic market system. 그러한 정책은 자유 자본주의 시장 시스템에 전혀 어울리지 않습니다.

19	**known for**	~로 알려진/유명한	★★☆

The band was known for loud performances.
그 밴드는 시끄럽고 요란한 공연으로 유명했습니다.

20	**late for**	~에 늦은/지각하는	★★☆

Suzy is late for school every day. 수지는 학교에 매일 지각해요.

21	**liable for**	~에 책임이 있는	★★☆

The company is liable for any damages caused by its faulty products. 회사는 결함이 있는 제품으로 인해 발생한 모든 손해에 책임이 있습니다.

22	**notorious for**	~로 악명 높은	★★☆

The company is notorious for paying its bills late.
그 회사는 청구서 대금을 늦게 지급하는 것으로 악명이 높습니다.

23	**prepared for**	~에 준비된	★★★

Many secondary school graduates are not prepared for college education. 많은 중등학교 졸업생들이 대학 교육을 받을 준비가 되어 있지 않습니다.

24	**pressed for**	~에 쫓기는	★★☆

He was pressed for time, and all the way he drove like lightning.
그는 시간에 쫓겨서 가는 내내 속도를 높여 아주 빠르게 운전했습니다.

25	**punished for**	~로 처벌받는	★★☆

The thief was punished for his crime with a lengthy prison sentence.
도둑은 자신이 저지른 범죄에 대해 긴 징역형으로 처벌받았습니다.

26	**ready for**	~할 준비가 된	★★★

She is always ready for walks and hikes.
그녀는 항상 산책과 하이킹을 할 준비가 되어 있어요.

27	**remembered for**	~로 기억되는	★★☆

David will be remembered for his reckless actions and their consequences. 데이비드는 자신이 한 무모한 행동과 그로 인한 결과로 기억될 것입니다.

28	**renowned for**	~로 유명한/명성이 자자한	★★☆

The island is renowned for its beautiful scenery.
그 섬은 아름다운 풍경으로 명성이 자자합니다.

29	**reproved for**	~로 질책받는	★★☆

The students were gently reproved for not staying focused.
학생들은 (수업에) 집중하지 않는다며 살짝 질책을 받았습니다.

30	**responsible for**	~에 책임이 있는	★★★

He still felt responsible for her death. 그는 여전히 그녀의 죽음에 책임감을 느꼈어요.

	responsible for	~의 원인이 되는	

Adverse climate conditions were responsible for the crop failure.
악천후(불리한 기후 조건)가 흉작의 원인이었어요.

31	**sorry for**	~을 안쓰럽게 생각하는	★★★

I'm so sorry for your loss; you have my deepest sympathy.
고인의 명복을 빕니다. 심심한 조의를 표합니다.
▸ 상을 당한 이들에게 하는 말.

32	**suitable for**	~에 적합한	★★★

Employers usually decide within five minutes whether someone is suitable for the job.
고용주들은 어떤 사람이 그 일에 적합한지 아닌지를 보통 5분 이내에 결정합니다.

33	**thankful for**	~에 감사하는	★★☆

We should be thankful for small favors. 우리는 작은 호의에도 감사해야 합니다.

34	**vital for**	~에 필수적인/매우 중요한	★★☆

Protecting biodiversity is vital for water management.
생물 다양성 보호가 물 관리에 있어 매우 중요합니다.

UNIT 3 명사 + for

PREPOSITION

MP3 016

1	**admiration for**	~에 대한 찬사/감탄	★★☆

I have such admiration for working single mothers.
일도 하면서 아이도 혼자 키우는 어머님들이 전 참 존경스럽습니다.

2	**advertisement for**	~에 대한 광고	★★☆

The company put an advertisement for their new product in a local newspaper. 회사는 지역 신문에 자사 신제품 광고를 냈어요.

3	**advocate for**	~의 옹호자	★★☆

She is a longtime advocate for animal welfare issues.
그녀는 오랫동안 동물 복지 문제를 옹호해 왔어요.

4	**application for**	~의 신청	★★☆

The application for postponement, citing the sudden illness of a key witness, was promptly granted by the court.
주요 증인의 갑작스러운 질병을 이유로 연기 신청이 법원에서 즉시 허가되었습니다.

5	**appreciation for**	~에 대한 이해	★★☆

Her frequent visits to art galleries sparked her appreciation for fine art. 미술관을 자주 방문하면서 그녀는 순수미술을 더 깊이 이해하게 되었습니다.

6	**call for**	~에 대한 촉구	★★★

The principal's call for stricter discipline resulted in various school disruptions.
교장 선생님이 더 엄격한 규율을 촉구했고, 이에 따라 학교는 여러 가지 혼란을 겪었습니다.

7	**contempt for**	~에 대한 경멸	★★☆

His tone conveyed some contempt for this line of questioning.
그의 말투에는 이런 식의 질문에 대한 약간의 경멸이 담겨 있었습니다.

8	craving for	~를 향한 갈망	★★☆

She had a craving for some chocolate.
그녀는 초콜릿이 너무 먹고 싶었어요. (←그녀는 초콜릿에 대한 갈망이 있었어요.)

9	deadline for	~의 마감일	★★☆

The deadline for submissions, originally set for 5 p.m. yesterday, has now passed. 원래 어제 오후 5시로 잡혔던 제출 마감일이 이제 지나 버렸어요.

10	demand for	~에 대한 요구	★★★

They received a final demand for payment from the creditor.
그들은 채권자로부터 최종 지급 요구를 받았습니다.

11	desire for	~에의 열망	★★★

His desire for success drove him to work tirelessly towards his goals. 성공하겠다는 열망 때문에 그는 목표를 향해 지칠 줄 모르고 일했습니다.

12	drug for	~용 약	★★☆

This is especially true of antidepressants and drugs for childhood ADHD. 이것은 특히 항우울제와 소아 ADHD용 약물에 해당합니다.

13	eagerness for	~에 대한 열의	★★☆

This book describes his eagerness for new adventures.
이 책에서는 새로운 모험을 하고 싶은 그의 열망을 묘사합니다.

14	eligibility for	~에 적임/적격성	★★☆

The poverty level is the official measure used to decide eligibility for federal health, housing, nutrition, and child care benefits.
빈곤 수준은 연방 정부가 보건, 주택, 영양 및 보육 혜택의 적격성을 결정하는 데 활용되는 공식 척도이죠.

15	enthusiasm for	~에 대한 열정	★★☆

After the car accident, he lost his enthusiasm for the music.
차 사고 이후, 그는 음악에 대한 열정을 잃어버렸습니다.

16	**evidence for**	~에 대한 증거	★★★

There is no concrete evidence for substantiating these claims.
이런 주장을 입증할 수 있는 구체적인 증거가 없습니다.

17	**exchange for**	~에 대한 교환	★★★

A shiny coin seemed like a fair exchange for a pulled-out tooth.
뽑은 치아 한 개에 반짝반짝 빛나는 동전 하나는 공정한 교환처럼 보였지요.

18	**eye for**	~을 보는 안목/눈	★★☆

She developed a keen eye for artistic details while working in the design industry.
그녀는 디자인업계에 종사하면서 예술적인 세부 사항을 보는 예리한 안목을 키웠습니다.

19	**favor for**	~에 대한 호의	★★☆

Thanks again to Peter for doing this favor for me.
제게 이 호의를 베풀어 준 피터 씨께 다시 한번 감사를 드립니다.

20	**feel for**	~에 대한 감각	★★☆

He has a natural feel for music, effortlessly composing beautiful melodies. 그는 음악에 대한 천부적인 감각을 타고 나서 힘들이지 않고 아름다운 멜로디를 작곡합니다.

21	**feeling for**	~에 대한 감정	★★☆

I am developing real feelings for her.
그녀에 대한 진심 어린 감정이 내 마음에 자라고 있어요.

	feeling for	~에 대한 동정	

She had a deep feeling for animals and volunteered at the local animal shelter. 그녀는 동물에 대한 연민이 깊어서 지역 동물 보호소에서 자원봉사를 했습니다.

22	**fit for**	~에 적임자	★★☆

He was a great fit for the job. 그는 그 일에 아주 적합한 사람이었죠.

23	**gift for**	~에 대한 재능	★★☆

He has a natural gift for playing the piano, captivating audiences with every performance. 피아노 연주에 천부적인 재능을 지닌 그는 매 공연마다 관객을 사로잡습니다.

24	**gratitude for**	~에 대한 감사	★★☆

The committee expressed its deep gratitude for the contribution he had made. 위원회는 그가 이바지한 부분에 깊은 감사를 표했습니다.

25	**heart for**	~하려는 마음	★★☆

Having a heart for adventure, she embarked on a solo backpacking trip around the world. 모험을 하려는 마음을 품은 채 그녀는 홀로 전 세계 배낭여행을 떠났습니다.

26	**hunt for**	~의 수색/찾기	★★☆

The hunt for the injured climber continued throughout the night.
부상을 입은 등반가를 찾는 수색이 밤새 계속되었습니다.

27	**knack for**	~의 요령/솜씨	★★☆

He has a knack for dramatic storytelling.
그는 극적으로 이야기를 풀어가는 솜씨가 있어요.

28	**need for**	~의 수요	★★★

There's a growing need for cheap housing in the larger cities.
대도시에서는 저렴한 주택에 대한 수요가 증가하고 있습니다.

need for	~의 필요	

We understand the need for change, but we should proceed with caution and implement it gradually.
변화의 필요성은 이해하지만, 신중하게 나아가면서 변화를 점진적으로 시행해야 합니다.

29	order for	~의 주문	★★★

An initial order for 100 machines was placed by the client.
초기에 기계 100대 주문은 그 클라이언트가 한 거였어요.

	order for	~에 필요한 지시/명령	

Getting a court order for name change is extremely important.
이름 변경에 법원 명령을 받는 것이 매우 중요합니다.

30	passion for	~에 대한 열정	★★★

He has a special passion for rap music.
그는 랩 음악에 대한 남다른 열정이 있어요.

31	payment for	~에 대한 결제	★★☆

Payments for international orders should be made via credit card.
해외 주문 결제는 신용 카드로 이루어져야 합니다.

32	pity for	~에 대한 동정심	★★☆

She couldn't help but feel pity for the stray kitten shivering in the cold rain. 그녀는 차가운 비에 떨고 있는 새끼 길고양이에게 연민을 느끼지 않을 수 없었습니다.

33	preparation for	~의 준비	★★★

Participating in internships is essential preparation for entering the workforce. 인턴십 참가는 그 직장에 입사하기 위한 필수적인 준비 과정입니다.

34	present for	~에게/~의 명분으로 줄 선물	★★☆

She bought a lovely book as a present for her brother's graduation.
그녀는 남동생 졸업에 줄 선물로 멋진 책 한 권을 샀습니다.

35	pressure for	~에의 압박/부담	★★☆

The pressure for change continued to mount. 변화에 대한 압박이 계속 커졌습니다.

36	**reason for**	~의 이유/원인	★★★

The reason for the airplane crash was engine failure caused by bird strike. 비행기 추락의 원인은 비행기와 새의 충돌로 인한 엔진 고장이었습니다.

37	**recipe for**	~의 비법	★★☆

A recipe for success is as follows: 1 cup of passion, 2 cups of hard work and 1 cup of continuous learning.
성공의 비법은 다음과 같습니다. 1컵의 열정, 2컵의 열심히 일하는 것과 1컵의 지속적인 학습.

	recipe for	~의 요리법	

There are many different recipes for the carrot cake.
당근 케이크 요리법이 다양합니다.

38	**remorse for**	~에 대한 후회	★★☆

He expressed no remorse for the crime the prosecutor declared.
그는 검찰이 기소한 범죄에 어떠한 반성이나 후회도 표명하지 않았습니다.

39	**replacement for**	~에 대한 대체(품)	★★☆

It was difficult to find a replacement for Ted. 테드를 대신할 사람을 찾기가 어려웠어요.

40	**reputation for**	~에 대한 명성	★★☆

The lake has a worldwide reputation for excellent water quality.
그 호수는 뛰어난 수질로 세계적인 명성을 얻고 있습니다.

41	**request for**	~에 대한 요청	★★★

The agency has been overwhelmed with requests for help.
그 기관은 (다 해결하기 힘들 정도로) 도움 요청이 넘쳐났어요.

42	**requirement for**	~의 요건	★★★

A good degree is a minimum requirement for many jobs.
좋은 학위는 많은 직업이 내세우는 최소한의 요건이기도 합니다.
▸ a good degree: 명문대 학위나 학점이 높은 것을 의미.

43	**respect for**	~에 대한 존중	★★★

Democracy requires respect for differences.
민주주의에는 다름과 차이에 대한 존중이 필요합니다.

44	**responsibility for**	~에 대한 책임	★★★

No one admitted responsibility for the attacks.
아무도 그 공격에 대한 책임이 있다고 인정하고 나서지 않았습니다.

45	**room for**	~을 위한 공간	★★★

My suitcase was so full that I didn't have room for anything else.
내 여행 가방이 꽉 차서 다른 것을 더 넣을 공간이 없었어요.

	room for	~을 위한 여지	

The project has significant room for improvement.
그 프로젝트는 개선될 여지가 상당히 있어요. (다양한 방식으로 보완한다면 크게 좋아질 수 있다는 의미)

46	**scope for**	~할 수 있는 여지/기회	★★☆

We all accepted the fact that there is scope for further improvement on the marketing strategy.
우리 모두 마케팅 전략에 추가적으로 개선할 여지가 있다는 사실을 인정했습니다.

47	**search for**	~에 대한 수색	★★☆

The search for additional victims is ongoing. 추가 피해자에 대한 수색이 진행 중입니다.

48	**substitute for**	~의 대체(품)	★★☆

Vitamins should not be used as a substitute for a healthy diet.
비타민을 건강하고 영양가 있는 식단의 대용품으로 사용해서는 안 됩니다.

49	**support for**	~에 대한 지원	★★★

We need a lot of local support for our attempt to stop the superstore being built. 우리가 대형 매장 건설을 막으려고 시도하려면 현지의 지원이 많이 필요합니다.

50	**sympathy for**	~를 향한 동정(심)	★★☆

The teacher showed absolutely no sympathy for students who got caught cheating in exams.
선생님은 시험에서 부정행위를 하다 걸린 학생들에게는 전혀 동정심을 보이지 않았어요.

51	**talent for**	~에 대한 재능	★★☆

She showed a talent for acting at an early age.
그녀는 어린 나이에 연기에 재능을 보였어요.

52	**tip for**	~에 관한 팁	★★☆

These are great tips for saving water.
이것들이야말로 물 절약에 관한 아주 훌륭한 팁입니다.

53	**vent for**	~의 분출구	★★☆

She found that painting served as a vent for her emotions, allowing her to express herself freely.
그녀는 그림이 자신의 감정 분출구 역할을 하면서 자신을 자유롭게 표현할 수 있게 해 준다는 것을 알게 되었습니다.

54	**yearning for**	~를 향한 동경/갈망	★★★

I always have a yearning for a quiet and peaceful life.
나는 늘 조용하고 평화로운 삶에 대한 동경이 있어요.

My
SUITCASE
was so **FULL**
that I didn't have
room for
anything else.

CHAPTER 2

거의 모든 전치사 from의 표현

from

전치사 'from'은 출발점을 나타내는 명사를 동반하여 '~로부터'라는 기본 의미를 지닙니다. 이때 'from' 뒤의 명사는 출발지를 나타내는 물리적인 장소 외에도 추상적인 개념이 올 수 있고, 현상의 기원, 출처, 유래, 원인, 동기, 원료, 판단의 근거가 되는 기준점으로서의 의미를 내포합니다.

구조상 'from' 앞에서 목적어가 동사와 'from'을 분리할 경우, 기준점에서부터 목적어가 분리, 단절, 차단, 구분, 구별되는 의미로 확대 전환됩니다. 기준이 되는 원래 상태에서 멀리 떨어지면 그 성질이 없어지게 되므로 '~으로부터 막다, 금지하다'라는 의미를 만들어 내지요.

UNIT 1 동사 + from

PREPOSITION

MP3 017

1	alienate A from B	A를 B로부터 멀어지게 하다/이간하다	★★☆

His position on the issue alienated him from many of his supporters.
이 문제에 대한 태도 표명으로 그는 많은 지지자들로부터 멀어졌어요.
(← 이 문제에 대한 그의 견해는 그를 많은 지지자에게서 멀어지게 했다.)

2	ban A from B	A가 B하는 것을 금지하다	★★★

The traffic law bans drivers from using hand-held phones while they drive. 교통법은 운전 도중 운전자의 휴대전화 사용을 금합니다.
▸ ban ~ from: 공식적으로 금지. 형식적으로 강력한 법적 권위를 내포.

3	bar A from B	A가 B하는 것을 막다	★★★

The judge barred Lewis from driving for a year.
판사가 루이스에게 1년간 운전을 못 하게 막았어요.
▸ bar ~ from: 공식적이거나 권위 있는 조치를 포함.

4	be made from	~로 만들어지다	★★★

Furniture in this workshop is made from reclaimed wood.
이 공방의 가구는 재생 목재로 만들어집니다.
▸ reclaimed: 재생의

5	benefit from	~로부터 이익(도움)을 얻다	★★★

I feel that I have benefited greatly from her wisdom.
그녀의 지혜를 통해 전 큰 도움을 받았다고 생각해요.

6	come from	~ 출신이다	★★★

I come from New York. 전 뉴욕 출신이에요.

	come from	~에서 생산되다	

This cheese comes from New Zealand. 이 치즈는 뉴질랜드에서 생산돼요.

7	**derive from**	~에서 유래하다/비롯되다	★★☆

The problems derive from basic errors of judgement.
이러한 문제는 기본적인 판단 오류에서 비롯된 것이죠.

8	**detach A from B**	A를 B에서 떼어내다/분리하다	★★☆

He detached the lower part of the form from the letter and sent it back to the written address. 그는 편지에서 아래 부분의 양식을 떼어내어 편지에 적힌 주소로 다시 보냈어요.

9	**deter A from B**	A가 B하는 것을 단념시키다/막다	★★☆

Nothing can deter him from completing his mission.
그 어떤 것도 그가 임무 완수하는 것을 막을 수는 없어요.
▸ defer ~ from: 직접적인 금지가 아닌 두려움, 의심 또는 어려움과 같은 간접적인 수단을 통한 낙담을 암시.

10	**die from**	~로 죽다	★★☆

He died from complications related to his illness.
그 사람, 병으로 인한 합병증으로 죽었어요.

11	**differ from**	~와 다르다	★★★

His views differ considerably from those of his parents.
그 사람 견해와 그 사람 부모님 견해가 상당이 달라요.

12	**discern A from B**	A를 B와 분별하다	★★☆

I have a hard time discerning John from Jack, but they are identical twins after all. 나는 존이랑 잭을 구분하기가 어려운데, 알고 봤더니 그들이 일란성 쌍둥이더라고요.

13	**discourage A from B**	A가 B하지 못하게 하다	★★☆

His parents discouraged him from traveling alone.
부모님은 그가 혼자 여행을 못 하게 하셨어요.

14	**disqualify A from B**	A를 B하지 못하게 자격을 박탈하다	★★☆

The court disqualified a former president from running for office again. 법원에서 전직 대통령의 재선 출마 자격을 박탈했어요.

15	**dissuade A from B**	A가 B하지 않도록 설득하다	★★☆

I tried to dissuade Jane from leaving. 저도 제인이 떠나지 않게 설득하고 만류하려고 했죠.

16	**distinguish A from B**	A를 B와 구분하다	★★☆

He can distinguish the right from the wrong. 그 사람은 옳고 그름을 분별할 수 있어요.

17	**distract A from B**	A의 주의를 B에서 다른 곳으로 돌리다	★★☆

You distracted me a lot from my work.
너 때문에 일에 집중이 안 됐어. (← 네가 내 주의를 내 일로부터 다른 곳으로 돌렸어.)

18	**divorce A from B**	A를 B에서 분리하다	★★☆

I don't see how you divorce politics from tax policy.
정치와 조세 정책을 어떻게 분리할 수 있는지 모르겠네요.

19	**exempt A from B**	A를 B로부터 면제해 주다	★★☆

His low income exempted him from tax payment.
그는 소득이 낮아서 세금 납부에서 면제되었어요. (← 그의 낮은 소득은 그를 세금 납부에서 면제해 주었다.)

20	**extract A from B**	A를 (화학적 과정 등을 통해) B에서 빼내다·(돈, 정보 등을 억지로) 얻다	★★☆

The scientist used a specialized technique to extract DNA from the ancient fossil. 그 과학자는 특수 기술을 이용해 고대 화석에서 DNA를 빼냈습니다.

	extract A from B	A를 B에서 제거하다	

This machine extracts moisture from the air.
그 기계는 대기 내 수분을 제거합니다.

21	**forbid A from B**	A가 B하는 것을 금지하다	★★☆

The teacher forbade her students from mentioning the subject again. 선생님은 학생들이 그 주제를 다시 언급하지 못 하게 했어요.
▸ forbid ~ from: 허락하지 않는 것을 명확히 언급.

22	**graduate from**	~를 졸업하다	★★☆

After he graduated from high school, he joined the army.
고등학교를 졸업한 후 그는 군에 입대했어요.
▸ 우리말 특성상 graduate만 쓰는 경우가 많아서 특히 조심!

23	**hail from**	~ 출신이다	★★☆

John originally hails from Vancouver. 존은 원래 밴쿠버 출신이에요.
▸ come from보다 더 공식적이고 문학적인 느낌.

24	**hear from**	~로부터 소식을 듣다	★★★

I haven't heard from my sister in 3 months.
3개월 동안 여동생한테서 연락이 없어요.

25	**hinder A from B**	A가 B하는 것을 방해(금지)하다	★☆☆

Being so sick yesterday hindered me from getting the project done.
어제 너무 아파서 제가 프로젝트를 완성하지 못했어요.
▸ hinder: 어떤 일을 가로막는 어려움이나 애로사항이 생겨서 의도된 행위나 계획이 목표치에 도달하지 못함.

26	**inhibit A from B**	A가 B하는 것을 금지하다	★★☆

The rule inhibits lawyers from talking about their cases outside the courtroom. 규칙상 변호사들은 법정 밖에서 사건에 관해 이야기하는 게 금지되어 있습니다. (← 그 규칙은 변호사들이 법정 밖에서 사건에 관해 이야기하는 것을 금지한다.)
▸ inhibit: 순리대로 일어나는 상황을 억누르거나 억제하여 행위나 과정이 충분히 발현되지 못함. 'hinder'에 비해 정신적·물리적·화학적인 결과에 더 중대한 영향을 미칠 수 있음.

27	**keep A from B**	A가 B하는 것을 막다	★★☆

The failure did not keep him from trying again.
실패했다고 해서 그가 재도전을 멈추지는 않았습니다. (← 실패는 그가 다시 도전하는 것을 막지 못했다.)
▸ keep: 'hinder', 'inhibit'에 비해 구체적인 결과를 피하려는 개인적인 선택이나 행동의 의미를 함축함.

28	**originate from**	~로부터 기원하다/비롯되다	★★☆

This term, such as "narcissism," "odyssey," and "echo," originated from Greek Mythology. '나르시시즘', '오디세이', '에코' 등의 용어는 그리스 신화에서 나온 거예요.
▸ originate from: 특정 기원 또는 생성 지점을 정확히 찾아내는 데 사용.

29	**prohibit A from B**	A가 B하는 것을 금지하다	★★☆

Child welfare act prohibits parents from using physical punishment.
아동복지법에서는 부모가 체벌하는 것을 금지합니다.
▸ prohibit: 권위 혹은 법규나 규칙에 근거하여 공식적으로 금지하는 것을 의미함.

30	**protect A from B**	A를 B로부터 보호하다	★★☆

Apply sunscreen to protect your skin from the harmful effects of the sun. 자외선 차단제를 발라서 태양의 해로운 영향으로부터 피부를 보호하세요.

31	**refrain from**	~을 삼가다	★★☆

They refrained from talking until they were convinced of her loyalty to the group. 그들은 조직에 대한 그녀의 충성심을 확신할 때까지 말을 삼갔어요.

32	**resign from**	~에서 물러나다/사임하다	★★☆

Terry resigned from the company in order to take a more well-paying job. 테리는 보수가 더 좋은 일을 잡으려고 회사를 그만뒀어요.

33	**restrain A from B**	A가 B하는 것을 저지하다/억누르다	★★☆

I can't restrain myself from eating. 먹는 걸 참을 수가 없어요.
▸ restrain: 신체적, 정신적, 도덕적으로 행위를 제한하거나 통제하는 것을 의미함.

34	**result from**	~로 인해 나온 결과이다	★★★

These problems result from moral hazard.
이러한 문제들은 도덕적 해이에서 기인합니다.

35	**separate A from B**	A를 B와 구분하다/분리하다	★★★

It's important to separate fact from fiction in this situation.
이 상황에서는 사실과 허구를 구분하는 것이 중요합니다.

36	**shield A from B**	A를 B로부터 지키다	★★☆

You can't shield your kid from the truth forever.
아이가 그 진실을 영원히 모르게 할 수는 없어요. (← 아이를 그 진실부터 영원히 지킬 수는 없다.)

37	**shrink from**	~을 꺼리다/피하다	★★☆

We must not shrink from the fight for freedom. 자유를 위한 투쟁을 피하면 절대 안 됩니다.

38	**shy (away) from**	(하기 싫은 것·두려움·자신 없는 것을) 피하다/주저하다	

The journalist has never shied away from investigating the incident.
기자는 그 사건을 조사하는 데 전혀 주저하지 않았어요.

39	**stem from**	~에서 유래하다	★★☆

The convicted murderer's psychological problems stem from his difficult childhood. 유죄 판결을 받은 살인범의 심리적 문제는 불우했던 어린 시절에서 비롯된 겁니다.
▸ stem from: 어떤 것의 근본적인 원인이나 출처를 설명하는 데 사용.

40	**stop A from B**	A가 B하는 것을 막다	★★☆

A policeman stopped the thief from getting away.
경찰관은 도둑이 도망가지 못하게 막았어요.
▸ stop: 어떤 행동이나 상황을 완전히 정지시켜 멈추게 하는 것을 의미.

41	**subtract A from B**	(수나 양) A를 B에서 빼다	★★☆

Subtract 10 from 30, and you get 20. 30에서 10을 빼면 20이 돼.

42	**suffer from**	~로 고통받다, (병 등을) 앓다	★★★

He's been suffering from migraines since childhood.
그는 어릴 때부터 편두통을 앓고 있어요.

43	**take away from**	~을 폄하하다/깎아내리다	★★☆

The disagreement between the two men should not take away from their accomplishments. 두 사람 사이의 의견 불일치가 있다고 그들의 성취를 폄하하지는 말아야죠.

44	**tell A from B**	A를 B와 구별하다	★★☆

Westerners cannot tell a Korean from a Chinese.
서양 사람들은 한국인과 중국인을 구별하지 못해요.

45	**walk away from**	(상황이나 관계를 외면하고) ~을 떠나 버리다	★★☆

He doesn't have the guts to walk away from such a decent job.
그 사람, 그렇게 근사한 직장을 버리고 나갈 배짱은 없어.

46	**withdraw A from B**	A를 B에서 철수하다	★★☆

The company withdrew the product from the market on safety grounds. 회사는 안전상의 이유로 시장에서 그 상품을 철수했습니다.
▸ grounds: (복수형으로) 이유

from

미묘한 뉘앙스 차이

재료나 원인의 명사를 동반할 때 '~로'의 의미인 'of'와 from은 의미 차이가 있어요. 'of'는 소유의 의미로 쓰이는 점에서 알 수 있듯이, 뒤에 나오는 명사와 떼려야 뗄 수 없는 부분이며 변하지 않는 속성을 유지합니다. 원인을 나타낼 때도 밀접성이 높아 직접적인 이유와 함께 쓰이고요.
분리·단절의 의미가 있는 'from'은 원재료에서 떨어져 나와 속성이 변할 수도 있고, 원인을 나타내는 명사와도 분리의 개념이 내포되어 결과로 가는 중에 다른 이유가 끼어들 가능성을 포함하게 되어 간접적인 원인을 나타냅니다.

1-1 **Plastic is made from petroleum.**
플라스틱은 석유로 만들어져요. (석유가 화학적 반응을 거쳐 플라스틱이라는 새로운 물질을 만들어 냈다.)

1-2 **The table is made of wood.**
이 테이블은 나무로 만들어졌어요. (딱 봐도 재료가 나무라는 것을 알 수 있는 물리적 변화를 거쳐 테이블이 만들어졌다.)

2-1 **He died from the injury.**
그는 부상으로 사망했어요. (다친 후 부상이 아닌 다른 합병증이 사망 원인이 되었다.)

2-2 **He died of cancer.**
그는 암으로 사망했어요. (암이 사망의 직접적인 원인이 되었다.)

UNIT 2
명사 + from
PREPOSITION

MP3 018

1	**adaptation from**	~의 각색	★★☆

The movie is an adaptation from a true story. 그 영화는 실화를 각색한 겁니다.

2	**departure from**	~에서 이탈	★★☆

His decision to pursue art instead of law marked a significant departure from family expectations.
법학 대신 예술을 택한 그의 결심은 가족의 기대에서 아주 크게 이탈한 것이었죠.

3	**detachment from**	~에서 분리	★★☆

He felt a sense of detachment from what was happening around him. 그는 주변에서 일어나고 있는 일로부터 분리된 느낌을 받았습니다.

4	**deviation from**	~로부터 일탈/벗어남	★★☆

The effects of deviation from these requirements are discussed below. 이러한 요구 사항을 벗어나는 경우의 결과가 아래에 설명되어 있습니다.

5	**distraction from**	~에서 (주의) 환기	★★☆

Taking up a new hobby proved to be a distraction from the monotony of everyday routines.
새로운 취미를 가진 것이 (나중에 보니) 단조로운 매일의 일과에서 환기한 것이 되었더라고요.

6	**divorce from**	~와의 이혼	★★☆

After a divorce from Green, he married Rosa.
그린과 이혼한 후 그는 로사와 결혼했어요.

	divorce from	~와의 결별	

A change of citizenship did not imply a divorce from the old country.
시민권이 바뀐다는 것이 이전 국가와의 결별을 의미하지는 않았습니다.

7	**escape from**	~로부터 탈출(구)	★★☆

She found an escape from the stress of work by immersing herself in her favorite hobby of painting.
그녀는 자신이 좋아하는 취미인 그림 그리기에 몰두하면서 업무 스트레스에서 벗어날 탈출구를 찾았어요.

8	**exemption from**	~로부터 면제	★★☆

The French government reduced grounds for exemption from military service. 프랑스 정부는 병역 면제 사유 근거를 축소했습니다.

9	**extract from**	~의 추출물	★★☆

The cream contained extracts from several plants.
그 크림은 여러 식물에서 추출한 추출물을 함유하고 있었습니다.

	extract from	~에서 발췌한 것/내용	

She included an extract from the professor's writings on cognitive psychology in her research paper.
그녀는 자기 연구 논문에 인지 심리학에 관한 교수님의 글에서 발췌한 내용을 포함했습니다.
▸ extract: 소스에서 무언가를 제거하거나 얻는 작업에 초점.

10	**extraction from**	~에서 추출	★★☆

Most hydrogen is produced by extraction from natural gas.
수소 대부분은 천연가스에서 추출하여 생산됩니다.
▸ extraction: 더 광범위하거나 추상적인 맥락에서 추출하는 과정이나 작업 결과를 가리킴.

11	**inheritance from**	~에게 받은 유산	★★☆

This house is an inheritance from his parents who passed away three years ago. 이 집은 그 사람이 3년 전 돌아가신 부모님께 받은 유산이에요.

12	**isolation from**	~에서 격리	★★☆

They lived in isolation from the world. 그들은 세상과 격리되어 살았어요.

13	**pressure from**	~로부터 압력	★★☆

The company is facing increasing pressure from shareholders.
회사는 주주들로부터 점점 더 많은 압력을 받고 있습니다.

14	**protection from**	~로부터 보호	★★☆

The shells of juvenile turtles offer little protection from predators such as raccoons and birds of prey.
어린 거북의 등딱지는 너구리와 맹금류 같은 포식자로부터의 보호 기능이 거의 없습니다.

15	**reprieve from**	~로부터 일시적 유예	★★☆

The injection provided a temporary reprieve from the pain.
주사를 맞으면 고통에서 일시적으로는 벗어났습니다. (← 주사는 고통으로부터의 일시적인 유예를 제공했다.)

16	**result from**	~의 결과	★★☆

The increased demand for renewable energy is a result from growing concerns about environmental sustainability.
재생 에너지 수요가 늘어난 것은 환경의 지속 가능성에 대한 관심이 커진 결과입니다.

17	**retreat from**	~로부터 후퇴	★★☆

He took part in the retreat from Dunkirk.
그는 됭케르크 퇴각에 참여했습니다.

18	**segregation from**	~에서 분리	★★☆

Inadequate public transport systems and segregation from housing areas may curtail the growth of that district.
대중교통 시스템이 잘 갖춰져 있지 않고 주거 지역과 분리된 것이 그 지역의 성장을 억제할 수도 있습니다.
▸ segregation: 사회적 또는 차별적 의미를 내포한 강제적 또는 강요된 분리를 의미.

19	**separation from**	~에서 분리	★★☆

He struggled with the separation from his family while studying abroad. 그는 유학하는 동안 가족들과 떨어져 있는 것을 이겨내려고 애썼어요.
▸ separation: 일반적으로 자발적 또는 의도적으로 분리하는 행위를 의미.

from

20	**shield from** **(= shield against)**	~로부터의 보호막/방패막이	★★☆

The nearby forest acts as a shield from harsh weather.
인근에 있는 숲이 혹독한 날씨를 막아 주는 보호막 역할을 합니다.

21	**shift (away) from**	~로부터의 이동/멀어짐	★★☆

In the digital age, there is the gradual shift away from in-person communication. 디지털 시대에서 (사람들이) 대면 커뮤니케이션에서 점차 멀어집니다.
(← 디지털 시대에서 대면 커뮤니케이션에서 꾸준한 멀어짐이 있다.)

22	**subtraction from**	~에서 빼기	★★☆

The recent budget cuts represent a significant subtraction from funding allocated to education programs.
최근의 예산 삭감은 교육 프로그램에 할당된 자금에서 상당한 액수가 빠진 걸 의미합니다.

23	**withdrawal from**	~의 기권	★☆☆

Everyone was surprised at his sudden withdrawal from the international competition. 그가 갑작스럽게 국제 대회에서 기권하자 모두가 놀랐어요.

withdrawal from	~로부터 철수

The government is opposed to an immediate withdrawal from Iraq.
정부는 이라크에서 즉각 철수하는 것을 반대하고 있습니다.

withdrawal from	(돈과 관련해) ~로부터 인출

Note any unusual withdrawals from inactive or dormant accounts.
비활성 또는 휴면 계좌에서 비정상적인 인출이 발생하는지 확인하세요.

The
nearby
forest
acts as a shield
FROM
HARSH
weather.

CHAPTER 3

거의 모든 전치사 about의 표현

about

전치사 'about'은 물리적으로 주변, 둘레에 흩어져 있는 이미지를 가지며, '~ 주변에', '~ 근처에'라는 기본 의미가 있습니다. 가운데 위치한 대상을 중심으로 주위에 원을 그리며 도는 형태는 'around'이지만, 'about'의 경우 둘레를 빙 둘러싸고 있는 게 아니라 여기저기 곳곳에 무작위로 깔린 느낌입니다.

'about'은 뒤에 오는 대상의 여러 가지 주변 상황을 고려한다는 의미에서 '~에 대하여', '~에 관하여'라는 추상적 의미로도 확장돼요. 뒤에 수나 양, 시간 등이 올 때는 정확한 수치가 아니라 그 주변을 포괄하는 '대략, 약, ~쯤'의 의미로 쓰이죠. 어떤 행동이나 동작이 시작되는 주변 시점, 즉 그 행동이 임박했다는 의미로 '막 ~하려고 하는'의 뜻으로 확장되기도 합니다.

* 다음 구동사 표현에는 엄밀히 말해 부사로 쓰인 about도 있지만, 여기서는 굳이 구분하지 않고 제시합니다.

UNIT 1 동사 + about

PREPOSITION

MP3 019

1	**agree about**	~에 대해 동의하다	★★☆

I agree about your title being misleading. 제목이 오해의 소지가 있다는 데 동의해.

2	**argue about**	~에 대해 언쟁을 벌이다	★★☆

The committee members began to argue about the best way to allocate the budget. 위원회 위원들은 예산을 배정하는 최선의 방식을 놓고 언쟁을 벌이기 시작했어요.

3	**ask about**	~에 관해 묻다	★★☆

Scott asked about the low-cost airlines yesterday.
스콧이 어제 저가 항공사에 관해 물어봤어.

4	**be about**	(일의 주위에서) 주어진 일을 하다	★★☆

She informed her team that she would be about organizing the event for the next few weeks.
그녀는 팀원들에게 앞으로 몇 주 동안 자신이 행사를 조직할 것이라고 알렸습니다.

5	**boast about**	~을 자랑하다	★★☆

Parents enjoy boasting about their children's achievements.
부모는 자녀의 성취를 자랑하는 걸 좋아하지요.

6	**bother about**	~에 대해 신경 쓰다/걱정하다	★★☆

She doesn't bother about the latest fashion trends; she dresses according to her own unique style.
그녀는 최신 패션 트렌드에 신경 쓰지 않고 자신만의 독특한 스타일에 따라 옷을 입어요.

7	**brag about**	~을 자랑하다/뽐내다	★★☆

Ben's always bragging about how rich his parents are.
벤은 자기 부모님이 얼마나 부자인지 늘 자랑해.
▸ 자부심이 지나치다는, 부정적인 의미.

about

8	**bring about**	~을 유발하다	★★★

The creation of the Internet has brought about huge changes in how people communicate. 인터넷의 탄생은 사람들이 소통하는 방식에 엄청난 변화를 가져왔죠.

9	**come about**	~이 일어나다/생기다	★★☆

The invention of the Internet came about due to decades of scientific research and technological advancements.
인터넷의 발명은 수십 년에 걸친 과학적 연구와 기술 발전으로 생긴 것입니다.

10	**feel about**	~에 대해 생각하다, ~을 느끼다	★★☆

How do you feel about my hairstyle? 내 머리 스타일 어떻게 생각해?

11	**forget about**	~에 대해 잊다	★★☆

David never forgot about those helping hands!
데이비드는 그 도움의 손길들을 절대 잊지 않았어요!

12	**fret about**	~에 대해 초조해하다/전전긍긍하다	★★☆

She's always fretting about the children. 그녀는 항상 아이들 때문에 전전긍긍해요.

13	**go about**	~를 시작하다	★★☆

You're not going about the job in the right way.
넌 그 일을 제대로 시작도 하지 않고 있잖아.

	go about	~을 다루다, ~에 접근하다	

How can we go about solving this problem?
우리가 어떻게 이 문제 해결에 접근해 볼 수 있을까?

14	**hear about**	~에 대해 (상세히) 듣다	★★☆

Did you hear about his car accident? 너 그 친구 자동차 사고 소식에 대해서 들었니?

15	**inquire about**	~에 대해 질문하다	★★☆

Shall I inquire about the price of tickets? 티켓 가격을 제가 물어볼까요?

16	**know about**	~에 대해 알다	★★★

I know about the man you've been seeing. He is a good guy.
나 네가 만나는 남자에 대해서 알아. 그 사람, 좋은 사람이야.

17	**lie about**	~에 대해 거짓말하다	★★☆

He was caught lying about his whereabouts last night.
그는 어젯밤 자신의 행방에 대해 거짓말을 하다가 들켰어요.

18	**mess about**	장난을 치다	★★☆

The kids were messing about in the backyard, playing games and laughing loudly. 아이들은 뒤뜰에서 장난을 치고 게임을 하며 큰 소리로 웃고 있었습니다.

19	**move about**	~의 여기저기를 돌아다니다	★★☆

The children were excitedly moving about the playground, exploring every corner and trying out different games.
아이들은 신나게 운동장 여기저기를 돌아다니며 구석구석을 탐험하고 다양한 게임을 해 보았습니다.

20	**nose about**	(정보 등을) 캐고 다니다, 조사하다	★★☆

The detective nosed about the building, but didn't find anything.
형사는 건물 주변을 샅샅이 캐고 다녔지만, 아무것도 찾지 못했어요.

21	**piss about**	(돈·시간 등을) 낭비하다	★☆☆

He's always pissing about instead of getting his work done on time.
그 사람, 맨날 제시간에 일 마치지 않고 시간을 낭비한다니까.
▸ 주로 영국에서 쓰는 표현.

22	**read about**	~에 대해서 읽다	★★☆

I read about your accident in the newspaper. If you need anything, please let me know. 나 신문에서 네 사고에 관해 읽었어. 뭐든 필요한 것 있으면 알려 줘.

about

23	**roam about**	~를 정처 없이 돌아다니다	★★☆

A bear is roaming about the neighborhood, so be careful.
곰 한 마리가 근처를 막 돌아다니고 있으니까 조심해.

24	**run about**	~ 주변을 여기저기 뛰어다니다	★★☆

Children are running about the park.
아이들이 공원 주변을 뛰어다니고 있어요.

25	**stroll about**	~ 주변을 어슬렁거리다	★★☆

Harry folded his arms, smiled as if he knew better, and strolled about the room. 해리는 팔짱을 끼고 자기가 잘 안다는 듯이 미소를 지으며 방안을 어슬렁거렸어요.

26	**talk about**	~에 대해 이야기하다	★★★

She doesn't want to talk about her family.
그녀는 자기 가족에 대해 말하고 싶어 하지 않아요.

27	**tell A about B**	A에게 B에 대해 말하다	★★☆

Tell him about the project you have been working on.
그 사람한테 요즘 네가 맡아서 하는 프로젝트에 대해서 말해 줘.

28	**think about**	~에 대해 생각하다	★★★

Don't you ever think about your future?
넌 네 미래에 관한 생각은 전혀 안 하니?

29	**walk about**	~ 주변을 여기저기 걷다	★★☆

They walked about the lake, enjoying the tranquil surroundings.
그들은 고요한 주변을 즐기면서 호수 주변을 이리저리 걸었어요.

30	**wander about**	~ 주변을 돌아다니다	★★☆

We wandered about the town for an hour, discovering quaint shops and cafes. 우리는 한 시간 동안 마을 주변을 돌아다녔고 고풍스런 가게와 카페를 발견했어요.

미묘한 뉘앙스 차이

몇몇 동사나 명사와 결합하여 '~에 관해서'라는 의미로 'about'과 'of'가 모두 쓰입니다. 하지만 전치사의 의미가 다르기에 이 둘은 엄밀히 말해서 뉘앙스 차이가 있어요. 'about'은 대상의 속성과 관련된 태도, 모양, 성질 등 여러 가지 주변 정보의 넓은 범위까지 닿아 있는 느낌이지만, of는 존재 자체에 대한 인식을 뜻합니다.

1-1 **I didn't hear of that new restaurant until my friend mentioned it.**

친구가 언급할 때까지 난 그 새로 생긴 식당을 듣지 못했어요. (그 식당 자체에 관한 것을 듣지 못 했다는 의미)

1-2 **Did you hear about the new policy changes at work?**

새로 바뀐 사내 정책 관련해 들어 봤어요? (정책이 새로 바뀌면서 수반되는 여러 가지 사항에 관해 들었는가의 의미)

2-1 **I'm thinking of spaghetti for lunch.**

난 점심으로 스파게티 먹을 생각이야. (메뉴로 스파게티를 떠올리며 먹을 생각을 하는 것이고 그 외의 다른 것은 생각하지 않는다는 의미)

2-2 **I've thought about it a lot.**

내가 그것에 대해 많이 생각해 봤어. (그것에 대해 여러 방면으로 심사숙고하는 공을 들였다는 의미.)

3-1 **I know of a great Italian restaurant downtown.**

나 시내에 있는 근사한 이탈리아 식당 한 곳 알아. (이탈리아 식당이 있다는 것을 알고 있고, 그 외의 것은 의미하지 않음)

3-2 **Do you know about the upcoming meeting on Friday?**

금요일에 있을 회의에 관해서 알아요? (금요일에 있을 회의 내용, 열리는 시간 및 장소 등 회의에 관한 여러 가지 내용을 알고 있는지 질문)

UNIT 2	형용사/과거분사 + about
	PREPOSITION

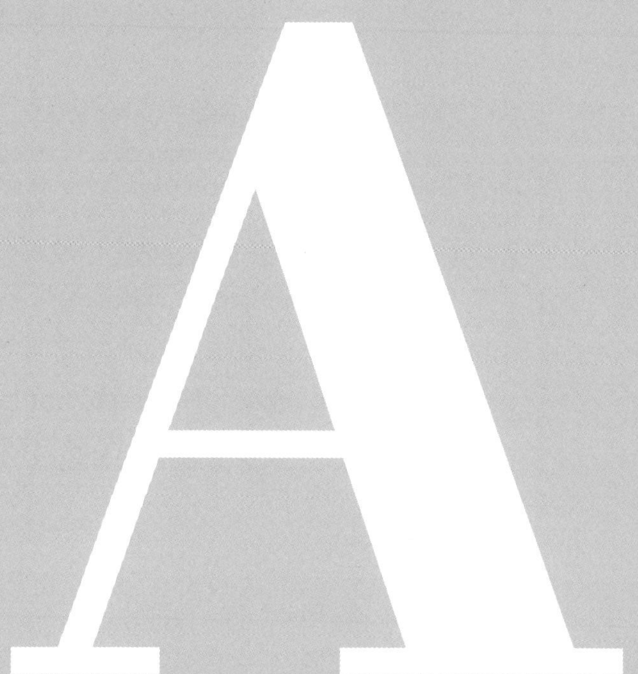

MP3 020

1	**angry about**	~에 대해 화난	★★☆

I don't know what she is angry about. 그녀가 뭐에 대해 화가 났는지 모르겠어요.

2	**annoyed about**	~에 짜증난	★☆☆

I was annoyed about the price, but in the end, it was worth it.
가격 때문에 짜증이 나긴 했지만, 결국은 그게 값어치를 하더라고요.

3	**anxious about**	~에 걱정하는	★★☆

Minority groups are naturally anxious about their status.
소수 집단은 당연히 자신의 지위에 대해 걱정하기 마련입니다.

4	**careful about**	~을 조심하는, ~에 신경을 쓰는	★★☆

He is being sensitive lately, so be careful about what you say to him.
(안 그랬는데) 그가 요즘 예민하게 구니까 그에게 하는 말을 조심해라.

5	**cautious about**	~에 신중한	★★☆

He is cautious about sharing his thoughts with strangers.
그는 자기 생각을 낯선 사람들과 공유하는 것에 신중합니다.

6	**certain about**	~에 확신하는	★★☆

She felt certain about her decision to resign from her job and pursue a new career path. 그녀는 직장을 그만두고 새로운 경력을 쌓기로 한 결정에 확신을 가졌어요.

7	**choosy about**	~에 까다로운	★☆☆

John is very choosy about his clothes, only buying designer brands.
존은 옷에 매우 까다롭고요, 디자이너 브랜드만 구입합니다.

8	**concerned about**	~에 대해 걱정하는	★★★

I'm a bit concerned about my parents' health. 부모님의 건강이 약간 걱정돼요.
▸ concerned about: 일반적으로 더 중립적이고 덜 강렬한 느낌의 걱정.

9	**confident about**	~에 자신감 있는	★★☆

She felt confident about her ability to ace the upcoming exam after weeks of diligent studying.
그녀는 몇 주간 부지런히 공부한 끝에 다가오는 시험에 합격할 수 있다는 자신감이 생겼습니다.

10	**confused about**	~에 혼란스러운	★★☆

The girl was confused about the entire situation.
그 소녀는 전체적으로 돌아가는 상황에 혼란스럽기만 했어요.

11	**crazy about**	~에 빠져 있는	★★☆

My younger brother is crazy about football. 남동생이 축구에 푹 빠져 있어요.

12	**curious about**	~이 궁금한	★★☆

She was curious about the new art exhibit and decided to visit the gallery to see it.
그녀는 새 미술 전시회가 궁금해서 그걸 보러 화랑에 가 보기로 했어요.

13	**delighted about**	~에 아주 기뻐하는	★★☆

We are delighted about the decision to promote Jane to a managerial position. 우리는 제인을 매니저로 승진시키기로 한 결정에 아주 기쁩니다.

14	**doubtful about**	~이 의심스러운	★★☆

We were doubtful about his chances of meeting the deadline from the start. 우리는 처음부터 그가 마감일을 지킬 가능성이 있는지 의심스러웠어요.

15	**embarrassed about**	~에 당황한	★★☆

I felt embarrassed about how untidy the house was.
그 집이 어쩜 그렇게 너저분한지 당황스러웠다니까요.

16	**enthusiastic about**	~에 열정적인	★★☆

All the staff are enthusiastic about the project.
직원들 전부 그 프로젝트에 열정적으로 임하고 있어요.

17	**excited about**	~에 신나는	★★☆

Are you getting more excited about your holiday?
휴가 때문에 점점 신나지는 거야?

18	**furious about**	~에 매우 화가 난	★★☆

The teacher was furious about his lack of gratitude.
선생님은 감사함이 부족한 그의 태도에 격노했어요.

19	**glad about**	~해서 기쁜	★★☆

We were glad about her successful performance on stage.
우리는 그녀가 무대에서 성공적으로 공연을 펼쳐서 기뻤어요.

20	**guilty about**	~에 죄책감을 느끼는	★★☆

I felt so guilty about not visiting my parents more often.
전 부모님을 더 자주 찾아뵙지 못한 것에 죄책감이 참 컸어요.

21	**hopeful about**	~에 희망적인	★★☆

He was hopeful about the outcome of the meeting.
그는 그 회의 결과에 희망적이었어요.

22	**inquisitive about**	~에 대해 꼬치꼬치 캐묻는	★★☆

They're all inquisitive about how things work.
그들은 상황이 어떻게 되고 있는지 참 많이도 캐묻습니다.

23	**nervous about**	~에 긴장되는/신경이 곤두서는	★★☆

I was very nervous about driving again after the accident.
나는 그 사고 이후 다시 운전하는 게 매우 긴장되었어요.

He was nervous about the upcoming math exam.
그는 다가오는 수학 시험에 신경이 곤두서 있었습니다.

about

24	**obnoxious about**	~이 아주 불쾌한	★☆☆

I'm pretty obnoxious about grammar mistakes, always correcting people when they speak.
전 문법 실수가 보이면 아주 불쾌해서 사람들이 말할 때 늘 고쳐 줍니다.

25	**optimistic about**	~에 낙관적인	★★☆

I'm optimistic about our chances of winning.
난 우리의 우승 가능성에 낙관적이에요.

26	**paranoid about**	~에 편집증적인	★★☆

My husband is very paranoid about making sure everything's locked.
남편은 모든 것이 확실히 다 잠겨 있는가에 굉장히 편집증적인 면을 보여요.

27	**particular about**	~에 까다로운/신경을 쓰는	★★☆

I have been particular about monitoring my health status.
제 건강 상태에 특히 신경을 쓰며 지켜보고 있습니다.
▸ 보다 중립적으로 긍정적인 의미를 가짐.

28	**pessimistic about**	~에 비관적인	★★☆

He was pessimistic about the team's chances of winning the championship. 그는 팀의 선수권 대회 우승 가능성에 비관적이었어요.

29	**picky about**	~에 까다로운	★★☆

He's very picky about the type of music he listens to.
그는 자기가 듣는 음악 장르에 상당히 까다롭습니다.
▸ 종종 지나치거나 만족시키기 어려운 성격을 암시.

30	**pleased about**	~에 기쁜	★★☆

I could tell they were pleased about the news.
난 그들이 그 소식에 기뻐했다는 것을 알 수 있었어요.

31	**puzzled about**	~에 당황한	★★☆

Sarah was puzzled about the sudden disappearance of her favorite book from the library. 사라는 도서관에서 자신이 가장 좋아하는 책이 갑자기 사라져 당황했습니다.

32	**reckless about**	~에 개의치 않는	★★☆

The boy became reckless about danger while riding his bike down steep hills without a helmet.
소년은 헬멧도 안 쓰고 자전거를 타고 가파른 언덕을 내려오면서 위험 따위에는 개의치 않게 되었어요.

33	**right about**	~이 맞는	★★☆

I think you're right about not following your heart and regretting it.
마음을 따르지 않으면 후회한다는 네 말이 맞는 것 같다.

34	**sad about**	~에 슬퍼하는	★★☆

He felt sad about missing his sister's graduation ceremony.
그는 여동생 졸업식에 참석하지 못해 슬펐습니다.

35	**sensitive about**	~에 예민한	★★☆

Susan is sensitive about her weight. 수잔은 체중에 예민해요.

36	**serious about**	~에 진지한, ~을 진지하게 생각하는	★★☆

He is serious about moving to California.
그는 캘리포니아로 이주하는 걸 진지하게 생각하고 있어요.

37	**sorry about**	~에 유감스러운/미안한	★★☆

I'm sorry about forgetting your birthday; I completely lost track of time.
생일을 잊어버려서 죄송합니다. 제가 이렇게 시간 가는 줄도 완전히 잊고 있었어요.

38	**sure about**	~을 확신하는	★★☆

She is not so sure about the potential negative impact of the new policy. 그녀는 새로운 정책이 미칠 잠재적인 부정적 영향을 확신하지 못합니다.

39	**sympathetic about**	~에 공감하는	★★☆

His colleagues were deeply sympathetic about the worsening working conditions.
그의 동료들은 악화하는 근로 조건에 대해 깊이 공감했어요.

40	**thoughtful about**	~에 대해 생각이 깊은	★★☆

They're very thoughtful about how their choices may impact their kids.
그들은 자신들의 선택이 자녀에게 어떻게 영향을 미치게 될지에 대해 매우 생각이 깊습니다.

41	**torn up about**	~에 비통해하는	★★☆

Everyone is torn up about his death.
모두가 그의 죽음에 비통해합니다.

42	**upset about**	~에 속상한	★★☆

She was upset about the cancellation of her long-awaited vacation.
그녀는 오랫동안 기다려 온 휴가가 취소되어 속상했어요.

43	**worried about**	~에 대해 걱정하는	★★★

They seem particularly worried about the medical costs in retirement.
그들은 특히 은퇴 후 의료 비용에 대해 걱정이 많아 보여요.
▸ worried about: 불안과 관련된 강한 감정적 반응을 나타내는 경향이 있음.

44	**wrong about**	~에 대해 틀린/잘못 알고 있는	★★☆

I was wrong about it being a casual meeting.
저는 그게 편안한 비공식 회의인 줄 잘못 알고 있었더라고요.

UNIT 3 명사 + about

PREPOSITION

about

MP3 021

1	**anger about**	~에 대한 분노	★★☆

She couldn't hide her anger about the unjust treatment she had received from her colleagues.
그녀는 동료에게서 받은 부당한 처우에 대한 분노를 숨길 수가 없었습니다.

2	**anxiety about**	~에 대한 걱정/불안	★★☆

Students feel a lot of anxiety about their first exam at school.
학생들은 학교에서 치르는 첫 시험에 불안감을 많이 느낍니다.

3	**certainty about**	~에 대한 확신	★★☆

Her certainty about the decision was evident in her confident demeanor. 결정에 대한 확신은 그녀의 자신감 넘치는 태도에서 분명하게 드러났습니다.

4	**clue about**	~에 대한 단서	★★☆

Archaeological evidence will provide clues about what the building was used for. 고고학적 증거는 그 건물이 무엇에 쓰였는지에 대한 단서를 제공할 것입니다.

5	**comment about**	~에 대한 발언	★★☆

He made a sarcastic comment about the team's recent performance.
그는 팀의 최근 성적에 대해 비꼬는 발언을 했습니다.

6	**concern about**	~에 대한 걱정/우려	★★☆

Public concern about crime has never been greater than now.
범죄에 대한 대중의 우려가 지금보다 컸던 적은 없었어요.

7	**confusion about**	~에 대한 혼동	★★☆

There was considerable confusion about the new company policy, as it seemed to contradict previous guidelines.
새로운 회사 정책이 이전 지침과 모순되는 것처럼 보였기에 그것에 대한 상당한 혼란이 있었습니다.

8	**curiosity about**	~에 대한 호기심	★★☆

We value children's natural curiosity about the world around them.
우리는 주변 세상에 대한 아이들의 자연스러운 호기심을 소중히 여깁니다.

9	**decision about**	~에 대한 결정	★★☆

What are the important issues in making decisions about location?
장소 결정을 내릴 때 가장 중요한 문제는 뭘까요?

10	**doubt about**	~에 대한 의심	★★☆

I'm having doubts about his ability to do the job.
그가 그 일을 해낼 수 있을지 의심이 듭니다.

11	**embarrassment about**	~에 대한 부끄러움	★★☆

She felt a deep embarrassment about forgetting her lines during the play rehearsal. 그녀는 연극 예행 연습 동안 자기 대사를 잊어버린 것에 깊은 부끄러움을 느꼈어요.

12	**enthusiasm about**	~에 대한 열정	★★☆

Jane had never heard him speak with such enthusiasm about anybody before. 제인은 전에 그가 누구에 대해 그렇게 열정적으로 말하는 것을 들어 본 적이 없었어요.

13	**excitement about**	~에 대한 흥분	★★☆

There was not much excitement about going to school.
학교 가는 것에 별로 흥분되지 않았어요.

14	**fact about**	~에 대한 사실	★★☆

This story is full of facts about spiders. 이 이야기는 거미에 대한 사실들로 가득합니다.

15	**fury about**	~에 대한 분노	★★☆

Several celebrities vented their fury about the outcome of the award ceremony on Twitter. 몇몇 유명 인사들이 트위터에서 시상식 결과에 대한 분노를 표출했습니다.

16	**guilt about**	~에 대한 죄책감	★★☆

You had this awful guilt about not taking any action.
아무런 행동을 하지 않은 것에 네가 이렇게 끔찍한 죄책감을 느꼈었구나.

17	**mystery about**	~에 대한 미스터리	★★☆

There was a lingering mystery about her sudden disappearance from the small town.
그 작은 마을에서 그녀가 갑자기 사라진 것이 미스터리로 남아 있었습니다.

18	**nervousness about**	~에 대한 초조함/불안감	★★☆

There is growing nervousness about the possibility of a war.
전쟁이 일어날지도 모른다는 불안감이 커지고 있어요.

19	**news about**	~에 대한 소식	★★☆

The social worker gave him encouraging news about his future accommodation.
사회복지사가 그에게 앞으로 지낼 숙소에 관한 고무적인 소식을 전해 줬습니다.

20	**opinion about**	~에 대한 의견	★★☆

The two women had very different opinions about the effectiveness and potential side effects of the medication prescribed for their respective conditions.
두 여성은 각자의 질환에 처방된 그 약물의 효과와 잠재적 부작용에 대한 의견이 매우 달랐습니다.

21	**optimism about**	~에 대한 낙관	★★☆

His optimism about the upcoming project was contagious, lifting the team's spirits. 곧 있을 프로젝트에 대한 그의 낙관은 전염성이 있어서 팀의 사기를 진작시켰습니다.

22	**pessimism about**	~에 대한 비관	★★☆

Despite the prevailing pessimism about the economy, she remained optimistic about her chances of finding a job.
경기에 대한 비관이 만연하지만, 그래도 그녀는 직업을 구할 것이라고 낙관적으로 있었어요.

23 **rumor about** | ~에 대한 소문 | ★★☆

Someone's been spreading nasty rumors about me.
누군가 나에 대해 악의적인 소문을 퍼뜨리고 있습니다.

24 **sadness about** | ~에 대한 슬픔 | ★★☆

She said she felt no sadness about her retirement.
그녀는 자신이 은퇴한 것에 아무런 슬픔을 느끼지 않는다고 말했어요.

25 **theory about** | ~에 대한 이론 | ★★☆

She proposed a groundbreaking theory about the origins of the universe. 그녀는 우주의 기원에 대한 획기적인 이론을 제안했습니다.

26 **thought about** | ~에 대한 생각 | ★★★

You know, I just had a thought about going to group therapy.
있잖아, 방금 나 그룹 치료에 가 보면 어떨까 하는 생각이 들었어.

CHAPTER 4

거의 모든 전치사 in의 표현

전치사 'in'은 물리적인 공간이나 시간, 추상적인 영역이나 상황, 상태 등 일정 범위가 있는 구간에 대한 개념입니다. 하나의 정확한 지점을 가리키는 'at'과 다르게 일정 범주를 포괄하며, 평면적이면서도 입체적인 차원을 모두 망라합니다.

in은 '~ 안에서'라는 뜻의 'within'과 비슷해 보이지만, 좀 더 넓은 범위를 나타내는 전치사로, 기본 의미는 '~ 안에서, ~ 안으로'입니다. 따라서 시간을 나타내는 어구와 함께 '일정 범위의 시간 동안에', 혹은 '시간 내에'라는 의미를 갖지요.

공간상으로는 안과 밖을 구분하여 꼭 '안쪽, 내부'만을 뜻하지는 않아요. 함께 오는 명사에 따라서 그 명사의 범위와 영역을 나타내는 '~에서', '~에'라는 추상적 의미로 확장됩니다. 예를 들어, 감정이나 정신적 상태와 함께 쓰이면 '(어떤 상태)에 있는', 재료나 도구와 함께 쓰이면 '~로', '~을 가지고', 옷이나 신발 등 착용의 영역에서는 '~를 입은', 예술이나 학문 분야와 함께 쓰이면 '~의 영역에서', '~계에서' 등의 다양한 의미로 파생될 수 있습니다. 요점은 'in'은 점이나 선이 아닌 3차원의 구역, 영역을 가리킨다는 것입니다.

* 다음 구동사 표현에는 엄밀히 말해 부사로 쓰인 in도 있지만, 여기서는 굳이 구분하지 않고 제시합니다.

UNIT 1

동사 + in

PREPOSITION

MP3 022

MP3 022-1

1	**abound in**	~이 풍부하다/많다	★★☆

This river abounds in fish. 이 강은 물고기가 많아요.

2	**absorb oneself in**	~에 몰두하다	★★☆

He absorbed himself in his work so completely that he often forgot to shave. 자기 일에 아주 완전히 몰두한 나머지 그 사람은 면도하는 것도 종종 잊었어요.

3	**barge in**	불쑥 들어오다, 끼어들다	★★☆

You don't mind your brother barging in like that?
넌 네 동생이 그렇게 불쑥 들어오는 거 신경 안 쓰이니?

4	**be in**	~한 상태에 있다	★★★

He is in love. 그 사람, 사랑에 빠졌어요. (← 그는 사랑에 빠진 상태에 있어요.)
I am in good shape. 저는 건강해요. (← 저는 건강한 상태에 있어요.)

5	**believe in**	(대상의 영역·가치·존재·가능성 등을) 믿다	★★★

I never believe in an afterlife. 나는 사후 세계 따윈 전혀 안 믿어.

6	**blend in**	(주위 환경에) 섞이다	★★☆

She really blended in as part of the family.
그녀는 가족의 일원으로 참 잘 섞여 들었어요.

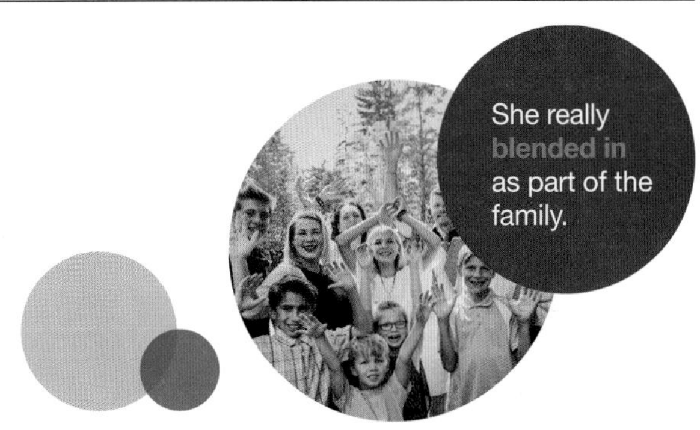
She really
blended in
as part of the
family.

in

7	**box ~ in**	(사람이나 차량으로 에워싸서) ~을 꼼짝 못 하게 하다	★★☆

Someone had parked behind us and boxed us in.
누군가 우리 뒤에 주차해서 우리를 꼼짝 못 하게 했다니까.

	box in	~을 막다	

She felt boxed in by expectations, unable to envision a different future. 그녀는 다른 미래를 상상해 볼 수도 없이 기대치에 막힌 느낌이었어요.

8	**break in**	(건물에) 침입하다	★★☆

He had broken in through a first-floor window. 그는 1층 창문을 통해 침입했어요.

9	**breathe in**	숨을 들이쉬다	★★☆

When you do yoga, it's important to breathe in deeply and then breathe out slowly. 요가할 때는 숨을 깊이 들이쉬고 천천히 내쉬는 것이 중요합니다.

10	**bring in**	(돈을) 벌다	★★☆

The store brings in millions of dollars a year. 그 가게가 연간 수백만 달러를 벌어들여요.

	bring in	끌어들이다	

We're hoping that the new policy will bring in more customers.
새로운 정책이 더 많은 고객을 끌어들이기를 저희가 바라고 있어요.

11	**build in**	(시스템·계획·구조에) ~을 포함하다/더하다	★★☆

Legislators are building in additional measures to protect business interests abroad.
입법자들은 해외 기업의 이익을 보호하기 위한 추가 조치를 (시스템에 더해) 마련하고 있습니다.

12	**burst in**	(방·건물 등에) 불쑥 들어가다	★★☆

The door swung open and two men burst in.
문이 벌컥 열리더니 남자 둘이 불쑥 들어왔어요.

13	**butt in**	(대화 중에) 불쑥 끼어들다, 관여하다	★★☆

It was out of his interest, so he didn't butt in.
그것은 자기 관심사가 아니어서 그 사람이 끼어들지 않았어요.

14	**buy in**	~을 (대량으로) 사들이다	★★☆

During the holiday season, many stores buy in extra inventory to meet the high demand from shoppers.
연말 시즌에는 쇼핑객의 높은 수요를 충족하기 위해 많은 상점에서 재고를 추가로 구매합니다.

▸ during the holiday season: Thanksgiving(추수감사절), Christmas(크리스마스), New Year's(새해)를 일컫는 연말 시즌 기간을 의미.

15	**call in**	(직장에) 전화하다	★★☆

She had to call in to inform her workplace that she would be absent due to illness. 그녀는 병 때문에 결근하겠다고 직장에 전화해서 알려야 했어요.

call in	~를 불러오게 하다

Local police called in the FBI to assist with the investigation.
현지 경찰이 수사 지원을 위해 FBI에 요청했습니다.

call in	~을 회수하다

He needs to make the business work before the bank calls in the loan. 은행이 대출을 회수하기 전에 그가 사업을 성공시켜야 합니다.

16	**cash in**	~을 현금으로 바꾸다	★★☆

I was short of money so I cashed in my shares in Apple.
돈이 부족해서 애플 주식을 현금으로 바꿨어요.

17	**cave in**	함몰하다	★★☆

The explosion made the roof of the building cave in, trapping some people. 폭발로 인해 건물 지붕이 함몰되어 여러 사람이 갇혔습니다.

18	**check in**	(호텔·공항에서) 투숙(탑승) 절차를 밟다	★★☆

Our plane takes off at 4:00 pm, so we should check in at 2:00 pm at the latest. 우리가 탈 비행기가 오후 4시에 이륙하니까 아무리 늦어도 오후 2시에는 체크인해야 해.

	check in	~을 확인하다	

I'm just checking in how things are going. 난 그저 상황이 어떤지 확인 중이야.

19	**chime in**	대화에 불쑥 끼어 의견을 말하다	★★☆

His supporters are encouraged to chime in.
그의 지지자들도 의견을 말하라고 독려받고 있어요.

20	**chip in**	(여러 사람이 비용을) 나누어 내다	★★☆

If we all chip in a certain amount of money, we will have enough money to hire a home health aide.
우리 모두 일정 금액을 갹출하면 가정 건강 도우미를 고용할 만한 돈이 모일 거야.
▸ home health aide: 집에서 노인, 환자, 장애인을 돌보는 도우미

21	**clock in**	측정되다, 기록되다	★★☆

The longest recorded specimen clocked in at 20 feet.
가장 긴 기록 표본이 20피트로 측정되었어요.

	clock in	출근 카드를 찍다	

Staff should clock in on arrival. 직원들은 도착 즉시 출근 카드를 찍어야 합니다.

22	**close in**	(밤이) 다가오다	★★☆

The dark nights and cold weather are closing in.
어두운 밤과 추운 날씨가 다가오고 있어요.

23	**clue ~ in**	~에게 유익한 정보를 주다	★★☆

If you've never been to Seoul before, this Korean guide will clue you in.
서울에 처음 가 본다면 이 한국 가이드 책이 너한테 필요한 정보를 줄 거야.

24	**color ~ in**	~에 색을 칠하다	★★☆

Lily drew a tiger and colored it in.
릴리는 호랑이를 그린 다음에 그것을 색칠했어요.

25	**come in**	들어오다	★★★

Do you want to come in for a cup of tea? 차 한잔하러 들어올래?

come in	유행하다

Long hair for men came in during the sixties. 남성이 장발하는 건 60년대에 유행했죠.

come in	~에서 발생하다/생기다

My problem here comes in using those words.
여기서 문제는 제가 그 단어들을 쓴다는 데 있습니다.

26	**confide in**	~에게 비밀을 털어놓다	★★☆

I've never confided in my sister, because she has a big mouth.
나는 누나에게 속마음을 털어놓은 적이 한 번도 없어요. 누나는 입이 싸거든요.

27	**consist in**	(주요 특징 등이) ~에 있다	★★☆

The beauty of air travel consists in its ease and speed.
비행기 여행의 장점은 편안함과 속도에 있지요.
▸ beauty: 멋진 점, 장점

28	**count ~ in**	(어떤 활동에) ~를 끼워 주다	★★☆

A: Do you want to play a video game with us?
B: Yes! Count me in for the game.

A: 우리랑 비디오 게임할래?
B: 응, 나도 그 게임에 끼워 줘.

in

29	**crowd in**	떼로 몰려들다	★★☆

The residents crowded in at night as the cold set in.
추위가 시작되자 밤에 주민들이 몰려들었습니다.

30	**cut in**	(말·대화에) 끼어들다, 남의 말을 자르다	★★☆

'What shall I do?' Patrick cut in again. '어떻게 해야 할까?' 패트릭이 다시 끼어들었어요.

	cut in	(기계가) 작동하기 시작하다	

The safety device cut in automatically. 안전장치가 자동으로 작동하기 시작했어요.

31	**deal in**	(특정한 상품을) 취급하다	★★☆

They mainly deal in rare books. 거기는 주로 희귀 도서를 취급해요.

32	**delight in**	(특히 사람들이 불편해하는 것을) 즐기다	★★☆

Some people delight in the misfortune of others.
어떤 사람들은 다른 사람들의 불행에 굉장히 기뻐하며 즐깁니다.

33	**dig in**	~을 파다	★★☆

The archaeologists dug in the site looking for artifacts.
고고학자들이 유물을 찾으려고 하면서 그 부지를 팠어요.

	dig in	먹기 시작하다	

The food's getting cold - dig in! 음식이 식고 있잖아. 어서 먹어!
▸ 주로 명령문의 형태로 많이 씀.

The archaeologists dug in the site looking for artifacts.

34	**drag in**	(이야기 중인 내용과 상관없는) ~을 끌어들이다	★★☆

My brother disapproved of my dragging in his wealth into the conversation.
오빠는 내가 대화 중에 (이야기 중인 내용과 상관없는) 자기 재산을 끌어들이는 것에 반대했어요.

35	**draw ~ in**	~을 끌어들이다	★★☆

We should use the demonstration as an opportunity to draw more supporters in. 우리는 그 시위를 더 많은 지지자를 끌어들일 기회로 삼아야 해요.

	draw in	(날·해가) 짧아지다	

In October, the days start drawing in. 10월에는 낮이 짧아지기 시작하죠.

36	**engage in**	~에 참여하다	★★★

The two parties have agreed to engage in a dialogue to resolve the difficulty. 양측이 난관을 해결하기 위한 대화에 참여하기로 합의했습니다.

37	**enroll in**	~에 등록하다	★★☆

Gina enrolled in a course in French history.
지나는 프랑스 역사 프로그램에 등록했어요.

38	**factor in**	~을 고려하다	★★☆

You should factor in staffing costs beforehand to make sound financial decisions. 건전한 재무 결정을 내리려면 인건비도 미리 고려해야지.

39	**fade in**	(화면이) 점점 뚜렷해지다	★★☆

After the monitor went black, a few words faded in.
모니터가 검게 변한 후, 단어 몇 개가 뚜렷하게 나타났어요.

40	**fail in**	~에 실패하다	★★☆

He failed in his attempt to break the record. 그는 기록 경신 도전에 실패했습니다.

in

41	**fall in**	안으로 내려앉다/가라앉다	★★★

The roof of my house fell in after the heavy snow.
폭설이 내린 후 우리 집 지붕이 내려앉았어요.

fall in	(군인들이) 정렬하다	

"Company, fall in!" shouted the sergeant-major.
"모두, 정렬!" 선임하사관이 소리쳤어요.

42	**fence in**	~ 둘레에 울타리를 치다	★★☆

They would need to fence in the field if they want to keep sheep there.
그들이 들판에서 양을 키우려면 거기에 울타리를 쳐야 할 거예요.

fence in	~을 가두다	

The new regulations aim to fence in our creativity, limiting our ability to innovate freely.
새로운 규제는 자유로운 혁신 능력을 제한하면서 우리의 창의성을 가두는 것을 목표로 합니다.

43	**fill in**	서식을 채우다/작성하다	★★☆

Would you fill in the form? 양식을 작성해 주시겠어요?

fill ~ in	~에게 지금까지의 진행 상황을 알려 주다	

He left the meeting for a while, so we filled him in when he got back.
그가 회의 중 잠깐 자리를 떠서, 돌아왔을 때 우리가 그때까지 진행된 상황을 알려 주었어요.

44	**fit in**	~와 맞다	★★☆

I find that I just can't fit in regular domestic work.
보니까 난 매일 반복되는 집안일에는 맞지 않아요.

45	**fly in**	(비행기로) 도착하다	★★☆

Mr. Baker flew in from Moscow. 베이커 씨가 모스크바에서 비행기를 타고 왔어요.

46	**get in**	(승용차나 작은 배 같은 탈것의 안으로) 타다	★★★

I opened the door and got in the car. 나는 문을 열고 차에 탔어요.

47	**give in**	~에 지다/굴복하다	★★☆

I'll never give in until you say, "yes." 네가 "그래" 할 때까지 난 절대 포기하지 않을래.

48	**go in**	안으로 들어가다	★★★

Let's go in and grab a coffee. 안에 들어가서 커피 한잔하자.

49	**hand in**	~을 제출하다	★★★

I should have handed in a first draft of my thesis.
내가 논문 초고를 제출했어야 했는데 말이야. (제출하지 않아서 후회된다는 것을 의미)

50	**hold in**	(감정을 안으로) 억누르다	★★☆

Some children hold in their feelings so as not to upset their parents.
어떤 아이들은 부모를 화나지 않게 하려고 자기감정을 억누르기도 해요.

51	**indulge in**	~에 탐닉하다	★★☆

She had enough time to indulge in a soothing massage.
그녀는 충분한 시간을 가지고 통증을 완화하는 마사지에 빠져들었어요.

52	**interfere in**	~에 개입하다/간섭하다	★★☆

It's not the church's job to interfere in politics.
정치에 개입하는 건 교회가 할 일이 아니죠.

53	**invest in**	~을 사다, ~에 투자하다	★★☆

We've decided it's time to invest in a new computer.
우리는 새 컴퓨터 구입에 돈을 투자할 때라고 결정했어요.

54	**join in**	(활동에) 참여하다	★★☆

I hope that everyone will be able to join in the fun.
모두가 참여해서 즐거운 시간을 보낼 수 있으면 좋겠어요.

55	**jump in**	(대화에) 불쑥 끼어들다	★★☆

Patrick jumped in with an objection, freezing the atmosphere in the room. 패트릭이 반대 의견을 내며 불쑥 끼어들어서, 방 안 분위기가 얼어붙었어요.

jump in	(깊이 생각하지 않고) 덜컥 시작하다

Investors said they wouldn't be surprised if some companies jumped in to borrow in case interest rates rise further.
투자자들은 금리가 더 오를 경우를 대비해 일부 기업들이 차입을 시작해도 놀라지 않을 것이라고 말했습니다.

56	**keep ~ in**	~를 (...에) 머물게 하다	★★☆

If you take her to the hospital, they will keep her in.
그녀를 병원에 데려가면, 병원에 입원하게 할 거예요.

keep ~ in	(감정 등을) 드러내지 않다

You shouldn't keep your creativity in; let it flow freely and express yourself. 네 창의력을 감추지 마. 자유롭게 흘러나오게 하고 네 자신을 표현해 봐.

57	**key in**	~을 입력하다	★★☆

Key in your ID and password. 아이디와 암호를 입력하세요.

58	**kick in**	효과가 나타나다	★★☆

It takes half an hour for the medication to kick in.
약효가 나타나는 데 30분이 걸려요.

59	**lay in**	(나중에 쓰려고) ~을 사들이다/비축하다	★☆☆

We must lay in provisions in anticipation of a war.
전쟁에 대비해 미리 식량을 비축해 놓아야만 한다고.

60	**let ~ in**	~을 들어오게 하다	★★☆

She opened the door and let me in. 그녀는 문을 열고 나를 들여보내 주었습니다.

61	**lie in**	늦잠을 자다	★★★

It was Saturday, so he could lie in as long as he wanted.
토요일이라 그는 원하는 만큼 늦잠을 잘 수 있었어요.

	lie in	~에 있다	

The answer lies in trusted 3rd parties. 답은 신뢰할 수 있는 제삼자에게 있습니다.

62	**log in**	로그인하다	★★☆

Try logging in again later. 나중에 다시 로그인해 봐.

63	**major in**	~을 전공하다	★★☆

I majored in English literature during my college years.
저는 대학에서 영문학을 전공했어요.

64	**measure ~ in**	~을 (단위로) 측정하다	★★☆

We measure energy intake in calories. 우리는 에너지 섭취량을 칼로리로 측정해요.

We measure distance in meters. 우리는 거리를 미터로 측정해요.

65	**minor in**	~을 부전공하다	★★☆

I'm minoring in computer science alongside my main field of study, biology. 저는 주전공인 생물학과 함께 컴퓨터 과학을 부전공으로 하고 있어요.

66	**muck in**	(일을 완수하기 위해) 힘을 모으다	★☆☆

Participants will be expected to muck in and work together as a team to ensure a fun experience!
참가자들이 힘을 모아 팀으로 협력하여 작업하며 즐거운 경험을 할 것으로 예상됩니다!

in

67	**order in**	음식을 시켜 먹다	★★☆

I think I'll stay home tonight, order in a pizza, and watch TV.
오늘 밤에는 나 집에 있으면서 피자 시켜 먹고 TV 볼 것 같다.

68	**pack in**	제한된 공간에 빽빽이 채우다	★★☆

They managed to pack in all their camping gear into the small car.
그들은 작은 차에 캠핑 장비를 겨우 다 빽빽이 채워 넣었어요.

69	**participate in**	~에 참여하다	★★★

David is participating in our discussions without difficulty, isn't he?
데이비드가 우리 토론에 어려움 없이 참여하고 있는데, 맞지?

70	**pencil in**	(나중에 바뀔지 모르지만 일단) ~을 예정해 놓다	★★☆

We've penciled in a staff meeting for tomorrow morning.
우선은 직원 회의를 내일 아침에 하기로 잠정적으로 정했어요.

71	**phase ~ in**	(단계적으로) 도입하다	★★☆

They will phase the new healthcare system in over a period of five years. 그들은 5년에 걸쳐 새 의료 시스템을 단계적으로 도입할 겁니다.

72	**phone in**	(회사에) 전화하다	★★☆

Three people have phoned in sick already this morning.
오늘 아침에만 벌써 세 명이 아프다고 전화했어요.
▸ phone in sick의 형태로 많이 쓰임.

	phone in	(라디오나 방송국에) 전화로 참여하다	

Listeners are invited to phone in with their comments.
청취자들은 전화로 참여해 의견을 말씀해 주십시오.
▸ invite: (공식적으로·정식으로) 요청하다 *라디오 방송국에서 청취자 참여를 독려할 때 쓰는 표현

73 **pile in** | (차량에) 타다 | ★★☆

A father of two came to pick his children up, and they all piled in.
아빠가 아이 둘을 데리러 왔고 모두 차에 탔어요.

74 **pitch in** | 이바지(협력)하다 | ★★☆

If we all pitch in, we can run a successful campaign.
우리 모두 협력하면 캠페인을 성공적으로 진행할 수 있어요.

pitch in | (돕기 위해 돈 등을) 내다

They all pitched in $10 to buy her the birthday gift she had been wishing for. 그들 모두 그녀가 원하던 생일 선물을 사 주려고 십시일반으로 10달러씩 냈어요.

75 **plug in** | ~에 전원을 연결하다 | ★★☆

He plugged in his phone for the night.
그는 밤새 전화기를 플러그에 꽂아 두었습니다. (← 그는 밤새 전화기에 전원을 연결했다.)

76 **plunge in** | ~ 안으로 뛰어들다 | ★★☆

Eager shoppers plunged in the department store as soon as it was declared open. 개장 선언을 하자마자 열성 쇼핑객들이 백화점 안으로 뛰어들어갔어요.

77 **pop in** | (사전 연락 없이) 별안간 방문하다 | ★★☆

Maybe he'll pop in after the show. 쇼가 끝나고 그가 들를지도 몰라.

78 **pour in** | 쇄도하다, 쏟아져 들어오다 | ★★☆

Offers of help poured in from all over the country.
전국 각지에서 도와주겠다는 제안이 쇄도했어요.

pour in | ~을 붓다

Pour in the flour, salt, sugar, and baking powder.
밀가루, 소금, 설탕, 베이킹파우더를 부으세요.

79	**pull in**	(경찰서로) ~를 연행하다	★★☆

The police pulled in dozens of protesters during the demonstration.
경찰은 시위 도중 수십 명의 시위자들을 연행했습니다.

pull in	(돈을) 끌어오다, ~을 유치하다

The organization signed a contract to pull in an extra €5 million of investment from the government.
그 기관은 정부로부터 500만 유로의 추가 투자를 유치하는 계약에 서명했어요.

pull in	(많은) 돈을 벌다

Jim pulls in $100,000 a year as a software developer.
짐은 소프트웨어 개발자로 1년에 100,000달러를 벌어들여요.

pull in	(도로 한쪽으로) 서다, 차를 세우다

The van pulled in and waited. 밴이 도로 한쪽에 서더니 기다렸어요.

80	**punch in**	출근부를 찍다	★★☆

I punched in my time card. 나는 출근 카드를 찍었어요.

punch in	(컴퓨터 자판 등을 쳐서) 입력하다, 누르다

Think before you punch in your credit card number on the Internet.
인터넷에서 신용카드 번호를 입력하기 전에 생각을 해 봐.

81	**push in**	새치기하다	★★☆

A couple of boys pushed in at the head of the queue.
남자아이 두세 명이 대기열 맨 앞에 새치기하며 들어왔어요.

82	**rake in**	(돈 따위를) 긁어모으다	★★☆

The privatization allowed companies to rake in huge profits.
민영화를 통해 기업들은 막대한 이익을 얻을 수 있었습니다.

83	**reel ~ in**	(낚시에서 줄을 감아) ~을 당기다	★★☆

I slowly reeled the fish in. 나는 천천히 물고기를 감아올렸어요.

	reel in	(관심이나 시청자들을) 끌어모으다	

The program reels in more than 13 million viewers per show.
이 프로그램이 한 회당 1,300만 명 이상의 시청자를 끌어모으고 있어요.

84	**rein in**	(고삐를) 당기다	★★☆

He reined in the horse and stopped at the crossroads.
그는 말의 고삐를 잡아 교차로에서 멈춰 섰어요.

85	**reside in**	~에 있다	★★☆

Joe's talent resides in his storytelling abilities.
조의 재능은 스토리텔링 능력에 있지요.

86	**result in**	(결과적으로) ~을 초래하다	★★☆

The airplane crash resulted in the deaths of at least 200 people on the ground. 비행기 추락으로 현장에서 최소 200명이 사망했습니다.
▸ on the ground: 현장에서

87	**ring in**	(라디오나 텔레비전 프로그램 혹은 직장에) 전화를 걸다	★★☆

Tobby's rung in to say he'll be there soon.
토비는 전화를 걸어서 곧 도착할 것이라고 말했어요.

in

88	**roll in**	(떼로) 밀려오다, 많이 들어오다	★★☆

As the result of our appeal, the money came rolling in.
항소 결과로 아주 돈이 굴러들어 왔어요.

	roll in (= come in)	(늦었는데 미안한 기색 없이) 들어오다	

A: I've made you late.
B: No, that's all right. I can roll in when I feel like it.

A: 나 때문에 네가 늦겠다.
B: 아니, 괜찮아. 나야 들어가고 싶을 때 들어갈 수 있으니까.

89	**rope in**	(내켜 하지 않는) ~을 설득하다	★★☆

At the last minute, he roped in the team leader to finalize the deal.
마지막 순간에 그는 거래가 성사되도록 팀장님을 설득했어요.

90	**rub in**	비벼 넣다	★★☆

When hair is dry, rub in a little oil to make it smooth and glossy.
모발이 건조할 때는 머릿결이 매끄럽고 윤기 나게 오일을 조금 발라서 비비세요.

91	**run in**	~에 흐르다	★★☆

The tendency to develop allergies seems to run in my family.
알레르기가 생기는 경향은 저희 집안 가족력인 듯해요.

92	**send in**	~을 제출하다	★★☆

The magazine asked its readers to send in their comments about the new style of their articles.
그 잡지사는 독자들에게 새로운 기사 스타일에 대한 의견을 보내달라고 요청했습니다.

93	**set in**	(유쾌하지 않은 것이 계속될 것 같은 기세로) 시작되다	★★★

Further economic decline set in during the 1930s.
1930년대에는 경제가 더욱 침체하기 시작했습니다.

94	**settle in**	(자리를 잡고) 적응하다	★★☆

I enjoyed my new life in London once I'd settled in.
일단 자리 잡고 적응하고 나니까 런던에서의 새로운 생활을 즐기게 되었죠.

95	**sink in**	스며들다	★★☆

Wait a few minutes to let the moisturizer sink in.
보습 크림이 스며들게 몇 분 정도 기다려.

sink in	완전히 이해하다, 받아들이다	

She paused, letting the truth sink in. 그녀는 잠시 멈춰서서 진실을 받아들이고 있었어요.

96	**sleep in**	(평소 일어나는 시간보다) 늦잠 자다	★★★

Yesterday, only a few players turned up because most slept in.
어제는 대부분이 늦잠을 자서 선수들이 몇 명만 나타났어요.

97	**specialize in**	~을 전문으로 하다	★★☆

Simmons specialized in contract law. 시몬스는 계약법을 전문으로 했습니다.

98	**squeeze in**	~을 짜내다	★★☆

Squeeze in some lemon juice. 레몬즙을 짜세요.

squeeze in	끼어들다	

Not one more passenger could have squeezed in.
승객이 한 명도 더 끼어 탈 수 없을 지경이었어요.

squeeze in	(바쁜 일정에 짬을 내어) ~을 하다/만나다	

While I'm in Paris, I hope to squeeze in a trip to Montmartre.
파리에 있는 동안 짬을 내어 몽마르트르 지역으로 여행하고 싶어요.

My schedule is tight but I could squeeze you in at 3:30 on Saturday.
일정이 빡빡하긴 한데 토요일 3시 30분에 짬 내서 널 만날 수 있어.

99	**stay in**	집에 있다	★★★

I decided to stay in and read a book instead of going out with my friends. 친구들이랑 외출하는 대신에 밖에 안 나가고 책을 읽기로 했어요.

100	**step in**	(합의 도출·문제 해결을 위해) 개입하다, 나서다	★★☆

He stepped in to defend his team from harsh criticism.
그는 자기 팀을 혹독한 비판으로부터 옹호하기 위해 나섰어요.

101	**suck in**	(어떤 일에) ~를 끌어들이다	★★☆

She tried to suck in her friends with promises of exotic vacations and luxurious parties.
그녀는 이국적인 휴가와 호화로운 파티를 약속하며 친구들을 끌어들이려고 했습니다.

102	**swarm in**	떼 지어 들어가다	★★☆

The passengers swarmed in like cattle.
승객들은 소떼들처럼 몰려 들어갔어요.

103	**take in**	~을 섭취하다	★★★

The starving boy needed to take in plenty of food.
굶주린 그 남자아이는 음식을 많이 섭취해야 했어요.

take in	~을 (자기 집이나 국가에) 받아들이다	

The country has taken in 30 refugees. 그 나라는 난민 30명을 받아들였어요.

take in	(듣거나 읽는 것을) 이해하다	

She seemed to take in all her teacher said.
그녀는 선생님이 하신 모든 말을 이해하는 듯했어요.

take in	~을 포함하다	

The museum tour takes in the works of various renowned artists from different eras. 박물관 투어는 여러 시대의 다양한 유명 화가들의 작품이 포함돼 있습니다.

104	**throw in**	~을 덤으로 주다	★★☆

When I bought my new glasses, they threw in a free pair of prescription sunglasses.
내가 안경을 새로 구입했을 때, 안경원 사람들이 도수가 있는 선글라스를 무료로 주었어요.

throw in	~을 (대화 중에) 덧붙이다

She threw in a couple of odd remarks about men.
그녀는 남자들에 관한 몇 가지 이상한 말들을 덧붙였어요.

105	**tuck in**	~을 (... 안에) 밀어 넣다	★★☆

"Probably," I said, tucking in my shirt.
"아마도 그렇겠지," 나는 셔츠를 집어넣으며 말했다.

tuck ~ in	(잠자리에서) ~에게 이불을 덮어 주다

Mommy, will you tuck me in? 엄마, 이불 덮어 재워 줄 거예요?

106	**turn in**	잠자리에 들다	★★☆

Would you like to drink some tea before you turn in?
잠자리 들기 전에 차 한잔 마실래?

turn in	~을 제출하다

Make sure to turn in your assignment tomorrow. 내일 꼭 과제 제출해라.

turn in	~을 반납하다

Don't forget to turn in the library book by 5:00 pm.
오후 5시까지 도서관 책 반납하는 것 잊지 마.

turn in	(성과를) 내다

The company turned in a good performance last year.
그 회사는 작년에 좋은 실적을 냈어요.

in

	turn in	~를 (경찰에 신고하여) 넘기다	

He might hesitate to turn in the thief.
그 사람이 그 도둑을 경찰에 신고하여 넘기는 걸 주저할 수도 있어요.

107	wade in	(싸움·토론·논쟁 등 속으로) 뛰어들다	★★☆

If there's anything wrong, he'll wade in without hesitation to solve the problem. 뭔가가 잘못되면 그 사람이 주저 없이 뛰어들어 문제를 해결할 겁니다.

108	weigh in	(논의·언쟁·활동 등) ~에 관여하다/끼어들다	★★☆

They all weighed in with their suggestions. 그들 모두 각자 제안하며 끼어들었죠.

	weigh in	(경기 전) 체중 검사를 받다	

Before the championship fight, the boxers had to weigh in to make sure they met the weight class requirements.
챔피언 시합 전에 선수들은 체급 요건을 충족하는지 확인하기 위해 체중을 측정해야 했습니다.

109	zoom in	(줌 렌즈를 써서 피사체를) 확대하다	★★☆

The button lets you zoom in the picture.
그 버튼을 누르면 사진을 확대할 수 있습니다.

The closer you zoom in, the more information you discover.
더 가까이 확대할수록 더 많은 정보를 발견하게 되죠.

미묘한 뉘앙스 차이

'look in'과 'look at'은 '~을 보다'로 같은 의미인 듯하지만, 엄밀히 말하면 차이가 있습니다.

'in'은 영역과 범주를 나타내는 3차원, 'at'은 한 지점을 가리키는 0차원의 시선으로 대상을 보는 범위와 관점이 다릅니다. 그래서 'look in'은 전반적인 부분까지 포함해서 (안으로) 들여다보고 시간을 들여 검토하는 의미이며, 'look at'은 그 자체만을 (가볍게) 쳐다본다는 뜻이 담깁니다.

1-1 **I always look in the mirror and check my appearance before I go out.**

나는 외출 전에 항상 거울을 들여다보며 내 모습을 확인해요. (거울을 들여다보고 그 안에 비친 내 모습을 이리저리 관찰한다는 의미)

1-2 **Look at the new mirror in the room. I bought it for you.**

방에 있는 새 거울 봐 봐. 너 쓰라고 사 왔어. (방 안에 있는 물건 중 하나인 거울을 쳐다본다는 의미)

in

UNIT 2	형용사/과거분사 + in
	PREPOSITION

MP3 023

1	**absorbed in**	~에 몰두한	★★☆

She was so absorbed in her book that she didn't even notice me come in. 그녀는 책에 너무 몰두한 나머지 내가 들어오는 것도 눈치채지 못했어요.

2	**abundant in**	~이 풍부한	★★☆

The region is abundant in natural resources, providing ample opportunities for economic development.
그 지역은 천연자원이 풍부해 경제가 발전할 수 있는 기회를 충분히 제공합니다.

3	**caught up in**	~에 휩쓸린	★★★

Senior police were caught up in corruption scandals.
고위 경찰이 부패 추문에 휘말렸습니다.

	caught up in	~에 열중한	

We may get so caught up in the idea of winning that we forget to listen to our heart.
우리가 이기는 것에 너무 몰두한 나머지 마음의 소리를 듣는 것을 잊어버리고 있는지도 모르겠네요.

4	**comfortable in**	~이 편안한	★★☆

I don't feel comfortable in high heels. 나는 하이힐을 신으면 편하지 않아요.

5	**consistent in**	~에 일관성 있는	★★☆

Effective parenting means being consistent in your discipline patterns, routines, and rules.
효과적인 양육이란 훈육 패턴, 일과 및 규칙에서 일관성 있는 태도를 의미합니다.

6	**correct in**	~에 있어서 옳은	★★☆

He was correct in his assumption that the project would be completed ahead of schedule. 프로젝트가 예정보다 일찍 완료될 것이라는 그의 추측이 옳았습니다.

7	**deficient in**	~이 부족한	★★☆

Plants deficient in magnesium show stress responses.
마그네슘이 부족한 식물들은 스트레스 반응을 보입니다.

8	**disappointed in**	~에(게) 실망한	★★☆

You should have accepted that. I'm a bit disappointed in you.
그걸 받아들였어야지. 너한테 조금 실망이다.

9	**dressed in**	~을 입은	★★★

He was dressed in a dark gray suit. 그는 짙은 회색 정장을 입고 있었어요.

10	**engaged in**	~에 참여한	★★★

We are fully engaged in organizing the charity event.
우리는 자선 행사 준비에 전적으로 참여하고 있습니다.

11	**experienced in**	~에 경험이 있는	★★★

My elder brother was a lot more experienced in these matters than I was. 형은 이 문제에 있어서는 나보다 훨씬 더 경험이 풍부했어요.

12	**fenced in**	~에 갇힌	★★☆

The young mother felt fenced in by the demands of childcare and household chores.
그 젊은 엄마는 육아와 집안일에 대한 요구로 인해 울타리에 갇힌 느낌이 들었습니다.

13	**fortunate in**	~에 운이 좋은	★★☆

I've been fortunate in having many supportive teachers.
나는 운이 좋게도 도움을 주는 선생님들을 많이 만났습니다.

14	**grounded in**	~에 기반을 두는	★★★

The principles of democracy are grounded in the belief in equal rights and opportunities for all individuals.
민주주의의 원칙은 모든 개인의 동등한 권리와 기회에 대한 믿음에 기반을 두고 있어요.

15	**helpful in**	~에 도움이 되는	★★★

A hot massage is always helpful in relieving pain.
온찜질은 통증 완화에 늘 도움이 됩니다.

16	**honest in**	~에 정직한/솔직한	★★☆

I have been 100% honest in everything I have said.
전 제가 말한 모든 것에 100% 솔직했습니다.

17	**interested in**	~에 관심 있는	★★★

My friend's father has always been interested in real estate.
제 친구 아버지는 늘 부동산에 관심이 있으셨죠.

18	**invested in**	~에 투자된	★★★

Significant amounts of money were invested in renovating the outdated facilities. 낙후된 시설을 개조하는 데 상당한 금액이 투자되었습니다.

invested in	~에 빠진/몰입한

I was completely invested in this book. 나는 이 책에 완전히 빠져들었어요.

19	**involved in**	~에 관련된	★★★

He cannot reveal how much money is involved in the scheme.
그는 그 계획에 얼마나 많은 돈이 관련돼 있는지 밝힐 수가 없습니다.

involved in	~에 몰두한

Andrew was so involved in his work that he didn't hear his mom come in. 앤드루는 일에 너무 몰두한 나머지 엄마가 들어오는 소리도 못 들었어요.

involved in	~에 종사하는

If Judy were involved in business, she would perform exceptionally well. 만일 주디가 사업을 한다면 아주 뛰어난 활약을 보여 줄 텐데 말이에요.

in

20	**located in**	~에 위치한	★★★

Our office is located in midtown Manhattan.
우리 사무실은 맨해튼 미드타운에 있습니다.

21	**lost in**	(생각 등) ~에 빠진	★★★

I was lost in deep thoughts about the upcoming exam.
나는 다가올 시험 생각에 아주 골똘히 빠져 있었어요.

22	**negligent in**	~에 태만한/부주의한	★★☆

The client may complain that you were negligent in not specifying the term of guarantee. 네가 보증 기간을 명시하지 않은 부주의에 고객이 불만을 제기할 수도 있다고.

23	**poor in**	~이 부족한/열악한	★★☆

The country's infrastructure is poor in modern amenities, such as high-speed Internet and reliable transportation.
그 나라의 사회 기반 시설은 초고속 인터넷과 안정적인 교통수단 같은 현대적인 편의 시설이 열악합니다.

24	**rich in**	~이 풍부한	★★★

The soil in this region is rich in nutrients, making it ideal for farming.
이 지역 토양은 영양분이 풍부하여 농사짓기에 이상적입니다.

25	**rooted in**	~에 뿌리를 둔	★★★

The traditions of our culture are deeply rooted in our history and shared experiences. 우리 문화의 전통은 우리의 역사와 공유된 경험에 깊이 뿌리를 두고 있지요.

26	**set in**	~에 박힌	★★★

The answer is already set in stone, so you just have to say it.
답은 이미 정해져 있으니 넌 말만 하면 돼.
▸ set in stone: (돌에 박혀 있을 만큼 확실히) 확정된

They are very set in their ways. They always eat dinner exactly at 6:00.
그들은 늘 정각 6시에 저녁을 먹는 습관이 아주 굳어져 있어요.

He was set in his ways, refusing to adopt a new method.
그는 자기 방식에 박혀서 새로운 방식을 받아들이기를 거부했습니다.
▸ set in one's ways: (습관·견해가) 굳어진

27	**skilled in**	~에 능숙한	★★☆

She is highly skilled in computer programming, developing complex software applications with ease.
그는 컴퓨터 프로그래밍에 능숙하여 복잡한 소프트웨어 응용 프로그램도 쉽게 개발합니다.

28	**slow in**	~에 느린/더딘	★★☆

The company was slow in implementing structural reforms.
그 회사는 구조 개혁을 이행하는 데 더뎠습니다.

29	**stuck in**	~에 갇힌	★★★

There was a traffic jam, and my parents were stuck in it yesterday.
교통 체증이 있어서 어제 우리 부모님이 꼼짝없이 갇히셨어요.

30	**successful in**	~에서 성공한	★☆☆

She was successful in launching her own business despite the challenging economic conditions.
어려운 경제 상황에도 불구하고 그녀는 자기 사업을 성공적으로 시작했습니다.

31	**talented in**	~에 재능 있는	★★☆

He was always talented in math. 그는 늘 수학에서 뛰어난 실력을 보여주었어요.

32	**vested in**	~에 부여된	★★☆

In Iceland, legislative power is vested in both government and parliament. 아이슬란드에서는 입법권이 정부와 의회 모두에게 부여됩니다.

in

UNIT 3 명사 + in

PREPOSITION

MP3 024

1	**abundance in**	~의 풍부	★★☆

This abundance in oil reserves has resulted in widespread exploitation.
이렇게 풍부한 석유 매장량으로 인해 광범위한 개발이 이루어졌습니다.

2	**belief in**	~에 대한 믿음	★★★

If you're selling, you have to have genuine belief in the product.
판매하는 경우라면, 제품에 대한 진정한 믿음이 있어야 합니다.

3	**change in**	~의 변화	★★★

No recent change in her health status is apparent.
최근 그녀의 건강 상태의 변화가 뚜렷하지 않습니다.

4	**decrease in**	~의 감소	★★★

A decrease in government expenditure has a significant impact on the stability of the national economy.
정부 지출이 감소하면 국가 경기 안정성에 큰 영향을 끼칩니다.

5	**delay in**	~의 지연	★★☆

What caused a delay in the investigation into the robbery?
무엇 때문에 강도 사건 조사가 지연된 겁니까? (← 무엇이 강도 사건 조사의 지연을 초래했는가?)

6	**difficulty in**	~에서의 어려움	★★★

At the time, our agency was experiencing difficulties in making decisions efficiently because of the influx of new projects.
그때 우리 소속사는 신규 프로젝트 유입으로 효율적인 의사 결정에 어려움을 겪고 있었습니다.

7	**drop in**	~의 하락/감소	★★☆

A noticeable drop in attendance at the event was noticed by the organizers. 행사 참석자 수가 눈에 띄게 감소하는 걸 주최 측에서 발견했지요.

8	**experience in**	~에서의 경험	★★★

We have extensive experience in serving these clients.
우리는 이런 고객들에게 서비스를 제공한 광범위한 경험이 있습니다.

9	**expertise in**	~에 관한 전문 지식	★★☆

His expertise in financial analysis made him the ideal candidate for the position. 재무 분석에 관한 전문 지식 덕분에 그는 그 직책의 이상적인 후보자였습니다.

10	**factor in**	~의 요소	★★★

Attitude is another crucial factor in survival, particularly in challenging environments like the wilderness.
태도는 특히 황무지 같은 힘든 환경에서 생존하는 데 필요한 또 다른 중요한 요소입니다.

11	**gap in**	~의 공백/구멍	★★☆

Any gap in time must be explained. 시간의 공백이 생긴 건 뭐가 됐든 해명되어야 합니다.

	gap in	~의 격차/차이	

Serious corruption caused the huge gap in pension payments.
심각한 부패로 인해 연금 지급액에 큰 차이가 생겼어요.

12	**increase in**	~의 증가	★★★

The increase in blood oxygen levels indicates exercising or breathing in fresh air promotes blood circulation.
혈중 산소 수치의 증가는 운동이나 신선한 공기 흡입으로 혈액 순환이 좋아짐을 나타냅니다.
▸ increase in: 시간이나 수량의 변화를 의미하며, 전반적인 확장이나 성장을 내포.

13	**indulgence in**	~의 탐닉/방종	★★☆

Indulgence in alcoholic drinks gradually worsened his health.
알코올을 탐닉하면서 그의 건강이 차츰 악화됐습니다.

14	**interest in**	~에 대한 흥미/관심	★★★

Ben has shown an interest in learning French.
벤은 프랑스어를 배우는 데 관심을 보여 왔어요.

15	**lesson in**	~의 수업	★★☆

Ben undertook lessons in Thai cookery as part of his culinary education. 벤은 요리 교육의 일환으로 태국 요리 수업을 들었습니다.

16	**major in**	~의 전공	★★☆

I am currently occupied with completing my major in journalism.
현재 제가 저널리즘 전공 과정을 마치느라 바빠요.

17	**meaning in**	~에서의 의미	★★☆

His thoughtful analysis revealed deeper meaning in the artist's abstract paintings. 그의 사려 깊은 분석으로 작가의 추상화에 담긴 더 깊은 의미가 드러났습니다.

in

18	**minor in**	~의 부전공	★★☆

She also has minors in mathematics and chemistry.
그녀 역시 수학과 화학을 부전공합니다.
▸ have a minor in ~: ~을 부전공하다

19	**mistake in**	~에서의 실수	★★☆

You must avoid that sort of mistake in such a big test.
너, 그렇게 큰 시험에서 그런 실수는 절대적으로 범하지 말아야 한다고.

20	**point in**	~의 의미	★★★

I see little point in discussing this further. 이것을 더 논의하는 게 의미가 거의 없다고 봅니다.

21	**rise in**	~의 증가/상승	★★★

This drought caused significant rises in rice prices.
이번 가뭄으로 쌀 가격이 크게 상승했습니다.
▸ rise in: 주로 가치나 가격이 급작스럽고 눈에 띄게 위로 가는 것을 의미.

22	**shrinkage in**	~의 감소/하락	★☆☆

Products undergo significant shrinkage in both bulk and weight during drying. 제품은 건조하는 동안 부피와 무게가 모두 크게 줄어듭니다.

23	**skill in**	~의 기술/솜씨	★★☆

She consistently shows remarkable skill in playing the piano.
그녀는 늘 뛰어난 피아노 연주 기량을 선보입니다.

24	**success in**	~에서의 성공	★★★

His success in the competition stemmed from his dedication and rigorous training regimen.
대회에서 성공한 건 그의 헌신적인 노력과 엄격한 훈련 요법에서 비롯된 겁니다.

25	**trouble in**	~의 문제/어려움	★★☆

I have had tremendous trouble in adapting to the fast-paced lifestyle of the city. 나는 빠르게 변화하는 도시 생활양식에 적응하느라 큰 어려움을 겪었어요.

26	**use in**	~의 소용	★★★

There was no use in considering that question.
그 질문은 고려해 봤자 소용이 없었습니다.

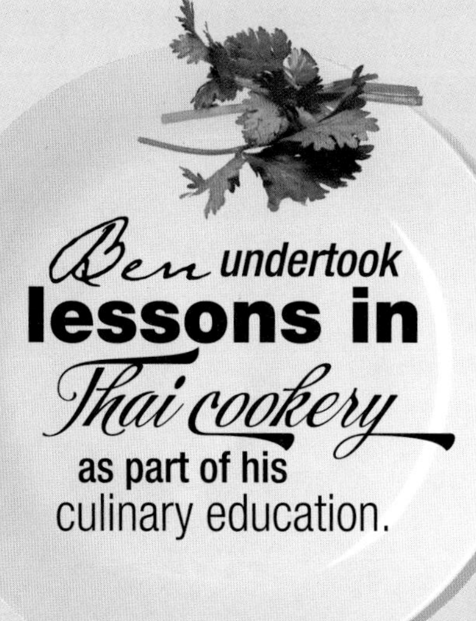
Ben undertook
lessons in
Thai cookery
as part of his
culinary education.

lemon grass
galangal
coconut milk
chili paste
lime
coriander
chili
fish sauce
shrimp
kaffir lime leaves
straw mushroom

CHAPTER 5

거의 모든 전치사 to의 표현

to

전치사 'to'는 장소, 시간, 사람, 사물, 행위, 상태, 감정 등의 목표 지점으로 향한다는 뜻입니다. 그래서 이동 동사와 함께 쓰이면 '(어떤 방향)으로, ~에까지'의 기본 의미를 지닙니다. 시간을 물어볼 때 'It's 10 to 11.'이 '11시 10분 전이다.'라고 해석되는 이유는 11시까지 이동해 가는 데 10분이 남았다는 뜻이 담겨 있기 때문이지요.

물리적인 공간이나 시간상으로 어느 곳을 향해 가고 있다는 to의 의미가 대상·상태·감정·목표 등의 결과에 이른다는 추상적 의미로 전환되기도 합니다. 즉, 대상을 향해 행동이 일어날 때는 '~에게', 감각·지각 동사와 함께 쓰일 때는 감각이나 주의가 '(어떤) 대상으로' 향해 간다는 의미입니다. 목표 지점의 끝은 '결과'이기 때문에 과정이나 상태의 변화, 혹은 감정이 결국 '~에 이르는', '~가 되는'의 뜻으로도 쓰이지요. 또 대상을 향해 있는 관계를 나타낼 때는 '~에 속한(부분, 소속)' 혹은 '~에 비하여(비례 관계)'로, 음악이나 박자를 향해 맞춘다는 개념에서는 '~에 맞추어'로 의미가 확장됩니다.

* 다음 구동사 표현에는 엄밀히 말해 부사로 쓰인 to도 있지만, 여기서는 굳이 구분하지 않고 제시합니다.

UNIT 1 동사 + to

PREPOSITION

MP3 025

1	**adapt to**	~에 적응하다	★★★

The children are having difficulty adapting to the new school.
아이들은 새로운 학교에 적응하는 데 어려움을 겪고 있어요.
▸ 새로운 환경이나 상황에 대응하여 중요한 변화가 있음을 암시.

2	**add up to**	결국 ~이 되다	★★☆

It all added up to a lot of hard work for our team.
그 모든 것이 결국 우리 팀에게 아주 힘든 일이 되었어요.

3	**adhere to**	~을 고수하다/충실히 지키다	★★☆

For one year, Jane adhered to a no-fat low-salt diet.
1년 동안 제인은 무지방 저염식을 충실히 지켰어요.

4	**adjust to**	~에 적응하다	★★☆

It took a few seconds for her eyes to fully adjust to the darkness.
그녀의 눈이 어둠에 완전히 적응하는 데는 몇 초가 걸렸어요.
▸ 기본적인 큰 틀은 변하지 않고 소소하게 변하는 것을 의미.

5	**admit to**	~을 인정하다	★★☆

Houston later admitted to being fired.
휴스턴은 나중에 자신이 해고됐다고 인정했어요.

6	**allude to**	~을 내비치다/넌지시 언급하다	★★☆

He did not allude to his wife's death at the meeting.
그는 회의에서 부인의 사망 소식을 언급하지 않았습니다.

7	**amount to**	(합계가) ~에 이르다	★★★

Time lost through illness amounted to 1,357 working days.
질병으로 인해 손실된 시간이 근무일 기준 1,357일에 달했습니다.

to

8	**attend to**	~을 돌보다	★★★

The nurse attended to the most severely wounded victim.
그 간호사는 가장 부상이 심한 희생자를 돌보았어요.

9	**be up to**	~가 결정할 일이다	★★☆

I don't care where we eat — it's up to you.
난 우리가 어디에서 먹든 상관하지 않아. 네가 결정할 일이지 뭐.

10	**belong to**	~에 속하다, ~ 소속이다	★★★

They belong to the same sports club. 그 사람들, 같은 스포츠 클럽 소속이에요.

11	**bow to**	~에게 묵례하다	★★☆

They bowed to the Queen. 그들은 여왕에게 묵례를 했습니다.

	bow to	(마지못해) ~을 받아들이다	

The company reluctantly bowed to the demands of the workers after prolonged negotiations. 회사는 장기간의 협상 끝에 마지못해 노동자들의 요구를 받아들였어요.

12	**cling to**	~을 고수하다, ~에 매달리다	★★☆

Until the end of the trial, his mom had clung to the belief that her son was innocent. 재판이 끝날 때까지 그 사람 엄마는 아들이 결백하다는 믿음을 고수했어요.

13	**come down to**	결국 ~에 이르다, (한마디로) ~로 요약되다	★★☆

He says the problem comes down to money.
그는 문제가 결국 돈으로 귀결된다고 말합니다.

14	**come to**	(결과적으로) ~한 상태에 이르다	★★★

After years of negotiation, they finally came to an agreement.
몇 년 간의 협상 후에 그들은 마침내 합의에 이르렀습니다.

All of a sudden, my car came to a stop. 갑자기 내 차가 멈췄어요.

15	**compare A to B**	A를 B에 비유하다	★☆☆

People compare her to Elizabeth Taylor because of their striking resemblance. 사람들은 눈에 띄게 닮았다고 해서 그녀를 엘리자베스 테일러에 비유해요.

16	**cozy up to**	(이득을 위해) 친하게 굴다	★★☆

He used his position to cozy up to polluters and receive their campaign donations.
자신의 지위를 이용해서 그는 오염 유발자들과 친분을 쌓아서 캠페인 기부금을 받았어요.

17	**dance to**	~에 맞추어 춤추다	★★☆

We danced to slow music. 우리는 느린 음악에 맞춰 춤을 췄어요.

	dance to	~에 장단 맞추다, ~가 하라는 대로 하다	

He tried to get me to dance to his tune. 그는 나를 자기 장단에 맞추려고 했어요.
▸ 주로 dance to one's tune 형태로 쓰임.

18	**desensitize A to B**	A를 B에 둔감하게 만들다	★★☆

Does TV desensitize people to violence?
TV가 사람들을 폭력에 둔감하게 만드나요?

19	**face up to**	~을 직시하다, (힘들거나 불편한 상황을) 받아들이다	★★☆

The patient had to face up to the fact that he would never walk again. 그 환자는 자신이 다시는 걷을 수 없다는 사실을 받아들여야 했어요.

20	**fall to**	~에게 (책임으로) 부과되다	★★☆

He's very unlucky that the responsibility has fallen to him.
그 책임이 그에게 부과되었다니 그는 참 운이 없네요.

21	**fly to**	(비행기가) ~로 가다	★★☆

This airplane is going to fly to Hong Kong. 이 비행기는 홍콩으로 갈 겁니다.

22	**get to**	~에 도달하다/도착하다	★★★

When did you get to the party? 언제 파티에 도착했어?

23	**get used to**	~에 익숙하다	★★☆

I got used to driving in the city after practicing regularly.
꾸준히 연습한 후에 난 도시에서 운전하는 데 익숙해졌어요.

24	**go to**	~에 가다	★★★

I was going to school when I bumped into him.
그와 마주쳤을 때, 난 학교에 가던 중이었어요.

	go to	(상 등이) ~에게 돌아가다	

The award for Best Actor went to Tony. 최우수 남우주연상이 토니에게 돌아갔습니다.

	go to (= reach)	결국 ~이 되다	

Despite initial setbacks, the negotiations between the two countries eventually went to a peaceful resolution.
초기의 좌절에도 불구하고, 양국의 협상이 결국은 평화적으로 타결이 되었습니다.

25	**hold on to**	~을 꼭 잡다, ~에 매달리다	★★☆

He held on to the back of the chair to stop himself from falling.
그는 떨어지지 않게 의자 등받이를 붙들고 있었어요.

	hold on to	지켜내다	

She took an early lead in the race and held on to it for nine laps.
그녀는 경주 초반에 선두를 차지해서 아홉 바퀴 동안 그 자리를 지켰습니다.

	hold on to	(신념 등을) 고수하다	

He was imprisoned for 19 years and yet held on to his belief in his people. 그는 19년 동안 투옥되었지만 자기 민족에 대한 믿음을 고수했어요.

26	**keep to**	(약속이나 합의를) 지키다	★★☆

You've got to keep to the speed limit in the school zone.
어린이 보호구역에서는 제한 속도를 지켜야지.

	keep to	(말·글에서 말하거나 글로 써야 할 주제를) 고수하다	

Nothing is more frustrating than individuals who fail to keep to the main topic. 주제에서 벗어나는 사람보다 더 실망스러운 것은 없지요.

27	**kiss up to**	~에게 아부하다	★☆☆

If you show appreciation to your boss, it might look like you're kissing up to him. 상사에게 감사를 표시하면 네가 아부하는 것처럼 보일지도 몰라.

28	**latch on to**	(남의 말·생각을) 이해하다	★★☆

After a few tries, the student finally latched on to the new mathematical concept. 몇 번 해 본 끝에 마침내 그 학생은 새로운 수학 개념을 이해했어요.

29	**lead to**	~로 이끌다/이어지다	★★★

The stairs, located at the end of the corridor, directly lead to the roof. 복도 끝에 있는 계단이 지붕으로 곧바로 이어져요.

30	**lend itself to**	~에 적합하다	★★☆

This kind of project lends itself to teamwork.
이런 종류의 프로젝트가 팀워크에 적합합니다.

31	**lie to**	~에게 거짓말하다	★★☆

Are you lying to me about what happened last night?
너 어젯밤에 있었던 일에 대해 나한테 거짓말하고 있는 거니?

32	**listen to**	~을 듣다	★★★

We did spring cleaning, listening to music. 우리는 음악을 들으며 봄맞이 대청소를 했어요.

33	**live up to**	(타인의 기대에) 부응하다	★★☆

The concert lived up to our expectations. 콘서트는 우리의 기대에 부응했어요.

34	**look forward to**	~을 고대하다	★★☆

I am really looking forward to my holiday. 난 휴가를 정말 고대하고 있어요.

35	**look to**	~에 기대를 걸다	★★☆

I am looking to my friends for support. 난 친구들이 지지할 거라고 기대를 걸고 있어요.

	look to	(개선 방안을 찾기 위해서) ~에 대해 생각하다	

We should look to alternatives just in case. 만약을 대비해 대안을 생각해야 해요.

36	**look up to**	~를 존경하다	★★☆

I've always looked up to my father for his courage and perseverance.
아버지가 보여주신 용기와 인내심에 난 늘 아버지를 존경해 왔어요.

37	**move to**	~로 이동하다/이사하다	★★★

We are moving to London next Tuesday. 우리 다음 주 화요일에 런던으로 이사 가.

38	**pertain to**	~와 관련 있다	★★☆

We are only interested in the parts of the proposals that pertain to local issues. 우리는 지역 문제와 관련된 제안 일부에만 관심이 있을 뿐입니다.

39	**play up to**	~에게 아부하다	★★☆

I know you're trying to play up to me. 나, 네가 나한테 아부하려고 하는 것 다 알아.

40	**refer to**	~을 언급하다	★★★

We agreed not to refer to such a thorny issue again.
우리는 다시는 그런 골치 아픈 문제는 언급하지 않기로 합의했어요.

refer to	~을 참조하다

He gave the speech without referring to his notes.
그는 메모한 것을 참조하지 않고 연설했습니다.

41	**relate to**	~와 관련되다	★★★

Chapter 2 relates to the effects of inflation on consumers.
2장은 인플레이션이 소비자에게 미치는 영향에 관한 내용입니다.

relate to	공감하다, 이해하다

Two brothers are unable to relate to each other. 두 형제는 서로를 이해하지 못합니다.

42	**resort to**	(다른 대안이 없어서, 특히 좋지 못한 것에) 의지하다	★★☆

The situation gradually came under control without resorting to deadly force. 극도의 무력에 의존하지 않고도 상황이 점차 통제되어 갔습니다.

43	**see to**	~을 준비하다/처리하다	★★☆

Could you please see to the paperwork before the end of the day?
오늘 오후까지 서류 작업 좀 처리해 주시겠어요?

44	**sensitize A to B**	A를 B에 민감하게 만들다	★★☆

The association aims to sensitize employers to the problems faced by left-handed people in the workplace.
이 협회는 직장에서 왼손잡이인 사람들이 직면하는 문제에 고용주들이 민감해지도록 하는 것을 목표로 합니다.

45	**sing to**	~에 맞춰 노래하다	★★☆

My sister sang along to the music. 우리 언니는 그 음악에 맞춰 노래를 불렀어요.

46	**speak to**	(잘못을 바로잡거나 무언가를 못 하게) ~와 이야기하다	★★★

Your mother will speak to you later, so be prepared.
나중에 너희 엄마가 너와 이야기할 거야. 너 각오하고 있어라.

47	**stand up to**	~에 (용감하게) 맞서다	★★☆

Cliff couldn't stand up to bullying. 클리프는 괴롭힘에 맞서지 못했어요.

stand up to	(~에도 여전히) 유효하다, 부합하다	

The issue is whether our argument stands up to scrutiny.
문제는 우리의 주장이 자세히 검토할 가치가 있는가 하는 것입니다.

48	**starve to**	굶어서 (결국) ~하다	★★☆

I think I will starve to death. 나 배고파 죽을 것 같아.
▸ to 뒤에 extinction(멸종), illness(병) 등이 올 수 있음.

49	**step to**	~로 걸어가다	★★☆

Please step to your right. 오른쪽으로 가세요.

50	**stick to**	~에 (접착제로 붙인 듯) 붙다	★★★

Stir the sauce so that it doesn't stick to the pan. 소스가 팬에 달라붙지 않게 저어라.

stick to	~을 (바꾸지 않고) 고수하다	

Despite the obstacles he encounters, John consistently sticks to his word. 여러 장애물을 마주해도 존은 자기가 한 말은 한결같이 꼭 지켜요.

Stir the sauce so that it doesn't stick to the pan.

51	**subscribe to**	~을 구독하다	★★☆

I subscribe to several magazines to stay updated on the latest trends. 최신 동향을 늘 새로이 알려고 전 잡지를 여러 개 구독해요.

	subscribe to	(의견·이론 등에) 동의하다	★★☆

I subscribe to the idea that voting is my civic duty.
투표권 행사가 시민의 책무라는 생각에 전 동의합니다.

52	**switch to**	~로 바꾸다	★★☆

Once we were finished with our dribbling drills, we switched to free throws. 드리블 훈련이 끝나고 나면 우리는 자유투 훈련으로 전환했어요.

53	**talk down to**	~에게 (수준을 낮추어 깔보는 투로) 말하다	★★☆

Some judges and lawyers talk down to us as if we were idiots.
어떤 판사와 변호사들은 마치 우리가 바보인 양 깔보며 말합니다.

54	**talk to**	~에게 말하다	★★★

She talks to her mother on the phone every week.
그녀는 매주 어머니와 전화 통화를 해요.

55	**tumble to**	~로 떨어지다	★★☆

Inflation is supposed to tumble to 17% per month.
인플레이션이 한 달에 17%로 떨어질 것으로 예상됩니다.

	tumble to	불현듯 ~을 알아채다	

When did she tumble to what was going on?
무슨 일이 일어나고 있는지 그녀가 언제 알아챘니?

56	**turn to**	(도움·조언 등을 위해) ~에 의지하다	★★★

He hates turning to his father for advice.
그는 아버지에게 의지하여 조언을 구하는 것을 아주 싫어합니다.

to

57	**walk to**	~로 걷다	★★★

I walk to the office every day. 나는 매일 걸어서 출근합니다.

58	**work up to**	~한 상태까지 발전되다	★★☆

The coach said that we would start with the fundamentals and work up to shooting later.
감독님은 우리가 기초부터 시작해서 나중에는 슈팅까지 하는 상태가 될 것이라고 했어요.

미묘한 뉘앙스 차이

'~에게'라는 의미로 'to'와 'at'이 모두 쓰이지만, 뉘앙스의 차이가 있습니다. 'to'는 어느 곳으로 향한다는 큰 방향성을 나타내기에 다소 범주가 넓지만, 'at'은 콕 집어서 한 점을 목표로 집중력과 강도를 더해 특정 행위나 동작을 한다는 의미가 있습니다.

1-1 **He threw a ball to me.**

그는 나에게 공을 던졌어요. (공이 나에게 잘 도달하도록 방향을 나에게로 향해 던졌다는 의미)

1-2 **He threw a ball at me.**

그는 나에게 공을 던졌어요. (나를 목표 지점으로 잡고 겨누어 공을 던졌다는 의미)

2-1 **She shouted to me from the upstairs window.**

그녀는 위층 창문에서 나에게 소리쳤어요. (거리가 멀거나 소음이 많은 곳에서 소리 방향을 나로 잡아 잘 전달되도록 목소리를 높였다는 의미)

2-2 **Please don't shout at me: Calm down and speak normally.**

나에게 소리 좀 지르지 마세요. 진정하시고 평소대로 말해 주세요. (화가 나서 나를 콕 집어서 대놓고 언성을 높였다는 의미)

UNIT 2	형용사/과거분사 + to
	PREPOSITION

to

MP3 026

MP3 026-1

1	**acceptable to**	~에게 만족스러운	★★☆

Clearly, the compromise should be made in a way that is acceptable to both parties. 분명히 타협은 양측에게 모두 만족스러운 방식으로 이루어져야 합니다.

2	**accessible to**	~에게 접근이 쉬운 (그래서 쉽게 이용할 수 있는)	★★☆

This program is easily accessible to both individual artists and arts organizations. 이 프로그램은 개인 예술가와 예술 단체가 모두 쉽게 이용할 수 있습니다.

3	**accountable to**	(사람이나 권위 있는 인물 등에) 책임을 지는	★★☆

As the team leader, Sarah was accountable to the team's junior employees. 팀장으로서 사라가 그 팀의 후배 직원들을 책임지고 있었습니다.

4	**accustomed to**	~에 익숙한	★★★

Because I come from Finland, I'm accustomed to cold weather.
핀란드 출신이라 전 추운 날씨에 익숙해요.

5	**adapted to**	~에 적응한	★★★

Turtles are incredibly well adapted to varying water quality.
거북은 다양한 수질에 놀라우리만큼 잘 적응합니다.

	adapted to	~로 각색된	

The play has been adapted to a film numerous times.
그 연극은 여러 차례 영화로 각색되었습니다.

6	**addicted to**	~에 중독된	★★☆

He was addicted to alcohol. 그는 알코올 중독자였어요.

7	**adjusted to**	~에 조정된	★★☆

The brake was adjusted to the correct tension on the cable.
브레이크가 케이블의 장력에 맞게 조정되었습니다.

8	**admitted to**	~에 입원한, 입학을 허락받은	★★★

The officer was admitted to the hospital for the flu.
그 장교는 독감으로 병원에 입원했어요.

The study analyzed a group of students admitted to multiple colleges.
그 연구에서는 여러 대학에 입학 허가를 받은 학생 군(집)을 분석했어요.

9	**adverse to**	~에게 불리한	★★☆

You have no obligation to provide evidence that is adverse to your interests.
당신에게 불리한 증거를 제시할 의무는 없습니다.

10	**allergic to**	~에 알레르기가 있는	★★☆

I'm allergic to penicillin.
나는 페니실린 알레르기가 있어요.

	allergic to	~을 몹시 싫어하는	

My dad's allergic to pop music.
아빠는 대중음악을 아주 싫어하세요.

11	**attuned to**	~에 적절히 대응하는, ~을 이해하는	★★☆

Their ears have become attuned to the specific cry of their child.
그들의 귀는 아이의 특정 울음소리에 적절히 대응할 수 있게 되었어요.

12	**averse to**	~을 반대하는/싫어하는	★★☆

I guess not all Republicans are averse to a free lunch handout.
내 생각에 모든 공화당원이 무료 점심 나눔에 반대하지는 않는 것 같아요.

13	**blind to**	~을 보지[알지] 못하는	★★☆

She seems to be blind to his faults. 그녀는 그의 잘못을 못 보는 것 같아요.

14	**close to**	(거리·수량·사이가) 가까운	★★★

Our new house is close to the church. 우리가 새로 이사 간 집은 교회와 가까워요.

You must have served close to a thousand burgers.
너희가 거의 1,000개 가까이 버거를 제공했겠구나.

Jessica is close to her relatives on her mother's side.
제시카는 엄마쪽 친척들과 사이가 가까워요.

	close to	거의 ~할 것 같은	

He was close to tears. 그는 금방이라도 눈물을 흘릴 것 같았어요.

15	**committed to**	~에 매진하는	★★★

The president is committed to reforming health care.
대통령이 보건 정책 개혁에 매진하고 있습니다.

16	**compared to**	~에 비하여	★★★

This road is quite busy compared to ours.
이 도로는 우리 도로에 비해 꽤 혼잡하네요.

17	**conducive to**	~에 도움이 되는	★★☆

The soft music is conducive to a good night's sleep.
부드러운 음악이 숙면에 도움이 됩니다.

18	**confined to**	~에 제한된/국한된	★★★

The impact of the economic downturn was not confined to small businesses. 경기 침체의 영향은 중소기업에만 국한되지 않았습니다.

	confined to	~에 박혀[갇혀] 있는	

He was confined to bed for more than two weeks.
그는 2주 넘게 침대에 누워 지냈어요.

19	**connected to**	~에 연결된	★★★

Check the printer connected to the computer's USB port.
컴퓨터 USB 포트에 연결된 프린터를 확인해 봐.

20	**contrary to**	~와 반대인	★★★

It is contrary to all current conventional wisdom.
그것은 현재의 모든 통념에 반하는 겁니다.

21	**cruel to**	~에게 잔인한	★★☆

He was cruel to his pet, neglecting its needs and showing no compassion.
그는 자기 반려동물에게 잔인했어요. 반려동물이 필요로 하는 것들을 무시하고 연민도 보이지 않았어요.

22	**dead to**	~에 무신경한	★★☆

He's dead to the world of sports, never showing any interest in watching or playing games.
그는 스포츠 세계와 담을 쌓고 게임을 보거나 하는 데 전혀 관심을 안 보입니다.

23	**dedicated to**	~에 전념하는	★★★

The company sees Tom as a valuable asset, dedicated to doing his best. 회사에서는 톰을 자기 일에 최선을 다하는, 귀중한 자산으로 여깁니다.
▸ 약속, 특정한 목표나 일에 초점.

24	**desensitized to**	~에 무감각해진	★★☆

Most of us have become desensitized to most sales messages surrounding us. 우리 대부분이 주변에서 보내는 대부분의 판매 메시지에 무감각해져 버렸습니다.

25	**detrimental to**	~에 해로운	★★☆

His decision could be detrimental to the future of this organization.
그가 내린 결정이 이 조직의 미래에 해가 될 수도 있다고요.

to

26	**devoted to**	~에 전념하는	★★★

Many people devoted to creative work have a habit of writing notes.
창작에 전념하는 많은 사람들에겐 메모하는 습관이 있더라고요.
▸ 정서적 연관을 강조.

27	**dissimilar to**	~와 다른	★★☆

The new project is dissimilar to our old one in terms of the total financial spending. 새 프로젝트는 총 재정 지출 측면에서 이전 프로젝트와 다릅니다.

28	**driven to**	(상황에) 몰린	★★☆

One young victim was driven to a suicide attempt.
한 젊은 희생자가 자살 시도를 하기에 이르렀어요.

After years of financial hardship, he was finally driven to bankruptcy.
수년간의 재정적 어려움 끝에 그는 결국 파산할 지경에 몰리게 됐어요.

29	**engaged to**	~와 약혼한	★★☆

He is engaged to Julia. 그는 줄리아와 약혼한 사이에요.

30	**equal to**	~와 같은	★★★

One meter is equal to one hundred centimeters. 1미터는 100센티미터와 같아요.

	equal to	~을 감당할 수 있는	

I'm not sure if she's equal to this task. 그녀가 이 일을 감당해 낼 수 있을지 모르겠어요.

31	**essential to**	~에 필수적인	★★★

Money is not essential to happiness. 돈이 행복에 꼭 필수적인 것은 아니죠.

32	**exposed to**	~에 노출된	★★☆

Children exposed to trauma need professional help to overcome their problem. 트라우마에 노출된 아이들은 문제를 극복할 수 있게 전문가의 도움이 필요합니다.

33	**familiar to**	~에게 친숙한/잘 알려진	★★★

This street is familiar to me. When I was little, I lived here.
이 거리는 제게 친숙한 곳이에요. 어렸을 때 여기서 살았으니까요.

34	**geared to**	~에 맞추어 조정된/준비된	★★☆

Purchase quantities are geared to demand forecasts.
구매 수량은 수요 예측에 맞춰 준비됩니다.

35	**good to**	~에게 친절한	★★★

She was very good to her students. 그녀는 자기 학생들에게 매우 친절했어요.

36	**harmful to**	~에 해로운	★★☆

These chemicals are harmful to the environment.
이 화학 물질들은 환경에 해롭습니다.

37	**hostile to**	~에 적대적인	★★☆

The CEO's attitude was hostile to any suggestions for change, stifling innovation within the company.
최고경영자는 변화하자는 제안에 적대적이어서 사내 혁신을 가로막았어요.

38	**identical to**	~와 같은	★★☆

That jacket is identical to the one I bought before. 저 재킷은 내가 전에 산 것과 같은데.

39	**impervious to**	~의 침투성이 없는, ~이 스며들지 않는	★★☆

These asphalt streets and concrete sidewalks are impervious to water, resulting in localized flooding.
이 아스팔트 도로와 콘크리트 보도들은 물이 스며들지 않아서 국지적인 홍수를 일으킵니다.

	impervious to	~에 휘둘리지 않는	

She was impervious to criticism directed at her.
그녀는 자신을 향한 비판에 영향받지 않았어요.

40	**indifferent to**	~에 무관심한	★★☆

As a citizen, you should vote instead of being indifferent to current issues. 시민으로서 현안에 무관심하지 말고 투표해야 합니다.

41	**infectious to**	~에 전염되는	★★☆

Rabies is infectious to mammals. 광견병은 포유류에게 전염됩니다.

42	**inferior to**	~보다 열등한	★★☆

The functions of this machine are inferior to those of that one.
이 기계 성능이 저 기계보다 못해요.

43	**kind to**	~에게 친절한	★★★

Please be kind to your sister! 여동생에게 좀 잘 대해 줘.

44	**limited to**	~에 국한된	★★★

We discussed racial problems that are not limited to the South.
우리는 남부 주에만 국한되지 않는 인종 문제를 놓고 토론을 벌였습니다.
▸ 특정 경계 또는 매개 변수 내에서 무언가가 제한되거나 제한되어 있음을 의미.

45	**linked to**	~에 연관된	★★★

Teen pregnancy is strongly linked to poverty.
십 대 임신은 빈곤과 밀접한 관련이 있습니다.

46	**loyal to**	~에 충실한/충성하는	★★☆

The politician was very loyal to his political party.
그 정치인은 자신이 속한 정당에 매우 충성했어요.

47	**married to**	~와 결혼한	★★★

She was married to a famous soccer player. 그녀는 유명한 축구 선수와 결혼했어요.

48	**natural to**	~에게 자연스러운	★★☆

The instinct to protect one's offspring is natural to many species in the animal kingdom.
새끼를 보호하려는 본능은 동물의 왕국 내 많은 종에게는 지극히 자연스러운 것입니다.

49	**next to**	~의 바로 옆에	★★★

There's a really nice bookstore right next to the restaurant.
식당 바로 옆에 정말 멋진 서점이 하나 있어요.

next to	~와 비교하면	

Next to his athletic abilities, mine almost seem nonexistent.
그의 운동 능력에 비하면, 내 능력은 거의 존재하지 않는 것처럼 보이지요.

50	**nice to**	~에게 다정한	★★★

They are very nice to the dogs, always making sure they have enough food and water. 그들은 개들에게 매우 잘해 줘요. 먹이와 물이 늘 충분히 있도록 하면서요.

51	**obliged to**	~에(게) 감사하는	★★★

I'm obliged to you for your kind attention to me on this occasion.
이번에 제게 관심 가져 주셔서 감사드려요.

52	**oblivious to**	~을 감지하지[깨닫지] 못하는	★★☆

We were so engrossed in our conversation that we were oblivious to the passage of time. 대화에 깊이 빠져 있느라 우리는 시간이 흐르는 것도 감지하지 못했어요.

53	**opposed to**	~를 반대하는	★★★

I'm utterly opposed to any form of terrorism. 난 어떤 형태의 테러도 전부 반대해.

as opposed to	~와 대조적으로	

She was very open about her relationship, as opposed to me.
그녀는 나와는 다르게 인간관계에 매우 개방적이었어요.

54	**opposite to**	~와 상반되는	★★☆

This treaty takes a stance opposite to British foreign policy.
이 조약은 영국의 외교 정책과 상반되는 노선을 취합니다.

55	**parallel to**	~와 평행인/나란한	★★★

The river flows parallel to the highway, creating a scenic route for travelers. 강이 고속도로와 나란히 흐르는데, 여행객들이 만끽할 경치 좋은 길을 만들어냅니다.

56	**partial to**	~을 아주 좋아하는	★★☆

I'm not partial to reptiles.
나는 파충류를 그렇게 좋아하지는 않아요.

57	**receptive to**	~을 잘 받아들이는	★★☆

The manager was receptive to their suggestions for improving workflow efficiency. 매니저는 업무 진행 효율을 향상하는 제안들을 잘 받아들였어요.

58	**reduced to**	~로 축소된	★★★

Finally, the update time has been reduced to under 20 minutes.
마지막으로, 업데이트 시간이 20분 미만으로 단축되었어요.

	reduced to	결국 ~(한 상태)로 전락한	

He was out of cigarettes and was reduced to smoking the butts left in the ashtrays. 그는 담배가 떨어져서 재떨이에 남아 있는 꽁초를 피우는 지경까지 되었어요.

59	**related to**	~와 관련 있는	★★★

The point is related to what I just told you about.
요점은 방금 말씀드린 내용과 관련이 있습니다.
▸ 'related'는 관련 대상 간의 비교·관계에 초점이 있으며 연결 범위가 넓고 직접적인 영향력이나 중요성이 덜함.

60 **relevant to** ~와 관련된 ★★★

This article addresses disability law issues relevant to employers.
이 기사는 고용주와 관련된 장애 관련 법률 문제를 다룹니다.
▸ 'relevant'는 직접적인 관계를 나타내며 관련 대상의 중요성과 의미에 초점이 있음. 따라서 특정 상황에서 관련 대상에 대한 영향력과 중요도가 높아짐.

61 **resigned to** (피할 수 없다고 여기고) ~을 받아들이는 ★★☆

He was resigned to living alone after his divorce was finalized.
그는 이혼이 확정된 후 혼자 사는 것을 받아들였어요.

62 **restricted to** ~에 제한된 ★★★

Membership is restricted to chief executive officers.
회원 자격은 최고경영자들로 제한됩니다.
▸ 특정한 조건이나 영역에 대한 제한이며, limited to에 비해 엄격하고 공식적임.

63 **rude to** ~에게 무례한 ★★☆

I apologize for my son being rude to you lately.
요즘 제 아이가 당신께 무례하게 군 점 사과드립니다.

64 **sensitive to** ~에 예민한 ★★★

She is highly sensitive to changes in temperature, often feeling too hot or too cold. 그녀는 온도 변화에 아주 예민해서 자주 너무 덥거나 춥다고 느껴요.

65 **sensitized to** (문제 등에) 민감해진 ★★☆

Anxious people become acutely sensitized to their bodies, noticing minor bodily changes.
불안한 사람들은 자기 몸에 극도로 민감해지고 사소한 신체 변화도 알아차리죠.

66 **sentenced to** ~의 형을 선고받은 ★★☆

He was sentenced to ten years of hard labor in a remote prison camp. 그는 외딴 수용소에서 10년간의 중노동형을 선고받았어요.

67	**similar to**	~와 비슷한	★★★

His view on ageing is quite similar to mine.
노화에 대한 그 사람의 관점이 나와 꽤 비슷해요.

68	**stuck to**	~에 달라붙은	★★☆

My shirt was stuck to my skin with sweat. 땀으로 셔츠가 피부에 달라붙어 버렸어요.

69	**suited to**	~에 적합한	★★★

Diving here is suited to more experienced divers.
여기에서 다이빙하는 건 더 경험 있는 잠수부에게 적합하고 맞습니다.

70	**superior to**	~보다 우월한	★★★

What makes you think you are superior to others?
왜 네가 다른 사람들보다 우월하다고 생각하니? (← 무엇이 네가 다른 사람들보다 우월하다고 생각하게 만드니?)

71	**tailored to**	(요구 등에) 맞추는	★★☆

Every service in our hotel is tailored to each individual guest.
저희 호텔의 모든 서비스는 개별 고객에게 맞춰져 있습니다.

72	**tied to**	~와 연결(관련)되어 있는	★★★

Our minds are deeply tied to emotional states.
우리 마음은 감정 상태와 깊이 연결되어 있습니다.

73	**tilted to**	~로 기울어진	★★☆

Anthony stared at her with his head tilted to one side.
앤서니는 고개를 한쪽으로 기울인 채 그녀를 응시했어요.

74	**true to**	~에 충실한	★★★

The play that I saw yesterday doesn't stay true to the book's content. 어제 내가 본 연극은 책 내용에 충실하지 않아요.

75	**tuned to**	(라디오 주파수 등을) ~에 맞춘	★★☆

Stay tuned to this channel for more information.
더 많은 정보를 얻으시려면 계속해서 이 채널을 유지해 주세요.

76	**unfriendly to**	~에게 비우호적인	★★☆

This street is uneven and completely unfriendly to pedestrians.
이 거리는 울퉁불퉁해서 보행자에게 아주 불편합니다.

77	**unsuited to**	(두 사람이 서로) 어울리지 않는, 잘 맞지 않는	★★☆

Their marriage was disastrous; each party was unsuited to the other.
그들의 결혼생활은 비참했어요. 각자가 상대방에게 잘 맞지 않았어요.

78	**used to**	~에 익숙한	★★★

She was used to waking up early, even on weekends.
그녀는 주말에도 일찍 일어나는 것에 익숙했어요.

to

UNIT 3 명사 + to

PREPOSITION

MP3 027-1

MP3 027

1	**access to**	~에의 접근	★★★

The only access to the village is by boat.
그 마을로 접근하는 유일한 방법은 배로 가는 것입니다.
▸ 어디에 들어가거나 도착하는 것을 의미.

2	**addiction to**	~의 중독	★★☆

His addiction to online gaming began to interfere with his daily life and relationships. 온라인 게임 중독이 그의 일상생활과 인간관계를 방해하기 시작했습니다.

3	**addition to**	~에 추가	★★★

Tofu is a useful addition to the range of meat-alternatives.
두부는 다양한 육류 대체품에 유용하게 추가할 수 있는 식품입니다.

4	**agreement to**	~에 대한 합의	★★☆

The agreement to the terms was unanimous among all parties involved. 조건에 대한 합의는 관련 당사자들 사이에서 만장일치로 이루어졌습니다.

5	**answer to**	~에의 대답/해답	★★★

The answer to both questions is very simple.
두 가지 질문에 대한 답은 매우 간단합니다.

6	**application to**	~에 적용/응용	★★★

This theory has numerous applications to mathematical physics.
이 이론은 수학 물리학에 다양하게 응용됩니다.

7	**approach to**	~에 대한 접근 방식/방법	★★★

I took a new approach to Shakespeare to write a thesis.
논문을 쓰기 위해 저는 셰익스피어 작품 분석에 새로운 접근 방식을 취했습니다.
▸ 어떤 문제를 해결할 때의 방식이나 방법, 관점 등을 의미.

8	**asset to**	~의 자산	★★☆

Her creativity and problem-solving skills make her a valuable asset to the team. 창의력과 문제 해결 능력 때문에 그녀는 팀의 소중한 자산입니다.

9	**attention to**	~에 대한 관심	★★★

Don't pay any attention to what other people say.
다른 사람들이 말하는 것에 조금도 신경 쓰지 마.

10	**attitude to**	~에 대한 태도	★★☆

There is a quote that suggests our attitude to life determines life's attitude to us. 삶에 대한 우리의 태도가 우리에 대한 삶의 태도를 결정한다는 명언이 있어요.

11	**bar to**	~을 가로막는 장애	★★☆

The lack of funding proved to be a significant bar to their research project's progress. 자금 부족은 연구 프로젝트 진행에 큰 장애물로 작용했습니다.

12	**blessing to**	~에게 베푸는 은총/축복	★★☆

The new technology was a blessing to small businesses, boosting efficiency and streamlining operations.
신기술은 소기업들에는 축복이었으며, 효율성을 높이고 운영을 간소화했습니다.

13	**buffer to**	~에 대한 완충	★★☆

Green spaces near busy roads act as a buffer to air pollution.
혼잡한 도로 근처의 녹지 공간이 대기 오염의 완충 장치 역할을 합니다.

14	**clue to**	~에 대한 단서	★★☆

The map provided a clue to the hidden treasure's location.
지도는 숨겨진 보물의 위치를 알려 주는 단서를 제공했습니다.

15	**commitment to**	~에의 헌신/약속	★★★

The government reaffirmed its commitment to the peace process.
정부는 평화 협상 과정에 헌신하겠다는 약속을 재확인했습니다.

16	**congratulations to**	~에게 축하	★★☆

Congratulations to everyone who finished the challenge!
도전을 마친 모든 분들, 축하합니다!

17	**connection to**	~과의 연관성/관계	★★★

The researcher found a direct connection to the historical artifacts unearthed at the site.
연구진은 이 유적지에서 발굴된 역사적 유물들과 직접적인 연관성을 발견했습니다.

18	**contribution to**	~에 기여	★★★

Their main contribution to society is growing crops.
그들이 사회에 이바지하는 주된 분야는 농작물 재배입니다.

19	**damage to**	~이 입은 손해	★★★

Damage to highway infrastructure exceeded $130 million.
고속도로 기반 시설의 피해가 1억 3천만 달러를 초과했습니다.

20	**dedication to**	~에의 헌신	★★☆

I admire his unwavering dedication to completing every project ahead of schedule. 모든 프로젝트를 일정보다 앞서 완료하려는 그의 변함없는 헌신이 존경스럽습니다.
▸ 'dedication'은 주로 과업, 목표, 행위에 대한 집념과 높은 책임 의식을 나타내는 충성도를 의미.

21	**deterrent to**	~에 대한 억제력/걸림돌	★★☆

The high cost of housing in the city can be a deterrent to young families considering relocation.
도시의 높은 집 값이 이주를 고려하는 젊은 가족에게 걸림돌이 될 수 있습니다.

22	**devotion to**	~에의 헌신	★★☆

Anna has always shown intense devotion to her children.
애나는 자녀들에게 늘 지극한 헌신을 보여줬어요.
▸ 'devotion'은 대상에 대한 사랑, 충성심, 애착 등의 깊은 감정적 연결을 의미.

to

23	**door to**	~로 가는 문/길	★★★

A business degree opens doors to many careers.
경영학 학위가 있으면 다양한 직업의 문이 열려요.

24	**downside to**	~의 단점	★★☆

The downside to procrastination is often the rush to meet deadlines later. 뒤로 미루는 것의 단점은 나중에 마감일을 맞추려고 서두르는 경우가 많다는 것입니다.

25	**drawback to**	~의 단점/문제점	★★☆

The main drawback to these products is that they tend to be too salty. 이 제품의 주된 단점은 너무 짠 경향이 있다는 것입니다.

26	**end to**	~의 종료	★★★

The company announced an end to overtime work starting next month. 회사는 다음 달부터 초과근무를 종료한다고 발표했습니다.

27	**entrance to**	~의 입구	★★★

Directly opposite Gate C was the entrance to a tunnel.
게이트 C 바로 맞은 편에 터널 입구가 있었어요.

	entrance to	~의 입학	

She eagerly awaited her entrance to the prestigious university after years of hard work. 그녀는 수년간의 노력 끝에 명문 대학에 입학할 날을 간절히 기다렸습니다.

28	**escape to**	~로 도피	★★☆

His escape to the mountains rejuvenated his spirit.
산으로의 도피가 그의 정신에 활력을 불어넣었습니다.

29	**exposure to**	~에의 노출	★★★

Even a brief exposure to radiation is very dangerous.
방사선에 잠깐 노출되는 것조차도 매우 위험합니다.

30	**fancy to**	~을 좋아함	★★☆

Rola's taken a fancy to Korean food. 롤라는 한국 음식에 푹 빠졌어요.
▸ take a fancy to: ~에 푹 빠지다, ~을 좋아하게 되다

31	**farewell to**	~에 대한 고별	★★☆

Mourners gathered to bid farewell to the victims of the plane tragedy. 추도객들이 모여 비행기 참사 희생자들에게 고별인사를 했습니다.

32	**guide to**	~에 대한 지침	★★★

The following steps provide a comprehensive guide to launching a successful marketing campaign.
다음 단계에서 마케팅 캠페인을 성공적으로 론칭하는 것에 관한 포괄적인 지침을 제공합니다.

33	**hindrance to**	~의 방해물	★☆☆

The biggest hindrance to economic reform has been the inability to access U.S. markets. 경제 개혁의 가장 큰 장애물은 미국 시장에 접근할 수 없다는 거였습니다.

34	**impediment to**	~의 장애물	★★☆

War is one of the greatest impediments to human progress.
전쟁은 인류 발전의 가장 큰 장애물 중 하나입니다.
▸ hindrance to와 impediment to는 서로 혼용해서 써도 의미 차이가 크지 않음.

35	**indifference to**	~에 냉담/무관심	★★☆

She walked with total indifference to what she saw.
그녀는 자기가 본 것에는 전혀 관심을 두지 않고 걸어갔습니다.

36	**insult to**	~에 대한 모욕	★★☆

The comment he made was not an insult to religion.
그가 언급한 것은 종교에 대한 모욕이 아니었어요.

37	**invitation to**	~로의 초대	★★★

Thanks for the invitation to your birthday party. 생일 파티에 초대해 줘서 고마워.

to

MP3 027-2

38 **key to** ~의 열쇠/핵심 ★★★

The key to good writing lies in revision.
좋은 글을 쓰는 열쇠는 수정하고 퇴고하는 데 있습니다.

39 **limit to** ~의 한계 ★★☆

There is a limit to the amount of pain we can bear.
우리가 견딜 수 있는 고통의 양에는 한계가 있어요.
▸ 'limit'는 물리적으로 혹은 수치상으로 허락된 특정 기준이나 범위의 경계를 의미.

40 **limitation to** ~에 제한 ★★☆

There are several limitations to this study.
이 연구의 진행을 막는 몇 가지 제한 사항이 있습니다.
▸ 'limitation'은 어떤 과업을 달성하는 것을 가로막는 약점이나 부족한 상태를 의미.

41 **newcomer to** ~의 신참자 ★★☆

As a newcomer to the city, she was eager to explore its streets and discover its hidden gems.
이 도시에 처음 온 그녀는 거리를 탐험하고 숨겨진 보석을 발견하고 싶어 했습니다.

42 **objection to** ~에 대한 반대 ★★☆

She raised objections to the proposed changes in the company policy. 그녀는 회사 정책 변경 제안에 이의를 제기했습니다.
▸ objection은 개인적인 반대나 불인정을 의미.

43 **obstacle to** ~의 장애물 ★★☆

Fear can be a huge obstacle to creating new content.
두려움이 새로운 콘텐츠를 만드는 데 큰 걸림돌이 될 수 있습니다.

44 **opposition to** ~에 대한 반대 ★★★

There is widespread opposition to the new tax law among the citizens. 시민들 사이에 새로 도입된 세금법에 반대가 만연합니다.
▸ opposition은 더 확산되고 집단적인 반대를 의미.

45	**reaction to**	~에의 반응	★★★

Her reaction to the news of her promotion was one of joyful surprise and gratitude. 자신의 승진 소식에 그녀가 보인 반응은 놀라움과 감사였습니다.

46	**reduction to**	~로 감소	★★☆

Another reduction in the corporate tax rate to 23% followed in January 2006. 2006년 1월에 법인세율이 23%로 또 한번 감소했습니다.

47	**reference to**	~의 언급	★★★

This document makes reference to several significant historical events in Asia.
이 문서는 아시아에서 있었던 몇 가지 중요한 역사적 사건들을 언급합니다.

reference to	~의 참조	

The researcher compiled his report with frequent reference to numerous scientific journals.
이 연구원은 수많은 과학 저널을 자주 참고하여 보고서를 작성했습니다.

48	**regard to**	~의 고려, ~에 대한 관심	★★★

The board made its decision with careful regard to the financial impact on the community. 이사회는 위원회에 끼칠 재정적 영향을 세심히 고려하여 결정을 내렸습니다.

49	**relation to**	~와의 관계/관련	★★★

These taxes bear no direct relation to annual corporate profits.
이러한 세금들은 연간 기업 이익과는 직접적인 관련이 전혀 없습니다.

50	**reply to**	~에 대한 대답	★★★

We received no reply to our query. 우리는 문의에 대한 답변을 받지 못했어요.

51	**resemblance to**	~와 닮은 점	★★★

The film bears no resemblance to the original novel.
그 영화는 원작 소설과 닮은 점이 없어요.

52	**response to**	~에 대한 반응	★★★

Rage is a common response to feeling threatened.
분노는 위협받는다고 느낄 때 보이는 일반적인 반응입니다.

53	**return to**	~로의 복귀	★★★

Our plan must start with a return to the basics.
우리 계획은 기본으로 돌아가는 것으로 시작되어야 합니다.

54	**right to**	~에 대한 권리	★★★

I believe you have a right to privacy in your own home.
나는 네가 네 집에서 사생활을 보호받을 권리가 있다고 생각해.

He exercised his right to freedom of speech by expressing his opinions openly and fearlessly.
그는 자기 의견을 공개적으로 두려움 없이 표현함으로써 언론의 자유에 관한 권리를 행사했어요.

55	**road to**	~로 가는 길	★★★

The road to good health is through eating right.
건강으로 가는 길은 바르게 먹는 것을 통해서죠.
▸ 'road to'는 특정 목적을 달성하기 위한 과정을 나타내는 비유적인 의미로 많이 쓰임.

56	**route to**	~로 가는 길	★★★

She took the shortest route to the train station to avoid missing her train. 그녀는 기차를 놓치지 않으려고 기차역까지 가는 가장 짧은 길을 택했습니다.
▸ 'route to'는 'road to'와 교차하여 쓰이기도 하지만, 특정 장소나 도착지로 가는 길이라는 문자 그대로의 의미로 많이 쓰임.

57	**sensitivity to**	~에 대한 민감함	★★☆

The eyes of some fish have a greater sensitivity to light than ours do.
일부 물고기의 눈은 우리 눈보다 빛에 엄청 더 민감합니다.

58	**side to**	~의 측면	★★★

There was a brighter side to her personality that often overshadowed the darker side of his nature.
그녀의 성격에는 종종 그가 가진 본성의 어두운 면을 가리는 더 밝은 면이 있었습니다.

59	**similarity to**	~와 유사점	★★★

His brother bears a striking similarity to his father.
그의 형은 아버지와 놀랄 만큼 유사합니다.

60	**solution to**	~에 대한 해결책	★★★

We are trying to find sustainable solutions to complex issues.
우리는 복잡한 문제에 지속 가능한 해결책을 찾으려 하고 있어요.

61	**stop to**	~의 중단	★★☆

An accident put a stop to further excavations.
사고로 인해 추가 발굴 작업이 중단되었습니다.
▸ 주로 put a stop to의 형태로 쓰임.

62	**threat to**	~가 맞게 되는 위협	★★★

Another significant threat to climbers is low atmospheric pressure.
등반가들이 맞는 또 다른 주요 위협은 낮은 대기압입니다.

63	**trajectory to**	~로 가는 궤적/궤도	★★☆

Her consistent dedication to her studies put her on a trajectory to academic success.
자기 연구 분야에 꾸준히 헌신하여 그녀는 학문적 성공으로 가는 궤도에 올라탔습니다.

64	**tribute to**	~에 대한 경의/찬사	★★☆

The memorial pays tribute to Africans who were brought here as slaves. 기념관은 이곳에 노예로 끌려온 아프리카인들에게 경의를 표합니다.

It is a tribute to his achievement over his 22 years that he has attained so much. 이는 22년 넘게 그토록 많은 것을 이룬 그의 업적에 대한 찬사입니다.

65	**trip to**	~로의 여행	★★★

Our recent trip to Alaska was fabulous.
우리가 최근에 다녀온 알래스카 여행은 환상적이었죠.

66	**visit to**	~의 방문	★★★

I think I'll pay a visit to my professor while I'm in this city.
이 도시에 있는 동안 제 교수님을 뵈러 갈 것 같아요.

67	**way to**	~로 가는 길	★★★

People were told to find their own way to an evacuation center.
사람들은 대피소로 가는 길을 스스로 찾으라는 지시를 받았습니다.

TV
1890
ROUTE TO
1245
She took the shortest
route to the train station
to avoid missing
HER TRAIN.

CHAPTER 6

거의 모든 전치사 at의 표현

'~에'라는 기본 뜻을 가진 전치사 'at'은 점을 콕 찍은 듯 정확한 시간, 장소, 좌표, 정도, 속도, 가격 등의 의미와 함께 쓰입니다. 시간과 장소를 나타낼 때는 'in'이나 'on'에 비해 구체적이고 좁은 범위의 특정한 시점이나 지점 등을 가리키며,

UNIT 1 동사 + at

PREPOSITION

MP3 028

1	**aim at**	~ 달성을 목표로 삼다	★★☆

They aimed at avoiding serious human casualties.
그 사람들은 심각한 인명 피해를 피하는 것을 목표로 삼았습니다.

aim at	~을 겨누다	

Toby aimed at the apple tree but hit the car by mistake.
토비는 사과나무를 겨눴는데 실수로 그 차를 맞혀 버렸어.

2	**arrive at**	(장소에) 도착하다	★★★

Last night, after a long journey, we finally arrived at O'Hare airport in Chicago. 어젯밤, 긴 여정 끝에 우리는 마침에 시카고 오헤어 공항에 도착했어요.

arrive at	(합의·동의·결론에) 도달하다	

A sound argument arrived at a true conclusion.
건전한 논쟁으로 진정한 결론에 도달했어요.

3	**bow at**	~ 각도로 허리를 굽혀 인사하다	★★☆

He bowed deeply, almost at a 90-degree angle.
그는 거의 90도로 허리를 깊이 숙여 인사했어요.

4	**catch at**	~을 움켜쥐려 하다	★★☆

She began to catch at any opportunities that came her way, hoping to find a solution to her problems.
그녀는 자신의 문제에 대한 해결책을 찾기 바라면서 자신에게 오는 기회는 뭐든 움켜쥐기 시작했어요.

5	**come at**	(공격하듯) ~에게 덤벼들다	★★☆

The intruder tried to break into the house, and the guard dog immediately came at him. 불청객이 집안으로 침입하려고 하자 경비견이 바로 덤벼들었어요.

at

6	**dock at**	~에 정박하다	★★☆

The cruise docked at the port of Hong Kong. 그 유람선이 홍콩항에 정박했어요.

7	**drive at**	~을 의도하다	★★☆

I still couldn't understand what Toby was driving at.
토비가 의도하려고 했던 것을 저는 여전히 이해할 수가 없었어요.

8	**eat away at**	~을 (조금씩) 침식시키다	★★☆

Waves had eaten away at the sand dunes.
파도가 모래 언덕을 조금씩 침식한 상태였어요.

9	**fly at**	(고도에서) 날다	★★☆

The airplane flew at an altitude of 8 kilometers.
비행기가 8km 고도에서 날았습니다.

10	**frown at**	~을 찌푸리며 보다	★★☆

She frowned at the messy desk, realizing she needed to tidy it up.
그녀는 지저분한 책상을 찌푸리며 쳐다보고는 깔끔하게 정돈해야겠다고 생각했지요.

11	**get at**	~에 도달하다	★★☆

A deer was trying to get at the leaves. 사슴 한 마리가 나뭇잎에 닿으려 애쓰고 있었어요.

	get at	~을 이해하다	

I've read this article multiple times, I still can't quite get at the author's main argument. 이 기사를 여러 번 읽었지만, 아직도 저자의 주요 주장을 이해 못 하겠어요.

	get at	~을 (계속) 나무라다, (계속) 잔소리하다	

The boss called the team into a meeting to get at those responsible for the project's delays.
상사가 팀원들을 회의에 소집해 프로젝트 연기에 책임이 있는 이들을 나무랐습니다.

My mother always used to get at me about cleaning my room before having friends over. 엄마는 늘 친구들이 집에 오기 전에 내 방을 치우라고 잔소리하곤 하셨어요.

12	**get back at**	~에게 앙갚음하다	★★☆

I think he's trying to get back at her for what she said in the meeting.
그녀가 회의 때 말한 것 때문에 그가 그녀에게 복수하려고 하는 것 같아.

13	**glare at**	~을 노려보다	★★☆

He glared at Tom with hatred and disgust. 그는 증오와 혐오감으로 톰을 노려보았죠.

14	**go at**	(속도로) 가다	★★☆

The taxi driver was going at 60 miles an hour.
그 택시 기사는 시속 60마일로 가고 있었습니다.

15	**grab at**	~을 움켜잡다	★★☆

I grabbed at the glass just before it fell. 나는 잔이 떨어지기 직전에 그것을 움켜쥐었죠.

16	**grow at**	(비율로) 성장하다	★★☆

The market is growing at a rate of 10% per year.
그 시장은 연 10퍼센트 비율로 성장하고 있습니다.

17	**holler at**	~에게 외치다	★★☆

Parents hollered at their children to come inside for dinner.
부모님은 아이들에게 들어와서 저녁 먹으라고 소리쳤어요.
▸ 격식을 갖춰야 하는 곳에서는 쓰지 않음.

18	**jump at**	(기회 등을) 덥석 붙잡다	★★☆

She jumped at the chance of a trip to New York.
그녀는 뉴욕 여행의 기회를 덥석 붙잡았습니다.

19	**keep at**	(어려운 일을) 계속 열심히 하다	★★☆

If you keep at it long enough, you will make it.
그 일에 오래 정진하다 보면 넌 해낼 거야.

20	**knock at**	~을 두드리다	★★☆

He knocked at the door to enter his son's room.
그는 아들 방에 들어가려고 문을 노크했어요.

21	**laugh at**	~을 비웃다	★★★

I think people will laugh at me if I sing. 내가 노래하면 사람들이 날 비웃을 것 같아요.

22	**leap at**	(기회 등을) 재빨리 잡다	★★☆

When the job was offered to him, he leapt at it.
그 일을 제안받았을 때, 그는 얼른 그것을 잡았어요.

23	**live at**	(번지에) 살다	★★☆

I lived at 30 Samuel Street. 저는 사무엘가 30번지에 살았어요.

24	**look at**	~을 보다	★★★

What are you looking at? 뭘 보고 있는 거야?

25	**lunge at**	~에게 달려들다	★★☆

The puppy lunged at another dog in the park, growling.
그 강아지는 으르렁거리며 공원에 있는 다른 개에게 달려들었어요.

26	**peck at**	~을 깨지락거리다, 먹는 둥 마는 둥 하다	★★☆

She sat at the table and began to peck at her salad, lost in thought.
그녀는 식탁에 앉아서 생각에 빠진 채 샐러드를 깨지락대기 시작했습니다.
▸ peck at은 작고 주저하는 행동을 강조하는 경향.

27	**peep at**	~을 엿보다	★★☆

The curious child tiptoed to the door to peep at the new kittens playing in the living room.
호기심 많은 그 아이는 문에 까치발을 하고서 새로 데려 온 새끼 고양이들이 거실에서 노는 것을 엿보았어요.

28	**pick at**	~을 깨작거리다	★★☆

He picked at his food in a bored fashion. 그는 열의 없이 자기 음식을 깨작거렸어요.
▸ pick at은 음식이나 식사 과정에 대한 불만이나 짜증을 암시.

29	**play at**	~ 놀이를 하다	★★☆

The children were playing at Batman and Robin.
아이들이 배트맨과 로빈 놀이를 하고 있었어요.

	play at	~을 (취미 삼아) 하다	

She's only playing at being an artist — she's going off to law school next year. 그녀는 예술가 일은 취미 삼아 할 뿐이고, 내년에 로스쿨에 진학할 예정이에요.

30	**pull at**	~을 (반복적으로) 당기다	★★☆

The child kept pulling at her mother's sleeve to get her attention.
아이는 엄마의 관심을 끌려고 계속해서 엄마 소매를 당겼어요.

31	**rejoice at**	~에 크게 기뻐하다	★★☆

The entire team rejoiced at the news. 팀 전체가 그 소식을 듣고 크게 기뻐했습니다.

32	**run at**	(공격하기 위해) ~에게 달려들다	★★☆

She ran at me, arms outstretched. 그녀가 팔을 뻗은 채 나에게 달려들었어요.

33	**shoot at**	~을 조준하여 총을 쏘다	★★☆

He shot at the bird but didn't hit it. 그는 그 새를 조준하여 쏘았지만 빗맞혔어요.

34	**shout at**	~에게 소리 지르다	★★☆

She shouted at her children for their noisy playtime.
그녀는 시끄럽게 논다며 자기 아이들에게 소리를 질렀어요.

35	**snap at**	~을 덥석 물다	★★☆

A fish snapped at the bait. 물고기가 미끼를 덥석 물었어요.

	snap at	~에게 쏘아붙이다	

I'm sorry, I didn't mean to snap at you. 미안해, 너한테 쏘아붙일 생각은 아니었는데.

36	**snatch at**	~을 잡아채다	★★☆

He snatched at it as the parcel slipped. 소포가 미끄러지자 그가 그것을 잡아챘어요.

37	**stare at**	~을 응시하다	★★★

Stop staring at me like that! 그렇게 나 뚫어져라 쳐다보지 좀 마.

38	**stay at**	~에 묵다	★★★

They stayed at the Holiday Inn Macau. 그들은 마카오 홀리데이인 숙소에 묵었어요.

39	**stick at**	~을 열심히 계속하다	★★☆

You'll never learn to play the piano if you don't stick at it.
너, 피아노를 열심히 계속 안 하면 절대 피아노 연주하는 걸 배울 수 없을 거야.

40	**swear at**	~을 욕하다	★★☆

Customers swore at the company for the poor-quality products.
고객들은 저질 제품을 만들었다며 회사에 욕을 퍼부었습니다.

41	**talk at**	(상대방 말은 듣지도 않고) ~에게 일방적으로 말하다	★★☆

He didn't talk to me; instead, he simply talked at me.
그는 나와 대화하는 것이 아니라 그저 일방적으로 나에게 말을 할 뿐이었어요.

42	**tear at**	(거칠게) ~을 잡아 찢다	★★☆

In a fit of hunger, he tore at the packaging impatiently.
배고픔을 참지 못하고 그는 조급한 마음에 포장을 잡아 찢었어요.

43	**wonder at**	~에 놀라다	★★☆

They all wondered at his willingness to follow their boss's strange orders. 그들 모두 상사의 기이한 지시를 기꺼이 따르려는 그에게 놀랐지요.

44	**work at**	~에서 일하다	★★☆

She decided to work at the local cafe to earn some extra income.
그녀는 추가 수입을 벌려고 동네 카페에서 일하기로 했습니다.

work at	~하려고 노력하다	

They worked at building their business from scratch.
그들은 아무 기반도 없는 상태에서 비즈니스를 구축하는 데 주력했습니다.

45	**yell at**	~에게 호통치다	★★☆

Her father yelled at Martha for lying to him.
마사의 아버지는 마사가 아버지한테 거짓말한다고 호통을 치셨어요.

미묘한 뉘앙스 차이

'~에서 일하다'라는 의미로 'work at과 'work for'가 모두 쓰입니다. 하지만 'at'은 구체적인 장소를 나타내는 명사와 함께 쓰여 일하는 장소에 초점을 두는 반면, 'for'는 뒤에 고용주나 회사 이름이 따라 나와 고용되어 일하는 곳, 소속의 의미를 더 강조합니다.

1-1 **John works at a Chinese restaurant.**
존은 중국 음식점에서 일해요.

1-2 **Tabby works for Google.**
태비는 구글에 소속되어 일합니다.

'at'과 'for'는 예약 시간을 표현할 때도 완전히 다른 뜻을 보입니다. 다음 예문에서처럼 'at'이 예약 행위를 수행하는 정확한 시간을 가리킨다면, 'for'는 앞으로의 약속, 즉 미래의 시간을 향한다는 의미를 포함합니다.

2-1 **I made a dinner reservation at 3 p.m.**
나는 저녁 식사 예약을 3시에 했어요.

2-2 **I made a dinner reservation for 7 p.m.**
나는 저녁 식사를 7시로(7시에 할 수 있게) 예약했어요.

UNIT 2 형용사/과거분사 + at

PREPOSITION

at

MP3 029

1	**abashed at**	~을 부끄러워하는	★★☆

Despite his years of experience, he felt abashed at the simple mistake he made during the presentation.
경력이 몇 년째인데도 발표 중에 저지른 단순한 실수에 그는 부끄러움을 느꼈습니다.

2	**adept at**	~에 능숙한	★★☆

She's very adept at painting landscapes in oil.
그녀는 유화로 풍경을 그리는 데 매우 능숙합니다.

3	**amazed at**	~에 (대단히) 놀란	★★☆

She was amazed at how calm and attentive the cabin crew were in the emergent situation.
그녀는 응급상황에서 객실 승무원들이 어떻게 그토록 침착하고 세심한지에 매우 놀랐습니다.

4	**angry at**	~에 화난	★★☆

He's really angry at me for lying to his mother.
그 사람, 내가 자기 어머니한테 거짓말한 것으로 나한테 정말 화가 나 있어요.

5	**annoyed at**	~에 짜증난	★★☆

He was annoyed at being excluded from the decision-making process in the project. 그는 프로젝트의 의사 결정 과정에서 배제된 것에 짜증이 났어요.

6	**astonished at**	~에 놀란	★★☆

The teachers were astonished at his rapid gains in literacy.
교사들은 읽고 쓰는 능력에서 그가 얼마나 빨리 향상됐는지를 보고 놀랐습니다.

7	**awful at**	~에 서툰	★★☆

I'm awful at remembering names. 나는 이름을 잘 기억하지 못해.
▸ 굉장히 부정적인 느낌이라서 terrible at이나 very bad at으로 쓰는 걸 권장.

8	**bad at** (= not good at)	~를 못하는	★★☆

You are very bad at lying. 너 진짜 거짓말 못하는구나.

9	**brilliant at**	~에 뛰어난	★★☆

My sister is brilliant at speaking English. 여동생이 영어로 말을 굉장히 잘해.

10	**delighted at**	~을 기뻐하는	★★☆

John was delighted at the unexpected gift from his friend.
존은 친구에게서 뜻밖의 선물을 받고 기뻐했어요.

11	**disappointed at**	~에 실망한	★★☆

The team members were bitterly disappointed at the failure of the mission. 팀원들은 임무 실패에 몹시도 실망했어요.

▸ disappointeed는 기대가 충족되지 않아 실망한 것을 의미.

12	**dismayed at**	~에 실망한	★★☆

She was dismayed at the lack of progress despite their best efforts.
그녀는 최선의 노력에도 불구하고 진전이 없는 것에 실망했습니다.

▸ 'dismayed'는 예상치 못한 일이나 곤란한 일에 대한 충격이나 괴로움을 포함하는 더 강한 반응.

13	**efficient at**	~에 유능한	★★☆

In reality, he was very efficient at conducting business.
사실 그는 사업을 수행하는 데 매우 유능했습니다.

14	**excellent at**	~에 탁월한	★★☆

Sarah is excellent at mathematics, consistently achieving top scores in her class. 사라는 수학 실력이 탁월하여 반에서 최고 점수를 꾸준히 거두고 있어요.

15	**excited at**	~에 신난/설레는	★★☆

Sarah was excited at the prospect of traveling to Europe for the first time. 사라는 처음으로 유럽 여행을 떠난다는 생각에 신이 나 있었어요.

16	**fearful at**	~에 두려운	★★☆

She felt fearful at the thought of walking alone in the dark alley.
그녀는 어두운 골목을 혼자 걸어야 한다는 생각에 두려움을 느꼈어요.

17	**furious at**	~에게 격노한	★★☆

He's furious at his long-term friend's betrayal. 그는 오랜 친구의 배신에 격노했지요.

18	**good at**	~를 잘하는	★★★

She is good at making things. 그녀는 뭔가 만드는 걸 잘해요.

He's good at finding innovative solutions to everyday problems.
그는 일상의 문제를 해결하는 획기적인 해결책을 잘 찾아내요.

19	**hopeless at**	~을 (매우) 못하는, ~에 젬병인	★★☆

I'm hopeless at sports. 난 운동에는 젬병이야.

20	**lucky at**	~에 운이 있는	★★☆

She always seems to be lucky at finding parking spots right in front of the building. 그녀는 항상 건물 바로 앞에 주차 공간을 찾는 데 운이 좋은 것 같아요.

21	**mad at**	~에 화난	★★☆

Dad was mad at me for damaging the car.
아빠는 내가 차에 손상을 입힌 것에 화가 나셨어요.

22	**present at**	~에 출석한	★★★

It is essential that the entire team be present at this meeting.
팀 전체가 이 회의에 참석하는 것이 중요합니다.

23	**puzzled at**	~에 어리둥절한	★★☆

She looked puzzled at the cryptic message written on the whiteboard. 그녀는 화이트보드에 적힌 암호 같은 메시지를 보고 의아한 표정을 지었어요.

24	**quick at**	~에 빠른	★★☆

She's somebody who is naturally quick at picking things up.
그녀는 뭔가를 빠르게 습득하는 능력을 타고난 사람이에요.

25	**shocked at**	~에 충격받은	★★☆

She was shocked at the sudden announcement of her company's closure. 그녀는 갑작스러운 회사 폐쇄 발표에 충격을 받았습니다.

26	**skilled at**	~에 숙련된	★★☆

My mother is very skilled at dressmaking. 엄마는 옷 만드는 기술이 매우 좋아요.
▸ skilled: 더 널리 쓰이면서 일반적인 능력을 의미.

27	**skillful at**	~에 능숙한	★★☆

He was skillful at playing musical instruments. 그는 악기 연주를 능숙하게 잘했어요.
▸ skillful: 어떤 일을 할 때 더 높은 수준의 전문성과 우아함을 강조.

28	**slow at**	~이 느린	★★☆

They are often slower at processing and responding to information.
그들은 정보를 처리하고 답하는 데 느린 경우가 많습니다.

29	**successful at**	~에 성공한	★★☆

The younger males aren't very successful at finding mates.
젊은 수컷은 짝을 찾는 데 그다지 성공적이지 못합니다.

30	**surprised at**	~에 놀란	★★☆

She was surprised at the warm welcome she received from her new colleagues. 그녀는 새로운 동료로부터 받은 따뜻한 환대에 깜짝 놀랐어요.

31	**terrible at**	~이 형편없는, ~에 서툰	★★☆

He is terrible at mathematics. 그는 수학 실력이 형편없어요.

미묘한 뉘앙스 차이

감정 형용사 뒤에 전치사 'at'이 올 때는 즉각적으로 그 감정을 유발하는 상황이나 대상이 옵니다. 반면에, 순간적인 반응이 아니라 지속적으로 그 감정을 일으키는 원인이 올 때는 전치사 'with'와 함께 쓰입니다. 즉, 상황을 인지한 순간 감정 반응이 일어났느냐의 유무에 따라 미묘한 쓰임의 차이가 있어요.

1-1 **I was angry at Tom.**

나는 톰에게 화가 났어요. (Tom이 한 일을 알고 난 순간 화가 치밀었다.)

1-2 **I was angry with Tom.**

나는 톰에게 화가 났어요. (Tom이 한 일을 계속 떠올리면서 화가 난 상태가 되었다.)

UNIT 3 명사 + at

PREPOSITION

at

MP3 030

1	aim at	~을 조준	★★☆

The hunter took aim at a boar standing by a tree and fired a bullet.
사냥꾼이 나무 옆에 서 있는 멧돼지를 겨냥해서 총알을 발사했습니다.

	aim at	~하겠다는 목표	

The new project will be executed with an aim at upgrading the international reputation of this city.
이 도시의 국제적 명성을 높이겠다는 목표로 새 프로젝트가 시행될 것입니다.

2	amazement at	~에 대한 놀람	★★☆

The spokesman has expressed amazement at the excessively high pay levels awarded to executives, despite the poor performance in the past years. 대변인은 지난 몇 년간의 부진한 성과에도 불구하고 임원진이 받은 굉장히 높은 급여 수준에 놀라움을 표했습니다.

3	anger at	~에 대한 분노	★★☆

His anger at the unfair treatment he received fueled his determination to seek justice.
자신이 받은 부당한 처우에 대한 분노가 정의를 추구하겠다는 그의 결심에 불을 지폈습니다.

4	annoyance at	~에 대한 짜증	★★☆

People are reluctant to communicate with him, expressing annoyance at his presence.
사람들은 그와 소통하기를 꺼리고, 그가 (어떤 모임이나 자리에) 있는 것에 짜증을 냅니다.

5	brilliance at	~에서의 뛰어남	★★☆

Scarlet showed her brilliance at the piano in the international piano competition. 스칼릿은 국제 피아노 콩쿠르에서 뛰어난 피아노 연주 실력을 선보였습니다.

6	**disappointment at**	~에 대한 실망	★★☆

His family expressed deep disappointment at the final decision to sell their ancestral home. 그의 가족은 조상의 집을 팔기로 한 최종 결정에 깊은 실망감을 표현했어요.

7	**dismay at**	~에 대한 실망감	★★☆

The citizens expressed dismay at the government's decision to increase taxes without prior consultation or explanation.
시민들은 사전 협의나 설명 없이 세금을 인상하기로 한 정부의 결정에 실망감을 표했습니다.

8	**expert at**	~의 전문가	★★☆

She's an expert at playing the violin, having studied and performed for over twenty years. 그녀는 바이올린 연주 전문가로 20년 넘게 공부하고 연주해 왔습니다.

9	**fury at**	~에 대한 격노	★★☆

She couldn't contain her fury at the unjust decision made by the committee. 그녀는 위원회가 내린 부당한 결정에 격노를 금할 수가 없었습니다.

10	**glare at**	~을 노려봄	★★☆

My sister shot a glare at me when I tattled what she did to my dad.
내가 자기가 한 짓을 아빠한테 고자질하자 여동생이 나를 노려보았죠.

11	**go at**	~에 대한 시도	★★☆

Who had a go at your haircut? 누가 네 머리를 깎았니?

	go at	~에 대한 불평/비난	

My mom's had a go at me about the state of my bedroom.
엄마는 내 침실 상태를 보고 나에게 뭐라고 하셨어요.
▸ have a go at의 형태로 주로 쓰임.

12	**laugh at**	~을 보고 웃음	★★☆

I had a laugh at her letter. 나는 그녀의 편지를 보고 웃었습니다.

at

13	**look at**	~를 봄	★★★

Let's have a look at this. 이것 좀 같이 보자.

Take a look at the graph below. 아래 그래프를 봐.

14	**novice at**	~에 초보	★★☆

I am a novice at snowboarding. 난 스노보드 초보자예요.

15	**offence at**	~에 대한 불쾌감	★★☆

I take offence at your comment. 난 네 말이 불쾌한데.

16	**peck at**	~을 쪼아먹음	★★☆

The bird gave a quick peck at the seed. 그 새는 재빨리 씨앗을 쪼아댔습니다.

17	**peep at**	~을 훌끗 엿봄	★★☆

My aunt took a little peep at her watch. 고모가 시계를 슬쩍 봤어요.

18	**skill at**	~에의 기술/솜씨	★★☆

Despite her lack of skill at writing, she excels in painting and sculpting. 글쓰기 솜씨는 부족하지만, 그녀가 회화와 조각에서는 월등합니다.

19	**sniff at**	~을 킁킁거림/냄새 맡음	★☆☆

The dog gave a quick sniff at the stranger's hand before wagging its tail. 그 개는 꼬리를 흔들기 전에 낯선 사람의 손을 킁킁거리며 재빨리 냄새를 맡았어요.

20	**stare at**	~의 응시	★★★

Her stare at the painting suggested deep contemplation.
그녀가 그림을 응시하고 있다는 것은 깊이 사색 중임을 암시했습니다.

21	**surprise at**	~에 대한 놀라움	★★☆

He expressed surprise at not being invited to the farewell party.
그는 (자신이) 환송회에 초대받지 못한 것에 놀라움을 표했어요.

22	**wink at**	~에게 윙크	★★☆

He laughed and shot a wink at her. 그는 웃더니 그녀에게 윙크를 날렸어요.

at

CHAPTER 7

거의 모든 전치사 up의 표현

up

물컵 안에 작은 레몬 조각을 넣고 물을 채우는 과정을 위에서 아래로 내려다본다고 상상해 보세요. 처음에는 저 멀리 바닥 아래에 있던 레몬 조각이 물이 차오르면서 눈과 가까워지고 점점 크게 보이게 되는데, 이것이 전치사 'up'의 이미지입니다.

물의 높이가 올라간다는 측면에서 '~의 위'라는 기본 의미에서 출발하여 레몬 조각이 올라오면서 눈앞으로 점점 '가까이' 다가온다는 뜻으로도 쓰입니다. 'come'과 'com up'의 차이를 말할 때 'come up'은 멀리서 '가까이' 다가온다는 뉘앙스가 포함되는 것처럼요.

또 물이 올라와서 컵에 가득 차면 '가득하게', '완전히', '최대치로', '전부 다', '빈틈없이'의 의미까지 확장됩니다. 경험치를 꽉 채우게 되면 일의 '완료', '끝'의 의미를 나타내기도 하며 의식이 완전히 '깨어 있는'의 의미로도 쓰입니다.

상태, 동작, 정도, 기분, 크기 등이 단계를 높여가며 강화한다는 의미, 그리고 그 끝에 완료된다는 의미까지 확장되는 것이 바로 전치사 'up'인 것이죠.

* 다음 구동사 표현에는 엄밀히 말해 부사로 쓰인 up도 있지만, 여기서는 굳이 구분하지 않고 제시합니다.

UNIT 1 동사 + up

PREPOSITION

MP3 031

MP3 031-1

1	**act up**	버릇없이 굴다	★★☆

The boys were acting up in the car, when their mom yelled at them.
남자애들이 차 안에서 장난을 치며 버릇없이 굴자 엄마가 애들에게 소리를 질렀어요.

2	**add up**	~을 더하다	★★☆

If you add up those four figures, it comes to over 1,500.
이 네 가지 수치를 더하면 1,500이 넘어요.

3	**amp up**	증가시키다	★★☆

She amped up her workout routine to prepare for the marathon.
그녀는 마라톤 출전 준비를 위해 자신의 운동 루틴 강도를 더 높였어요.

4	**back up**	후진하다	★★☆

You should back up another three feet or so.
(후진하는 운전자에게) 3피트 정도 더 뒤로 가야 해.

back up	~을 뒷받침하다

I need you to back up your claims with evidence.
네가 주장하는 걸 증거로 뒷받침해야지.

back up	지원하다

It is time the government backed up its campaigns with tougher measures. 이제는 정부가 더 강력한 조치로 캠페인을 지원할 때죠.

back up	(파일을) 백업하다

Make sure you back up your files in case the computer crashes.
혹시 컴퓨터 다운될지 모르니까 파일을 꼭 백업해 두어라.

up

5	**be up**	(할당된 것이) 다 되다	★★★

I'm sorry, but your time for this task is up. 죄송하지만, 이 작업에 할당된 시간이 다 됐어요.

6	**beat up**	~을 마구 두들겨 패다	★★☆

The gang beat up an innocent bystander.
그 갱단이 지나가는 무고한 행인을 마구 두들겨 팼어요.

7	**beef up**	~을 더 보강[강화]하다	★★☆

We need to find some new players to beef up the team.
우리는 새로운 선수를 찾아서 팀을 보강해야 해요.

8	**belt up** (= buckle up)	안전벨트를 꽉 매다	★★☆

Some drivers still fail to belt up before they drive off.
일부 운전자들은 아직도 차를 몰기 전에 안전벨트를 꽉 매지 않네요.

9	**block up**	(구멍 같은 것을) 완전히 막다	★★☆

In autumn, leaves block up the drains. 가을에는 나뭇잎들이 하수구를 꽉 막아요.

10	**blow up**	~을 폭파하다	★★☆

Demonstrators threatened to blow up the factory.
시위대는 공장을 폭파하겠다고 위협했습니다.

	blow up	(공기를) 불어넣다	

Some people find it hard to blow up a balloon. 어떤 사람들에겐 풍선 부는 것이 어려워요.

	blow up	거세지다, 고조되다	

A crisis has blown up over the peace talks. 평화 협상에 위기가 고조됐습니다.

11	**board up**	(문이나 창문 등을) 판자로 막다	★★☆

Residents boarded up the structures with plywood to protect windows. 주민들이 창문을 보호하려고 합판으로 구조물을 막았어요.

12	**bob up**	(표면 위로) 불쑥 나타나다	★★☆

As the fishermen cast their lines, colorful fish began to bob up from the ocean depths.
어부들이 낚싯줄을 던지자 영롱한 색깔의 물고기들이 바다 깊은 곳에서 불쑥 올라오기 시작했어요.

13	**boil up**	(상황이나 감정이) 들끓다	★★☆

As tensions rose, emotions began to boil up within the group.
긴장이 높아지면서 그룹 내 감정이 들끓기 시작했습니다.

14	**book up**	예약이 꽉 차다	★★☆

The restaurant is so popular that it tends to book up weeks in advance. 이 레스토랑은 몇 주 전에 예약이 꽉 찰 정도로 인기가 많습니다.

15	**bottle up**	(감정을 드러내지 않고) 억누르다	★★☆

She tends to bottle up her emotions. 그녀는 자기 감정을 억누르는 경향이 있어요.

16	**break up**	(관계 등을 완전히) 끝내다	★★☆

They decided to break up the partnership. 그들은 동업자 관계를 끝내기로 했습니다.

break up	파하다

The seminar broke up at seven o'clock. 세미나는 7시에 파했어요.

break up	(전화 연결 등이) 끊기다

She was on the subway when the call started to break up.
전화가 끊기기 시작했을 때 그녀는 지하철을 타고 있었어요.

break up (with)	(~와) 헤어지다

After months of trying to make it work, they finally decided to break up and go their separate ways. 몇 달간의 노력 끝에 결국 두 사람은 헤어져 각자의 길을 가기로 했습니다.

He's just broken up with his girlfriend. 그는 바로 얼마 전에 여자 친구랑 헤어졌어요.

up

17	**bring up**	화제를 꺼내다	★★☆

Don't bring up her health problems. 그녀의 건강 문제를 화제로 꺼내지 마.

	bring up	(예의범절 등을 가르쳐 가며) 양육하다	

She brought up her child in just the same way her mother did.
그녀는 자기 엄마가 했던 것과 똑같은 방식으로 자기 아이를 길렀어요.

18	**brush up**	(안 쓰던 기술 등을) 빨리 되살리다	★★☆

I think you should brush up your storytelling skills.
넌 스토리텔링 기술을 빨리 되살려야 할 것 같다.

19	**bubble up**	(샘물이) 콸콸 솟아오르다	★★☆

Water bubbles up through the pebbles, creating a cool refreshing effect. 조약돌 사이로 물이 솟아올라와 시원하고, 청량한 감을 줍니다.

20	**buckle up**	안전벨트를 매다	★★☆

We are leaving soon. Buckle up, please. 곧 출발합니다. 안전벨트 매 주세요.

21	**build up**	창조하다, 개발하다	★★★

Over the year, they've worked hard to build up their reputation in the industry. 몇 년에 걸쳐 그들은 그 업계에서 명성을 쌓기 위해 노력해 왔습니다.

	build up	강화하다	

The museum has built up a fine art collection.
박물관은 순수 미술 소장품(컬렉션)들을 (질적인 면과 범위에서) 강화했습니다.

	build ~ up	(칭찬이나 건설적인 피드백으로) 지원하다	

It is easy to knock people down, but it is much more rewarding to build them up.
사람들을 넘어뜨리는 것은 쉽죠. 하지만 그들을 일으켜 세우고 지원하는 일이 훨씬 더 보람 있습니다.

22	**bulk up**	강화하다	★★☆

Several countries in the region are bulking up their military power.
그 지역 내 여러 나라들이 자국의 군사력을 증강하고 있어요.

23	**bundle up**	~을 꾸리다/뭉치다	★★☆

My mom bundled up the dirty shirts and put them in the bag.
엄마는 더러운 셔츠들을 뭉쳐서 가방 안에다 넣었어요.

bundle up	(옷 등을) 따뜻하게 입다

It's cold out. Bundle up! 밖이 추워. 따뜻하게 껴입어!

24	**burn up**	전소되다	★★☆

Meteorites often burn up in the atmosphere before they reach the ground. 운석은 땅에 닿기 전에 대기권에서 종종 전소됩니다.

burn up	(보통 진행형으로) 몸이 펄펄 끓다

"He's burning up!" the nurse said, touching his forehead.
"몸이 펄펄 끓네요!" 간호사가 그의 이마를 만지며 말했어요.

burn ~ up	~을 분통 터지게 하다

The way Jessica's husband treats her really burns her up.
남편이 자신을 대하는 방식 때문에 제시카가 정말 분통 터지지.

25	**buy up**	~을 (살 수 있는 대로) 다 사다	★★☆

He bought up all the land in the surrounding area.
그는 주변 지역의 땅을 다 사들였어요.

26	**call up**	~을 떠올리다	★★☆

The words called up memories of our own childhood.
그 말을 들으니 우리 어린 시절의 추억이 떠올랐어요.

call ~ up	~에게 전화하다	

My dad called me up to tell me the sad news.
아빠가 전화하셔서 슬픈 소식을 전해 주셨어요.

27	**carve up**	(회사·토지 등을) 분할하다	★★☆

The treaty proposed to carve up Portugal into three entities.
그 조약은 포르투갈을 세 개의 독립체로 분할할 것을 제안했습니다.

28	**cash up**	하루 매상을 계산하다	★☆☆

When she had cashed up, she realized there was £100 missing from the till. 그녀가 하루 매상을 계산해 보니 계산대에서 100파운드가 없어졌다는 것을 깨달았어요.
▸ till 계산대

29	**catch up (on/with)**	(밀린 일 등을) 따라잡다	★★★

After getting back to school, he is finding it hard to catch up.
학교로 돌아온 후, 그는 지금 (학업을) 따라잡기 어려워해요.

I have to catch up on my reading. 제가 (요즘 하지 못했던) 독서를 해야 해서요.

He caught up with the runner ahead of him. 그는 앞서 달리던 주자를 따라잡았어요.

She spent hours on the phone catching up with her old friends.
그녀는 몇 시간 동안 통화를 하며 오랜 친구와 밀린 이야기를 했어요.

30	**chalk up**	~을 달성하다, ~이 쌓이다	★★☆

Peggy chalked up as many as four appearances on the show.
페기는 그 쇼에 네 번이나 출연한 기록을 달성했어요.

chalk up	~을 얻다	

Our tax system partly helps the big companies to chalk up huge profits. 우리 세금 체계가 대기업이 막대한 이익을 얻는 데 부분적으로나마 도와주고 있는 셈이죠.

31	**change up**	(기어를 바꿔) 올리다	★★☆

When driving uphill, it's important to change up quickly to maintain speed and efficiency.
오르막길에서 운전할 때는 속도와 효율성 유지를 위해 기어를 빠르게 올리는 것이 중요합니다.

change up	(개선하기 위해) 바꾸다, 변화를 주다	

After years of the same routine, she decided to change up her workout regimen by incorporating more cardio.
수년 간 같은 루틴을 반복하던 그녀는 유산소 운동을 더 추가하여 운동 요법을 바꾸기로 했습니다.

32	**chase up**	~을 재촉하다	★★☆

He is willing to devote time and experience to chasing up late payers. 그는 체납자 독촉에 시간과 경험을 기꺼이 바치려고 하고 있어요.

33	**cheer up**	~을 활기 있게 하다	★★☆

Bright curtains can cheer up a dull room.
밝은색 커튼을 하면 칙칙한 방에 활기가 돌게 할 수 있죠.

cheer ~ up	~을 격려하다	

When she was discouraged, her husband cheered her up by playing her favorite music. 그녀가 낙심했을 때, 남편은 그녀가 좋아하는 음악을 틀어 주며 격려해 주었어요.

34	**chew up**	~을 씹다	★★☆

The dog's chewed up my slippers again. 강아지가 또 내 슬리퍼를 씹어댔어요.

chew up	~을 파괴하다	

A housing explosion has chewed up mangroves and marshes.
갑작스러운 주택 건설 증가로 맹그로브와 습지가 파괴돼 버렸습니다.

35	**choke up**	(감정에 겨워) 목이 메다	★★☆

Whenever he spoke about his late grandmother, he would choke up with emotion. 돌아가신 할머니 얘기를 할 때마다 그는 감정이 북받쳐 오르면서 목이 메곤 했죠.

36	**clean up**	~을 (완전히) 치우다	★★☆

We have to clean up before the guests arrive.
손님들이 도착하기 전에 우리가 완벽히 청소해 놓아야 한다고.

37	**close up**	잠그다, 닫다	★★☆

The students will close up the doors to the courtyard after class.
수업이 끝나면 학생들이 마당으로 통하는 문을 닫을 겁니다.

	close up	점점 조여들다	

Whenever Jessica tried to speak, her throat closed up with fear.
말하려고 할 때마다 공포심에 제시카의 목이 조여들었어요.

38	**come up**	(위로 뚫고) 나오다	★★★

The seedlings are beginning to come up from the soil.
묘목들이 땅에서 나오려고 하고 있어요.

	come up	(어떤 행사나 때가) 다가오다	

The deadline for the project is coming up fast.
프로젝트 마감일이 빠르게 다가오고 있네요.

	come up	발생하다	

I won't be able to make it to the meeting tomorrow. Something unexpected has come up. 저 내일 회의에 참석 못하겠어요. 예상치 못한 일이 생겼어요.

39	**conjure up**	~을 상기시키다	★★☆

The word 'swan' conjures up the image of purity, innocence, and magic. '백조'라는 단어를 들으면 깨끗함, 순수, 마법의 이미지가 떠올라요.

40	**coop up**	(좁은 곳에) ~을 가두다	★☆☆

They cooped up the chickens in the barn to protect them from the storm. 그들은 폭풍우로부터 닭들을 보호하려고 닭을 헛간에 가두었습니다.

41	**cough up**	(기침해서) ~을 내뱉다	★★☆

Doctors were worried when she started to cough up blood.
그녀가 피를 토하기 시작하자 의사들이 걱정했어요.

42	**crank up**	(수준·소리 등을) 올리다	★★☆

He cranked up the volume to 11. 그는 볼륨을 11까지 높였어요.

43	**creep up**	(양·가격 등이) 서서히 오르다	★★☆

Over the last year, the rate of inflation has crept up to almost seven percent. 지난 1년간 인플레이션율이 거의 7%까지 올랐어요.

44	**crop up**	발생하다, 불쑥 나타나다	★★☆

Still, new problems continued to crop up during the project.
여전히 그 프로젝트가 진행되는 동안 새로운 문제들이 계속해서 발생했어요.

45	**crumple up**	~을 (완전히) 구기다	★★☆

I crumpled up the note and dropped it on his desk.
나는 쪽지를 구겨서 그의 책상 위에 떨어뜨렸어요.

46	**cuddle up**	바짝 다가앉다	★★☆

We cuddled up together and looked through our newly unpacked wedding album. 우리는 함께 바싹 다가앉아서 막 개봉한 결혼 앨범을 살펴봤어요.

47	**curl up**	몸을 웅크리다	★★☆

After a long day at work, I like to curl up in my favorite armchair and relax.
직장에서 힘든 하루를 보낸 후에 내가 가장 좋아하는 안락의자에 몸을 웅크리고 앉아 편하게 쉬는 게 좋아요.

48	**cut up**	~을 잘게 자르다	★★☆

How do you stop your eyes from watering when you're cutting up onions? 양파 썰 때 어떻게 눈물이 나지 않게 해요?

49	**double up**	(둘이서) 나눠 쓰다	★★☆

We often had to double up in hotel rooms to accommodate everyone in the group. 그룹 내 모든 사람을 수용하기 위해 우리는 호텔 방을 나눠 써야 했습니다.

double up	(웃음 등으로) 몸을 (둘로) 접어 웅크리다	

As the comedian told his jokes, the audience doubled up with laughter. 그 코미디언이 농담을 던지자 관객들은 몸을 웅크리며 자지러지게 웃었어요.

50	**draw up**	~을 가까이 끌어오다	★★☆

She drew up a chair and sat on it. 그녀는 의자를 끌어다 그 위에 앉았어요.

draw up	(세심한 생각·계획이 필요한 것을) 작성하다	

He has drawn up the list of items that he'd like to purchase.
그는 사고 싶은 품목 리스트를 작성했어요.

51	**dress up**	(보통 때보다 더) 잘 차려입다	★★☆

You don't have to dress up since it is a small informal party.
소규모 비공식 파티라서 잘 차려입을 필요 없어.

52	**drive up**	(물가 등을 빠르게) 끌어 올리다	★★☆

High fuel prices are driving up production costs.
높은 연료 가격 때문에 생산 비용이 더 들고 있어요.

53	**ease up**	(정도가) 약해지다	★★☆

As the snow was easing up, the street was busy with last-minute shoppers. 눈이 소강상태로 접어들자 거리는 막판까지 쇼핑하려는 사람들로 붐볐어요.

54	**eat up**	~을 다 먹다	★★☆

Be a good girl and eat up your vegetables. 착한 아이가 되어야지. 채소를 다 먹으렴.

55	**end up**	결국 ~하게 되다	★★★

He ended up staying five more years. 그는 결국 5년을 더 머무르게 되었지요.

56	**fill up**	~을 꽉 채우다	★★☆

He filled up the tank with petrol. 그는 차에 기름을 꽉 채웠어요.

57	**finish up**	완전히 끝내다	★★☆

Finish up your dinner and you can have dessert.
식사를 다 마쳐야 디저트 먹을 수 있어.

finish up	결국 ~하게 되다

If you don't manage your time well, you might finish up missing the bus. 시간 관리를 잘 못 하면, 너 버스를 놓치게 될 수도 있어.

58	**fire up**	(기계 등을) 작동시키다	★★☆

There was little sunlight to fire up the solar panels.
태양 전지판을 작동시킬 햇빛이 거의 없었어요.

fire up	~에게 열의를 불어넣다

The coach fired up the players with a pep talk.
그 감독은 격려의 말로 선수들을 북돋아 주었어요.
▸ pep talk: 격려[응원]의 말

59	**follow up**	(방금 들은 내용에 대해) 더 알아보다	★★☆

It is a necessary job as a reporter to follow up when something suspicious happens. 의심스러운 일이 생길 때 더 알아보는 게 기자로서 꼭 필요한 일이죠.

follow up	(이것저것 알아보고) 추후에 연락하다

I will follow up once I have gathered the information you requested.
일단 제가 (고객님께서) 요청하신 정보를 모은 후 추후 연락을 드리겠습니다.

MP3 031-2

60	**gather up**	~을 모으다	★★☆

I gathered up enough money and relocated from New York to Stanford. 나는 돈을 충분히 모아 뉴욕에서 스탠퍼드로 이사했어요.

61	**get up**	(앉거나 누워 있다가) 일어나다	★★★

I got up feeling unwell. 나는 몸 상태가 안 좋은 채로 일어났어요.

62	**give up**	~을 포기하다	★★★

I'll give up chocolate for my sister. 내가 여동생을 위해 초콜릿을 포기할게.

63	**hang up**	~을 걸어놓다	★★☆

She hung up the jacket after taking it off. 그녀는 재킷을 벗어서 걸어놓았어요.

	hang up	~을 그만두다	

So, when did you hang up your boots? 너 축구는 언제 그만둔 거야?
▸ hang up one's boots: 축구를 그만두다

	hang up	전화를 끊다	

Mom hung up the phone after chatting with her sister for over an hour. 엄마가 이모랑 한 시간 넘게 얘기한 후에 전화를 끊으셨어요.

64	**heave up**	~을 끌어올리다	★★☆

Can you guys heave up this big box for me? 이 큰 상자 좀 들어올려 줄 수 있니?

	heave up	~을 게워내다	

Crouched over the end of the table, a boy was heaving up everything he had ever eaten.
탁자 끝에 웅크리고 앉아, 한 소년이 지금까지 먹은 모든 것을 다 토하고 있었어요.

65	**hold up**	~을 들다	★★☆

She held up her hand. 그녀가 손을 들었어요.

hold up	(쓰러지지 않도록) ~을 떠받치다

The beams hold up the roofs of this house. 들보가 이 집의 지붕을 지탱하고 있어요.

hold up	(교통 흐름 등을) 가로막다

Stop trying to squeeze in last minute, holding up traffic in your lane!
막판에 끼어들어서 네 차선의 교통을 정체시키지 마!

hold up	(은행·상점 등을) 강탈하다

Masked men held up a petrol station in South London yesterday.
복면을 쓴 남자들이 어제 런던 남부 지역의 한 주유소를 강탈했어요.

hold up	버티다

The old bridge held up admirably despite the heavy rain and strong winds. 오래된 다리가 폭우와 강풍에도 감탄스러우리만큼 잘 버텨 줬어요.

How is Carmine holding up after his wife died?
아내가 죽고서 카민은 어떻게 꿋꿋하게 잘 견디고 있니?

66	**keep up**	지속하다	★★★

How long can economic boom keep up? 경제 호황이 얼마나 지속될 수 있을까요?

keep up	뒤처지지 않다

Jack had to run faster to keep up during the race.
잭은 경주에서 뒤처지지 않기 위해 더 빨리 달려야 했어요.

up

67	**kick up**	(땅에서 먼지 등을) 일으키다	★★☆

The cow tied behind was kicking up clouds of dust.
뒤에 묶여 있는 소가 (바닥을 차며) 먼지 구름을 일으켰어요.

	kick up	거세지기 시작하다	

As the thunderstorms dumped rain and high winds started to kick up, streets became flooded.
뇌우가 비를 퍼붓고 강풍이 거세지기 시작하면서 거리가 물에 잠겼어요.

68	**lace up**	~을 졸라매다	★★☆

Lace up your shoes before you start your workout!
운동 시작하기 전에 신발 끈 꽉 묶어!

69	**let up**	(강도가) 약해지다	★★☆

The rain had let up, allowing us to continue our plans.
빗발이 약해져서 우리는 계획대로 계속할 수가 있었어요.

70	**lift up**	~을 들어올리다	★★☆

He lifted up the heavy boxes with all his might.
그는 온 힘을 다해 그 무거운 상자들을 들어올렸어요.

	lift up	~을 고양하다	

The music will lift up the audience. 음악이 청중들을 정신적으로 고양할 겁니다.

71	**light up**	~에 불을 붙이다	★★☆

She lit up another cigarette. 그녀는 다른 담배에 불을 붙였어요.

	light up	(빛·색으로) 환하게 만들다, 환해지다	

The flames lit up the sky. 불꽃이 하늘을 밝혔습니다.
At night the harbor lights up. 밤에는 항구가 환해져요.

72	**line up**	~을 줄을 세우다	★★☆

The soldiers lined up people against a wall.
군인들이 사람들을 벽에 기대어 쭉 세워 놓았어요.

	line up	(누가 무언가를 할 수 있도록) 준비하다	

I've lined up a conference with him for tomorrow afternoon.
내일 오후로 그와 회의 일정을 잡아서 준비했습니다.

73	**load up**	~을 싣다	★★☆

Stop loading up your luggage into your car. 차에 짐 그만 실어.

74	**look up**	(상황이) 나아지다	★★★

At last, our financial situations were beginning to look up.
마침내 우리 재정 상황이 나아지기 시작했어요.

	look up	(사전이나 컴퓨터 등에서) ~을 찾아보다	

Can you look up solar power system on the Internet?
인터넷에서 태양열 발전 시스템에 대해 찾아볼래?

	look ~ up	(특히 오랫동안 못 만난 사람을) 방문하다	

Look me up the next time you're in Chicago. 다음번에 시카고 오면 나 보러 와.

75	**make up**	(이야기 등을) 지어내다	★★★

Please don't make up a fabricated story, as honesty is always the best policy. 거짓 이야기를 지어내지 마. 정직이 언제나 최선의 방책이니까.

Stop loading up your luggage into your car.

up

	make up	그룹을 이루다/구성하다	

We need two more players to make up a team.
팀을 하나 구성하려면 우리에게 선수 두 명이 더 필요해요.

	make up	(부족분 또는 적자를) 충당하다, (잘못한 것을) 보상하다	

The company will be forced to pay $6 million to make up the difference. 그 회사는 차액을 채우기 위해 육백만 달러를 내야 할 것입니다.
▸ difference: 차액

I'll make it up to you for what I did wrong. 내가 잘못한 것을 너에게 보상해 줄게.
▸ '보상하다'의 의미일 때, make it up to ~ 형태로 많이 쓰임.

76	mess up	~을 망치다	★★☆

He had messed up one career because of the mistake.
그 실수 때문에 그는 경력 하나를 망쳐 버렸죠.

	mess ~ up	~에게 심각한 정신적 문제를 안기다	

That really messed them up, especially the boys.
그것은 특히 소년들에게 심각한 정신적 문제를 안겼습니다.

77	pay up	빚을[돈을] 다 갚다	★★☆

He stubbornly refused to pay up, ignoring all requests and reminders. 그는 모든 요청과 독촉을 무시하면서 고집스레 돈을 다 갚지 않으려고 했어요.

78	pick up	~을 집어 들다	★★★

He picked up the letter and read it. 그는 편지를 집어 들고 읽었어요.

	pick up	~을 익히다/배우다	

I picked up a few words of Greek when I was in Greece last year.
작년에 그리스에 있었을 때 그리스어 단어 몇 개를 익혔어요.

	pick up	속도를 올리다	

The car gradually picked up speed. 그 차는 점점 속도를 올렸어요.

pick up	~을 (차에) 태우러 가다	

I should pick up my son at the station. 아들을 태우러 역에 가야 해요.

79	pile up	~을 쌓다	★★☆

He piled up such a huge debt that he soon went bankrupt.
그는 빚이 엄청나게 쌓여서 곧 파산했습니다.

pile up	(양이) 많아지다	

The evidence is piling up that the new policy is leading to significant improvements in employee productivity.
새 정책으로 직원 생산성이 크게 향상되고 있다는 증거가 많아지고 있어요.

80	play up	(필요 이상으로) ~을 강조하다	★★☆

The media played up the prospects for a settlement.
언론은 합의에 대한 전망을 강조했습니다.

play ~ up	~을 괴롭히다	

I hope the kids won't play you up. 아이들 때문에 괴롭지 않길 바란다.

play up	말썽을 부리다	

The car's playing up again. 차가 또 말썽이네.
▸ 특히 영국 영어에서 활용.

81	pop up	빠르게 (수직 모양으로) 만들어지다	★★☆

The tent pops up fully formed in an instant.
텐트가 순식간에 완전한 모양으로 만들어져요.

pop up	불쑥 나타나다	

Lisa popped up at the party, all smiles.
리사가 만면에 미소를 지으며 파티에 불쑥 나타났다니까.

82	**prop up**	~을 지원하다	★★☆

The government introduced measures to prop up the stock market.
정부가 증시를 지원하기 위해 조치를 내놓았습니다.

prop up	(넘어지지 않게) 받쳐주다

They tried hard to prop up the crumbling walls of the school.
그들은 무너져가는 학교 벽을 지탱하려고 애썼어요.

83	**pump up**	~에 공기를 주입하다	★★☆

Have you pumped up the bike tire yet? 아직 자전거 타이어에 공기 안 넣었어?

pump up	(양·가치 등을) 증가[증대]시키다

The US managed to pump up exports through strategic trade agreements. 미국은 전략적 무역 협정으로 간신히 수출을 늘릴 수 있었습니다.

pump up	~을 북돋우다

I am listening to music to pump up my spirits before a big project.
큰 프로젝트를 앞두고 기운을 북돋우기 위해 음악을 듣고 있어요.

84	**round up**	~을 (찾아) 모으다	★★☆

If we want to play football, we must first round up some players.
우리가 축구를 하고 싶으면 먼저 선수들을 몇 명 모아야만 해.

round up	(동물을) 몰다

The cowboys rounded up the cattle. 카우보이들이 소 떼를 몰았어요.

round ~ up	~을 반올림하다

Round the answer up to the nearest 10. 가장 가까운 10의 자리로 답을 반올림하세요.

85	**run up**	~ 위로 뛰어가다	★★☆

She ran up the hill quickly, trying to escape the approaching storm.
그녀는 다가오는 폭풍을 피하려고 언덕 위로 재빨리 뛰어갔어요.

run up	(공과금·부채 등이) ~만큼 쌓이도록 두다

They drank in the hotel bar and ran up a bill that they couldn't pay immediately. 그들은 호텔 바에서 술을 마셨고, 그 자리에서 낼 수 없을 만큼의 비용이 쌓였어요.

run up	(옷 등을 특히 바느질하여) 재빨리 만들다

I can run up some curtains in a few hours if you want.
원하시면 몇 시간 안에 커튼을 만들 수도 있어요.

86	**save up**	~을 저축하다/모으다	★★☆

It took me several months to save up enough money to go travelling.
여행 갈 돈을 충분히 모으는 데 몇 달이 걸렸어요.

87	**scale up**	(크기·규모를) 확대하다	★★☆

My company is scaling up its operations in Western Asia.
우리 회사는 서아시아에서 사업을 확장하고 있습니다.

88	**scoop up**	~을 (빠르게) 퍼 올리다	★★☆

Dog owners should scoop up their dogs' mess and put it in the bin.
개 주인들은 개의 배설물을 주워서 쓰레기통에 넣어야 합니다.

scoop up	~을 싹 쓸어 가다

Fans scooped up the trading cards in the first few hours of the sale.
팬들은 판매 시작 몇 시간 만에 트레이딩 카드를 싹 쓸어 갔습니다.
▸ trading cards: 스포츠 선수나 유명인의 모습이 인쇄된 카드

89	**scrape up**	~을 (어렵게) 긁어모으다	★★☆

I managed to scrape up enough money to purchase the wardrobe.
옷장을 사는 데 필요한 돈을 겨우 어렵게 구했어요.

90	**screw ~ up**	(나사를 조여) ~을 고정하다	★★☆

After aligning the metal plates, he screwed them up tightly to ensure they were securely fastened.
그는 금속판을 정렬한 후 단단히 고정되도록 나사를 꽉 조여 고정했습니다.

screw up	~을 망치다	

Toby totally screwed up the math exam. 토비는 수학 시험을 완전히 망쳤어요.

screw up	(자극이나 빛 때문에 눈을) 가늘게 뜨다	

He screwed up his eyes against the bright light. 그는 밝은 빛에 눈을 가늘게 떴어요.

91	**stack up**	~을 쌓아 놓다	★★☆

My father stacked up all those newspapers in the basement.
아빠가 지하실에 신문을 다 쌓아 놓으셨어요.

stack up	(양이나 수가) 쌓이다	

Problems in the industry have stacked up in recent months.
최근 몇 달간 업계의 문제가 계속 누적됐지요.

stack up	(특히 부정문에서) 말이 되다	

Are you serious? It just doesn't stack up. 진짜야? 말이 안 되잖아.

stack up	(잘하여) 견줄 만하다	

Let's give him a chance to do it and see how he stacks up.
그 사람에게 그 일을 할 기회를 주고 얼마나 잘하는지 보자.

92	**set up**	~을 시작하다	★★★

He is working on the blueprint to set up his own business.
그는 자기 사업을 시작하기 위해 청사진 작업 중입니다.

	set up	(기계·장비를) 설치하다	

The police set up roadblocks on routes out of the city.
경찰은 도시 밖으로 나가는 길에 도로 차단 방어벽(바리케이트)을 설치했어요.

	set up	(회의나 일정을) 잡다, 마련하다	

We need to set up a meeting to discuss the proposals.
그 제안을 논의할 수 있게 우리가 회의를 잡아야겠어요.

	set ~ up	~을 함정에 빠뜨리다	

He denied the charges, saying the police had set him up.
그는 경찰이 자신을 함정에 빠뜨렸다고 말하며 혐의를 부인했습니다.

93	shake up	(변화로 이어지게) ~을 흔들다	★★☆

Technological changes have shaken up many industries.
기술 변화는 많은 산업을 뒤흔들어 놓았습니다.

	shake up	~에 변화를 가져오다, ~을 개혁하다	

Have you considered shaking up your program?
프로그램에 변화를 가져오는 걸 생각해 본 적 있니?

94	shore up	강화하다, 보완하다	★★☆

The plan is designed to shore up weaknesses in the current system.
계획은 현재 시스템의 약점을 보완하기 위해 고안되었습니다.

95	show up	(예정된 곳에) 나타나다	★★★

I invited Tom to the party but he didn't show up.
톰을 파티에 초대했지만, 오지 않았어요.

96	stand up	일어나다	★★★

The whole audience stood up and started clapping.
청중들이 모두 일어나 박수를 치기 시작했어요.

97	**stay up**	(평상시보다 더 늦게까지) 깨어 있다	★★☆

We stayed up late to watch a film. 우리는 영화를 보려고 늦게까지 자지 않았어요.

98	**stir up**	~을 일으키다/발생시키다	★★☆

The vehicle stirred up clouds of dust. 그 차량이 먼지구름을 일으켰어요.

	stir up	(감정을) 불러일으키다	

The photographs stirred up some pleasant memories.
사진들을 보자 즐거운 기억이 생각났어요.

99	**stock up**	(상품·식품 등으로) ~을 채우다	★★☆

She decided to stock up her pantry with canned goods for emergencies. 그녀는 비상시에 대비해 통조림으로 팬트리를 채우기로 했어요.

100	**store up**	~을 저장하다	★★☆

Ants store up food all summer for winter.
개미는 겨울을 대비해서 여름 내내 먹이를 저장해 두죠.

101	**straighten up**	~을 정돈하다	★★☆

Why don't you straighten up your room? It is a mess.
네 방 좀 치우지 그러니? 아주 엉망이야.

	straighten up	자세를 똑바로 하다	

As I slowly straightened up, I heard my back cracking.
천천히 몸을 똑바로 하는데 등에서 뚝하는 소리가 들렸어요.

	straighten up	행실을 바르게 하다	

You'd better straighten up to graduate from high school.
고등학교 졸업하려면 행실을 똑바로 하는 게 좋을 거다.

102	**sum up**	~을 요약하다	★★☆

In your final paragraph, sum up your argument.
마지막 단락에서 네 주장을 요약해 봐.

103	**swell up**	부풀다	★★☆

My hands swelled up after I took the medication.
약 복용 후 제 손이 부어올랐어요.

104	**talk up**	~을 (실제보다) 좋게 말하다	★★☆

John talked up the idea at the meeting.
존은 회의에서 그 아이디어를 잘 포장해서 실제보다 좋게 말했습니다.

105	**tank up**	(자동차에) 연료를 가득 채우다	★★☆

Make sure you tank up before you go. Gas is expensive on the highway. 가기 전에 꼭 기름 가득 넣어. 고속도로에서는 기름이 비싸거든.

106	**throw up**	~을 토하다	★★☆

He had been throwing up his breakfast all morning.
그는 오전 내내 아침 식사로 먹은 걸 다 토해내고 있었어요.

throw up	(생각지도 않게) ~을 제공하다/드러내다

A new study threw up some interesting answers.
새로운 연구에서 몇 가지 흥미로운 답이 나왔습니다.

throw up	(직장 등을) 그만두다

She threw up her position at the law firm to pursue a career in environmental advocacy.
그녀는 환경 옹호 분야에서 경력을 쌓으려고 로펌에서 일하던 자리를 집어 던지고 나왔습니다.
▸ 비격식체로, 격식체로 써야 할 자리에서는 quit으로 쓸 것.

107	**tidy up**	~을 깔끔하게 정리하다	★★☆

It's time for us to tidy up the office. 사무실을 깔끔하게 정리해야 할 시간이야.

up

108	**tie up**	**마무리하다, 완료하다**	★★☆

She decided to tie up the loose ends of the project before the deadline. 그녀는 마감기한 전에 프로젝트의 미진한 부분을 마무리하기로 했습니다.

109	**tune up**	**(악기를) 조율하다**	★★☆

He began to tune up his violin just before his evening performance.
그는 저녁 공연 전에 자기 바이올린을 조율하기 시작했어요.

110	**turn up**	**(볼륨·소매 등을) 올리다**	★★☆

Could you turn up the volume? 소리 좀 올려 줄래?

	turn up	**(결과 등을) 내다**	

My research didn't turn up anything. 제 연구에서 아무런 결과를 못 냈어요.

	turn up	**(잃어버린 물건 등이) 나타나다**	

A missing piece of document turned up inside a book.
없어졌던 문서 한 장이 책 안에서 나왔어요.

111	**use up**	**~을 다 쓰다**	★★☆

Don't use up all the milk — we need some for breakfast.
우유 다 쓰지 마. 아침 먹으려면 우유가 필요해.

112	**wake up**	**(잠에서) 깨다, 정신을 바짝 차리다**	★★★

Hey, it's urgent. Wake up and listen! 야, 긴급 상황이라고. 정신 차리고 잘 들어!

113	**whip up**	(긍정적인 의미로) 자극하다, 흥분시키다	★★☆

The chef's innovative dishes always whip up enthusiasm among the restaurant's patrons.
셰프의 혁신적인 요리는 늘 레스토랑을 찾는 고객들의 (음식에 대한) 열정을 불러일으킵니다.

whip up	(음식을) 잽싸게 만들어내다

While the cauliflower is cooking, you can whip up a sauce.
콜리플라워가 요리되는 동안 여러분이 소스를 뚝딱 만들 수 있어요.

114	**wind up**	(사업이나 기업 등을) 접다, 그만두다	★★☆

Lawyers were called in to wind up the company.
회사를 정리하기 위해 변호사들이 호출됐어요.

wind ~ up	(자동차 창문 등을) 올리다

He started winding the window up but I grabbed the door and opened it. 그는 자동차 창문을 올려 닫기 시작했지만 나는 문을 붙잡고 열었어요.

wind up	결국 ~하게 되다

After several hours of negotiations, we wound up discussing the project over dinner.
몇 시간의 협상 끝에 우리는 결국 저녁 식사를 하면서 그 프로젝트를 논의하게 됐어요.

115	**wrap up**	~을 싸다/포장하다	★★☆

Have you wrapped up Julian's present yet? 줄리언에게 줄 선물 포장했니?

wrap up	~을 마무리하다

It's time to wrap up the show. 이제 프로그램을 마무리할 시간입니다.

wrap up	옷을 따뜻하게 챙겨 입다

Wrap up well – it's cold outside. 옷 따뜻하게 잘 챙겨 입어. 밖이 추워.

116	**work up**	~을 북돋우다	★★☆

A long walk will work up an appetite for more.
오래 걸으면 더 많이 먹게 식욕이 돋을 예요.

work up	(공력을 들이고 준비하여) ~을 만들다/개발하다

They have promised to work up proposals to reduce the level of tax fraud. 그들은 세금 사기 발생을 줄이는 제안을 마련하겠다고 약속했어요.

work up	~을 동요시키다/흥분시키다

The politician's speech worked up the crowd.
그 정치인의 연설을 듣고 군중들이 흥분했어요.

미묘한 뉘앙스 차이

동사가 단독으로 쓰일 때와 동사 뒤에 'up'을 붙여 사용할 때 어감의 차이가 있습니다. 'up'이 붙을 때는 행동이나 상태가 끝까지 닿아 가득 메우거나 꽉 찬 상태 혹은 정도가 더 완전하고 더 단단하게 마무리된 느낌을 줍니다.

1-1 **I used this paper when I was doing sketches.**
나는 스케치를 할 때 이 종이를 썼어요.

1-2 **I used up all the paper in the printer.**
내가 프린터에 있는 종이를 다 써 버렸어요.

2-1 **Her father cleaned his glasses with a paper napkin.**
그녀의 아버지가 종이 냅킨으로 안경을 닦았어요.

2-2 **It took me half a day to clean the place up.**
내가 그곳 청소를 완전히 다 끝내는 데 반나절이 걸렸어요.

3-1 **I filled my glass with water.**
나는 잔을 물로 채웠어요.

3-2 **I filled up the tank with oil.**
나는 기름을 끝까지 가득 채웠어요.

It's cold out.

Bundle up!

CHAPTER 8

거의 모든 전치사 on의 표현

on

전치사 'on'은 접촉을 뜻하며 물리적으로 '~ 위에'가 기본 의미입니다. 'above'나 'over'처럼 거리를 두고 떨어져 있는 것이 아니라, 붙어서 바로 위에 있다는 뜻이죠.

화면에 닿아 정보를 접할 수 있는 매체(TV, 페이스북, 인스타그램 등)들과도 함께 쓰여 '~에서'라는 의미로 사용되며, 전파를 공기에 올려 전달한다는 측면에서 'on air(방송 중인)' 표현으로도 쓰입니다.

물리적인 접촉의 상태가 추상적인 의미로 확장되어 접하고 있는 대상에 영향을 주거나 의존한다는 의미가 있기도 합니다. 주제와 닿아 있어서 관련이 있기에 '~에 대하여', 근거, 이유를 드는 '~ 때문에' 등으로도 의미가 확대됩니다. 또 'on'은 단절되지 않고 접촉해서 붙어 있기에 지속과 계속의 의미로도 쓰이는데요, 자동사 뒤에서 '계속해서 ~하는'의 의미를 갖는 이유가 바로 이 때문입니다.

* 다음 구동사 표현에는 엄밀히 말해 부사로 쓰인 on도 있지만, 여기서는 굳이 구분하지 않고 제시합니다.

UNIT 1 동사 + on

PREPOSITION

MP3 032

MP3 032-1

1	**act on**	~에 작용하다	★★★

The engraving was the result of the acid acting on the metal.
그 자국은 산성이 금속에 작용하여 생긴 결과였어요.

	act on	~에 따라 행동하다	

Why didn't you act on her suggestion? 그녀의 제안에 따라 행동하지 않은 이유가 뭐야?

2	**bank on**	~을 기대하다	★★☆

You can bank on a strong performance from the team, given their recent training and dedication.
최근 훈련과 헌신을 고려할 때, 팀의 강력한 성과를 기대해도 좋습니다.

3	**bear down on**	~에 돌진하다	★★☆

Suddenly, the ship bore down on us and there seemed to be no escape. 갑자기 배가 우리에게 돌진했고 피할 곳이 없어 보였어요.

4	**bear on**	~에 영향을 끼치다	★★☆

The new regulations bear on how we conduct our business operations. 새로운 규제들은 우리의 사업 운영 방식에 영향을 끼칩니다.

5	**bone up on**	~에 관해 공부하다	★★☆

You are advised to spend more time boning up on the essentials.
필수 사항에 대해 네가 시간을 더 많이 투자해서 공부하는 것이 좋겠다.

6	**border on**	(특히 좋지 않은 강력한 감정·성질인) ~에 가깝다	★★☆

He shows a self-confidence bordering on arrogance.
그는 오만에 가까운 자신감을 보입니다.

on

7	**bring on**	~을 야기하다	★★☆

This brought on more criticism about uneven competition.
이는 불평등한 경쟁에 대한 더 많은 비판을 불러일으켰습니다.

8	**build on**	~을 (기반으로) 이용하다	★★☆

We must build on our reputation to expand the business.
사업을 확장하려면 우리의 평판을 기반으로 이용해야 해요.

9	**call on**	~에게 (…을) 부탁하다	★★☆

John called on his friends for support. 존은 친구들에게 지원을 부탁했어요

	call on	~을 방문하다	

John called on Mary while she was in the hospital.
존은 병원에 입원한 메리를 방문했어요.

10	**carry on**	~을 계속하다	★★★

The company ceased to carry on business.
그 회사는 영업을 중단했습니다. (← 그 회사는 사업을 계속하는 것을 멈췄다.)

11	**catch on**	유행하다	★★☆

That song never really caught on. 그 노래는 한번도 인기를 끌지 못했어요.

	catch on	~을 이해하다	

Thank you for explaining it. I think I'm catching on now.
설명해 줘서 고마워. 이제 이해되는 것 같아.

12	**cheat on**	(시험에서) 부정행위를 하다	★★☆

I can't believe Tom cheated on the test.
톰이 시험에서 부정행위를 하다니 믿기지 않아.

	cheat on	바람을 피우다	

I heard that Julia cheated on her husband. 줄리아가 남편 몰래 바람을 피웠대.

13	check up on	~을 확인하다	★★☆

My mom always wants to check up on me for unsuitable contacts or conversations. 우리 엄마는 내가 부적절한 연락이나 대화를 하는지 늘 확인하고 싶어 하셔요.

14	cheer on	~을 응원하다	★★☆

Parents are invited to come and cheer on their children.
부모님이 오셔서 자녀들을 응원해 주시기 바랍니다.
▸ invite: ~을 요청하다

15	chew on	~을 곰곰이 생각하다	★★☆

This book certainly offers much to chew on.
이 책은 확실히 생각할 거리를 많이 제공합니다.

16	clamp ~ on	(제한·법률 등을 강압적으로) 실시하다	★★☆

The government clamped strict regulations on the use of fireworks during the dry season. 정부는 건기 동안 폭죽 사용에 엄격한 제재를 시행했습니다.

17	close in on	~에게 (공격하려) 접근하다	★★☆

Enemy soldiers were closing in on them from all sides.
적군들이 사방에서 그들에게 접근하고 있었어요.

18	come down on	~을 나무라다	★★☆

The courts are coming down heavily on young offenders.
법정에 있는 사람들이 젊은 범죄자들을 호되게 꾸짖고 있습니다.
▸ come down heavily on의 형태로 자주 쓰임.

19	come on	(병이나 상황이) 시작되다	★★★

I think I've got a cold coming on. 나 감기 시작되는 것 같아.

on

20 **concentrate on** ~에 집중하다 ★★★

I can't concentrate on my work with all that noise.
그 소음들 때문에 일에 집중할 수가 없어.

21 **congratulate ~ on ...** ... 때문에 ~을 축하하다 ★☆☆

I want to congratulate you on your recent success.
최근에 너 성공한 것 축하해 주고 싶어.

22 **count on** ~을 기대하다/믿다 ★★☆

I can count on my parents to help me. 부모님께서 절 도와주실 거라고 믿어요.

23 **crack down on** ~을 엄중 단속하다 ★★☆

The government is cracking down on tax evasion to improve revenue collection. 정부는 세금 징수액을 높이기 위해 탈세를 엄중히 단속하고 있습니다.

24 **creep up on** (특히 뒤에서) ~에게 몰래 다가가다 ★★☆

Let's creep up on them and scare them. 게네한테 살금살금 다가가서 겁을 주자.

25 **cut in on** (차량이) ~에 끼어들다 ★★☆

She cut in on a red Ford, forcing the driver to brake heavily.
그녀가 빨간색 포드 차 앞으로 끼어들어 포드 차 운전자가 급제동을 해야만 했지요.

cut in on 남의 말을 자르다

Sorry to cut in on you, but there are one or two things I don't understand. 말씀하시는 중에 잘라서 죄송하지만, 이해가 안 가는 부분이 한두 개 있어요.

26 **dawn on** (갑자기) ~에게 분명해지다 ★★☆

It dawned on me that addiction never goes away.
중독은 절대 사라지지 않는다는 것이 나에게 분명해졌어요.

27 **depend on** ~에 의존하다 ★★★

The country depends heavily on its tourist industry.
그 나라는 관광 산업에 크게 의존하고 있습니다.

depend on ~에 달려 있다, ~의 영향을 받다

The quality of education depends on the quality of teachers.
교육의 질은 교사의 질에 달렸지요.

28 **drag on** (너무 오랫동안) 질질 끌다 ★★☆

The war dragged on for nearly twenty years.
전쟁이 거의 20년 동안 계속됐어요.

29 **draw on** ~을 이용하다 ★★★

She decided to draw on her previous experience to tackle the new challenge. 그녀는 이전의 경험을 활용해 새로운 도전 과제를 씨름해 보기로 했어요.

The novelist drew heavily on his personal experiences when he wrote novels. 그 소설가는 소설을 집필할 때 자신의 개인적 경험을 많이 활용했습니다.

draw on (시간이) 지나가다/끝나가다

As the night drew on, the storm gradually lessened.
밤이 끝나가면서 폭풍도 점차 잦아들었어요.

30 **drone on** (~에 대해 지겹게) 계속 웅얼거리다 ★★☆

Tom was droning on about work.
톰은 일에 대해 지겹게 계속 웅얼댔어요.

31 **dump on** ~을 짓밟다/비난하다 ★★☆

Some politicians dump on their opponents.
일부 정치인들은 반대자들을 짓밟고 비난해요.

on

32	**egg ~ on**	(특히 하지 말아야 할 일을 하도록) ~을 부추기다	★★☆

He kept throwing stones as his friends egged him on.
친구들이 그를 부추기자 그는 계속해서 돌을 던졌어요.

33	**fall back on**	~에 의지하다	★★☆

When negotiation fails, they must fall back on the law.
협상이 실패하면 그들은 법에 의지해야 합니다.

34	**fall down on**	책임이나 의무를 수행하지 않거나 소홀히 하다	★★☆

The team fell down on their commitment to complete the project on time, causing delays.
팀은 제시간에 프로젝트를 완료하겠다는 약속을 지키지 못했고, 이로 인해 프로젝트가 지연되었습니다.

35	**fall on**	~에 덤벼들다, ~을 공격하다	★★☆

The soldiers fell on the villagers and seized all their weapons.
군인들이 마을 사람들을 공격하여 모든 무기를 압수했어요.

	fall on	~에 닿다	

Her gaze fell on a small jewelry box on the table.
그녀의 시선은 테이블 위에 있는 작은 보석 상자에 닿았어요.

	fall on	~에 (날짜가) 해당하다	

Last year, Easter fell on March 30; this year falls on April 20.
작년에는 부활절이 3월 30일이었고 올해는 4월 20일입니다.

36	**feast on**	~을 마음껏 (즐겁게) 먹다	★★☆

We feasted on Italian baked chicken and roast potatoes.
우리는 이탈리아식 치킨구이와 구운 감자를 마음껏 먹었어요.

37	**feed on**	~을 먹고 살다	★★☆

Sharks feed on smaller fish and marine animals in the ocean.
상어는 바다에서 작은 물고기와 해양 동물을 먹고 살지요.

	feed on	~ 때문에 더 강해지다	

Social media trolls feed on negativity and controversy.
소셜 미디어 악플러들이 부정적 성향을 내보이고 논란을 일으키면서 더 강하고 번성해지는 겁니다.
▸ troll: 인터넷 토론방에서 남들의 화를 부추기기 위해 보낸 메시지 혹은 이런 메시지를 보내는 사람

38	**focus on**	~에 집중하다	★★★

He is currently focusing on assessment and development.
그는 현재 평가 및 개발에 집중하고 있어요.

39	**follow on**	(남이 이미 가 있는 곳에) 뒤따라가다	★★☆

You go ahead, and we'll follow on later. 너 먼저 가. 그럼 우리가 뒤에 따라갈게.

40	**follow up on**	(~에 필요한 행동을) 완료하다	★★☆

We've followed up on everything, but there are no high-level threats.
필요한 건 다 했는데, 고위험 수준의 협박은 없습니다.

	follow up on	~에 대한 후속 조치를 취하다	

I promised to follow up on all his questions once I returned to the office. 사무실로 복귀하면 내가 그 사람이 한 질문에 모두 답하고 후속 조치를 취하겠다고 약속했어요.

41	**frown on**	~에 눈살을 찌푸리다	★★☆

Teachers frowned on students being late for class.
선생님들은 수업에 늦는 학생들을 못마땅하게 여겨 눈살을 찌푸렸습니다.

42	**gain on**	(쫓고 있는 것에) 따라붙다	★★☆

The truck quickly began gaining on him.
트럭이 재빨리 그에게 따라붙기 시작했어요.

43	**get in on**	~에 참여하다	★★☆

Quite a few companies would like to get in on the project.
꽤 많은 회사가 그 프로젝트에 동참하고 싶어 합니다.

44	**get on**	관계가 좋아지다, 잘 지내다	★★★

They're getting on much better now. 그들은 이제 관계가 훨씬 좋아지고 있어요.

We've been getting on well ever since my husband got a new job.
남편이 새 직장을 얻은 이후로는 우리 잘 지내고 있어요.

	get on	(교통수단 등을) 타다	

I think we got on the wrong bus. 우리, 버스 잘못 탄 것 같아.

45	**go on**	계속 ~하다	★★★

This war has been going on for years. 이 전쟁은 수년 동안 지속되고 있어요.

46	**gorge on**	~을 게걸스럽게 먹다	★★☆

He gorged on salmon and cream. 그는 연어와 크림을 게걸스레 잔뜩 먹었어요.

47	**grass on**	~을 밀고하다	★★☆

He grassed on his friends for stealing from the store.
그는 자기 친구들이 그 상점에서 도둑질을 했다며 밀고했어요.
▸ 주로 영국에서 쓰이는 표현이며, 미국과 캐나다에서는 snitch on이 쓰임.

48	**grow on**	(주어가) 점점 좋아지다	★★☆

This album is really growing on me. 나, 이 앨범이 점점 좋아지고 있어.

49	**hang on**	~에 달려 있다	★★☆

Everything hangs on the outcome of this meeting.
모든 것이 이번 회의 결과에 달렸어요.

hang on	꽉 붙잡다	

Hang on tight — it's going to be a very bumpy ride.
꽉 잡아! 엄청 울퉁불퉁한 길이 나올 거야.

hang on	(남에게 하는 말로) 잠깐만 기다려	

Hang on a minute — I'll be with you in a moment! 잠시만 기다려. 곧 돌아올게!

50	**hang up on**	~와 통화 중에 갑자기 끊다	★★☆

I accidentally hung up on my mom while we were talking.
내가 엄마랑 통화 중에 어떻게 하다가 갑자기 전화를 끊어 버린 것 있죠.

51	**happen on**	~을 우연히 발견하다	★★☆

I happened on the restaurant I've wanted to visit.
나는 가고 싶었던 그 식당을 우연히 발견했어요.

52	**harp on**	(~에 대해 지겹도록) 계속 말하다	★★☆

My grandfather harps on about the war all the time.
우리 할아버지는 늘 전쟁 관련 이야기를 계속 말씀하세요.

53	**heap on**	~에게 듬뿍 주다	★★☆

She heaped on compliments during the presentation.
발표 중에 그녀가 칭찬을 엄청나게 했어요.

54	**hinge on**	(행동·결과 등이) 전적으로 ~에 달려 있다	★★☆

The success of our project hinges on securing adequate funding.
우리 프로젝트의 성공은 전적으로 적절한 자금 확보에 달려 있어요.

on

55	**hit on**	(오랜 조사와 궁리 끝에) ~을 생각해 내다	★★☆

He hit on the reasons the experiment has been failing.
그는 그 실험이 계속 실패하고 있는 이유를 생각해 냈어요.

	hit on	(성적으로 끌리는 사람에게) 수작을 걸다	

Dave has hit on most of the women in the department.
데이브는 부서 내에 있는 여직원들 대부분에게 집적댔어요.

56	**hold on**	(전화상으로 상대방에게 하는 말로) 기다리다	★★★

Do you wish to call back or hold on? (전화) 다시 걸래요, 아니면 끊지 않고 기다릴래요?

	hold on	(힘든 시간을) 버티다	

He couldn't hold on in such harsh circumstances.
그는 그런 가혹한 상황에서는 버틸 수가 없었어요.

57	**home in on**	~에 전념하다/집중하다	★★☆

The report discussed how important it is to home in on millennials to create a successful business. 그 보고서는 성공적인 사업을 창출하기 위해 밀레니얼 세대에 집중하는 것이 얼마나 중요한지를 논의했습니다.

	home in on	~을 파악하다	

The detective quickly homed in on the suspect's whereabouts.
형사는 재빨리 용의자의 행방을 파악했어요.

58	**hop on**	(교통수단 등에) 올라타다	★★☆

When I go into the town center, I usually hop on a bus rather than take the car. 도심으로 들어갈 때 나는 보통 차를 타지 않고 버스를 타요.

59	**improve on**	~보다 나은 결과를 내다	★★☆

With practice, I hope to improve on my previous marathon time.
연습을 해서 전의 마라톤 기록 시간보다 나은 결과를 내면 좋겠어요.

60	**inform on**	~을 밀고하다	★★☆

The terrorists said that anyone caught informing on them would be killed. 테러리스트들은 자신들을 밀고하다 걸리는 사람은 누구든지 살해될 것이라고 말했어요.

61	**infringe on**	~을 침해하다	★★☆

These restrictions infringe on basic human rights.
이러한 제한이 인간의 기본권을 침해하는 겁니다.

62	**insist on**	~을 고집하다	★★☆

He insisted on investigating the original sources.
그는 원본 출처를 조사해야 한다고 고집했어요.

63	**jump on**	~ 위에서 뛰다	★★☆

Please don't jump on the bed, children. 얘들아, 침대 위에서 뛰지 마라.

	jump on	~를 비난하다	

She jumps on her children instantly if they're not well-behaved.
그녀는 아이들의 행동거지가 바르지 않으면 즉시 꾸짖어요.

64	**keep on**	계속해서 ~하다	★★☆

You just have to keep on trying. 그냥 계속 시도해야 해.

65	**lean on**	(신체적·정신적으로) ~에 기대다	★★☆

Don't lean on me. 나한테 기대지 마.

During difficult times, it's important to have friends and family to lean on for support. 힘든 시기에는 지지해 달라고 기댈 수 있는 친구와 가족이 있는 게 중요합니다.

66	**let on**	누설하다, 내비치다	★★☆

I never let on to anybody that I was a newbie.
저는 제가 초보라는 것을 누구에게도 발설하지 않았어요.

She didn't let on that she knew about the surprise party.
그녀는 자기가 그 깜짝 파티에 대해 알고 있다는 것을 내비치지 않았어요.

67	**live on**	(얼마의 돈으로 기본적인 것들을 해결하며) 먹고 살다	★★★

He inherited a large fortune and could comfortably live on the interest alone.
그는 많은 재산을 물려받아서 이자만으로도 편안하게 생활할 수 있었어요.

68	**log on**	로그인하다	★★☆

Tom logged on every day and checked the e-mails.
톰은 매일 로그인하여 이메일을 확인했습니다.

69	**look down on**	~을 경시하다	★☆☆

You should not look down on people of other races.
다른 인종의 사람을 무시하면 안 되지.

70	**look in on**	(아프거나 도움이 필요한 사람의 집에) 들르다	★★☆

Could you please look in on the children while I run to the store?
나 가게에 갔다 올 동안 들러서 애들 좀 봐주겠어요?

71	**look on**	(관여하지 않고) 구경하다	★★☆

A large crowd looked on as the band played.
밴드가 연주하는 동안 많은 군중이 지켜보았어요.

72	**move on**	(새로운 일·주제로) 나아가다	★★★

After a long discussion about their differences, they decided it was time to move on and focus on the future.
서로의 차이점에 대해 오랫동안 논의한 끝에 두 사람은 이제는 앞으로 나아가서 미래에 집중해야 할 때라고 결론 내렸습니다.

73	**pass on**	~을 전달하다	★★☆

The princess passed on her request to Aladdin, who passed it on to the Genie. 공주는 자신의 요구 사항을 알라딘에게 전달했고, 알라딘은 그것을 지니에게 전달했어요.

pass on	(비용 등을) 떠넘기다	

They usually pass on extra costs to the customers.
그들은 일반적으로 고객에게 추가 요금을 떠넘겨요.

pass ~ on	~을 전염시키다	

Someone catches the virus and passes it on to the rest.
누군가 바이러스에 감염되면 나머지 사람들에게 그걸 전염시키죠.

pass on	사망하다	

He passed on at the age of 80. 그는 80세에 사망했습니다.

74	pick on	~을 놀리다	★★☆

Kids used to pick on me for wearing old worn-out clothes.
아이들은 내가 오래된 낡은 옷을 입는다고 놀리곤 했어요.

pick on	~을 괴롭히다	

Bullies picked on younger children. 불량배들이 어린아이들을 괴롭혔어요.

75	pile on	급격히 늘어나다	★★☆

The stress from work caused the pounds to pile on faster than I expected. 일로 인한 스트레스로 예상보다 더 빨리 몇 파운드가 늘었어요. (살이 쪘다는 의미)

76	pin (the blame) on	~ 탓으로 돌리다	★★☆

You can't pin the blame on me — I wasn't even there when it happened. 내 탓으로 하면 안 되지. 그 일이 일어났을 때 난 거기에 있지도 않았다고.

77	plan on	~을 계획하다	★★☆

The government is planning on providing special assistance for those affected. 정부는 피해를 본 사람들을 위해 특별 지원을 제공할 계획이야.
▸ 비격식체에서 쓰이며, 격식체에서는 plan to + 동사원형을 선호함.

on

78	**play on**	(남의 감정 등을) 이용하다	★★☆

The politician attempted to play on the public's emotions to sway their opinion. 그 정치인은 대중의 감정을 이용해 대중들의 의견을 동요시키려고 했어요.

	play on	경기를 계속하다	

The coach encouraged the player to play on for the remainder of the match. 코치는 남은 경기 동안 계속 플레이하라고 선수를 격려했어요.

79	**plough on**	(힘들거나 지루한 일을) 계속하다	★★☆

They are ploughing on, ignoring public and professional opinion.
그들은 대중과 전문가의 의견을 무시한 채 일을 계속했어요.

80	**power on**	(전원이) 켜지다	★★☆

The system wouldn't power on. 시스템 전원이 켜지지를 않아요.

81	**prey on**	~을 먹이로 하다	★★☆

Hawks prey on rodents and small birds. 매는 설치류와 작은 새를 잡아먹습니다.

82	**pull on**	잡아당겨 입다	★★☆

He grinned and began pulling on his jeans.
그는 씩 웃더니 청바지를 당겨 입기 시작했어요.

He grinned and began pulling on his jeans.

83	**put on**	~을 입다	★★★

He put on his jacket because it was cold outside.
밖이 추워서 그는 재킷을 입었어요.

put on	~을 신다	

Put on your shoes — we're going out.
신발 신어. 우리 나갈 거야.

put on	~을 몸에 쓰다	

Put on your hat and come. 모자 쓰고 와.

put on	~을 몸에 바르다	

She puts on face cream every night. 그녀는 매일 밤 나이트 크림을 얼굴에 발라요.

put on	(몸무게가) 늘다	

I put on weight when I went away to college. 나는 대학에 갔을 때 살이 쪘어요.

put on	~을 가장하다	

She tried to put on a British accent. 그녀는 영국식 발음을 가장해 쓰려고 했지요.

put on	~을 (무대 위에 올려) 공연하다	

The band is hoping to put on a U.K. show before the end of the year.
밴드는 올해가 가기 전에 영국 공연을 하고 싶어 합니다.

put on	(특히 음식을) 준비하여 제공하다	★★☆

The couple put on a wonderful buffet after the golden wedding anniversary celebration. 부부는 금혼식 후에 멋진 뷔페 음식을 제공했어요.

84	**reckon on**	(어떤 일이 있을 것으로) ~을 예상하다	★★☆

I reckon on the traffic being heavy at this time of day.
내 예상으로 이 시간대는 교통 체증이 심해.
▸ 주로 영국에서 쓰는 표현.

85	**reflect on**	~을 되돌아보다	★★★

I was able to take a moment to reflect on myself and my recent choices. 나 자신과 최근에 내가 한 선택을 되돌아볼 시간을 가질 수 있었습니다.

	reflect on	~에게 반영되다, ~에 영향을 주다	

When one player behaves badly, it reflects on the whole team.
한 선수가 잘못 행동하면 그건 팀 전체에 영향을 주지요.

86	**rely on**	~에 의지하다	★★★

Many working women rely on relatives to help take care of their children. 많은 직장 여성들이 아이 돌보는 데 도움을 줄 수 있는 친지들에게 의존하고 있어요.

	rely on	~을 믿다	

We rely on Sarah's expertise to lead us through this project successfully.
우리는 사라의 전문 지식이 이 프로젝트를 진행하는 동안 우리를 성공적으로 이끌어 줄 거라고 믿습니다.

87	**repeat on**	입안에 개운찮은 뒷맛이 남다	★★☆

Cucumber always repeats on me. 오이는 (먹고 나면) 항상 개운찮은 뒷맛이 남아요.

88	**rest on**	~에 기초하다	★★☆

Christianity rests on the belief that Jesus was the son of God.
기독교는 예수가 하나님의 아들이라는 믿음에 기초하고 있습니다.

	rest on	~에 달려 있다	

Our success rests on an increase in sales. 우리의 성공은 판매 증가에 달려 있어요.

89	round on	~을 (갑자기) 공격하다	★★☆

The bear rounded on its pursuers. 곰이 자기를 추격하던 사람들을 갑자기 공격했어요.

	round on	~을 비난하다	

The mayor rounded on his critics with a very forceful speech.
시장은 매우 강력하고 힘 있는 연설로 자신을 비판하는 사람들을 비난했습니다.

90	rumble on	(의견 대립 등이) 웅성웅성 계속되다	★★☆

The debate still rumbles on about funding for the new infrastructure project. 새로운 사회 기반 시설 프로젝트 자금 투여에 관한 논의가 여전히 웅성웅성 계속되고 있습니다.

91	run on	계속되다	★★☆

The game ran on for hours despite heavy rain.
폭우에도 불구하고 경기가 몇 시간 동안 계속되었어요.

92	seize on	~을 포착하다/잡다	★★☆

After hearing the innovative idea, the team leader seized on it as a potential solution to their problem.
그 혁신적인 아이디어를 듣고서 팀장은 자신들의 문제를 해결할 수 있는 잠정적 해결책으로 그걸 채택했어요.

	seize on	~을 이용하다	

Conservative politicians have seized on the issue of immigration.
보수적인 정치인들이 이민 문제를 이용하여 쟁점화하고 있지요.

93	settle on	(생각 끝에) ~을 결정하다, ~에 합의하다	★★☆

After much deliberation, they finally settled on a location for their vacation. 많이 숙고한 끝에 마침내 그들은 휴가 때 갈 장소를 결정했어요.

94	sleep on	(하룻밤 자며) ~을 곰곰이 생각하다	★★☆

After receiving the job offer, she decided to sleep on it before giving her final answer.
채용 제안을 받고서 그녀는 최종 확답을 하기 전에 곰곰이 더 생각해 보기로 했어요.
▸ sleep on it의 형태로 주로 쓰임.

95	**sneak up on**	~에게 살금살금 다가가다	★★☆

As I was walking through the forest, I felt someone sneak up on me from behind. 그 숲속을 걸어가는데, 누군가 내 뒤에서부터 살금살금 다가오는 게 느껴졌어요.

96	**spy on**	~을 몰래 감시하다	★★☆

Has your mother been spying on you? 너희 엄마가 너를 몰래 감시해 왔던 거였어?

97	**step on**	~을 밟다	★★☆

I'm sorry for stepping on your foot. 발 밟아서 미안해.

	step on	~을 착취하다	

Your naive friendliness is causing them to step on you at work.
네가 순진하고 친절하니까 그들이 직장에서 널 착취하고 있는 거야.

98	**stock up on**	~을 많이 사서 비축하다	★★☆

Wholesalers had been stocking up on juice before cash prices rose.
도매업자들은 현금 가격이 오르기 전에 주스를 많이 사서 비축해 두었죠.

99	**stomp on**	~을 짓밟다	★★☆

He stomped on my toes and said nothing.
그는 내 발가락을 밟고도 아무 말도 안 하더라고요.

100	**stumble on**	(우연히) ~을 발견하다	★★☆

Researchers have stumbled on a drug that may help patients with Parkinson's disease.
연구자들은 파킨슨병 환자에게 도움이 될 수 있는 약물을 우연히 발견하게 됐습니다.

101	**switch ~ on**	~의 전원을 켜다	★★☆

How do you switch this thing on? 이건 어떻게 전원 켜는 거야?

102	**tag on**	~을 덧붙이다	★★☆

Tag on a couple of paragraphs about recent events.
최근 사건에 대한 단락 몇 개를 덧붙여 (써) 봐.

103	**take it out on**	~에게 분풀이하다	★★☆

I know you've had a bad day, but you don't have to take it out on me! 너 오늘 일진이 별로인 건 알지만 그렇다고 나한테 분풀이할 필요는 없잖아!

104	**take on**	~을 떠맡다	★★★

You can't take on responsibility for the whole event.
네가 전체 행사에 대한 책임을 떠맡을 수는 없어.

	take on	(모습·성질을) 띠다	

Sarah began to take on the confident and charismatic demeanor of her fellow actors.
사라는 동료 배우들처럼 자신감 넘치고 카리스마 넘치는 태도를 보이기 시작했어요.

	take on	~와 시합을 하다	

This evening, Manchester City is going to take on Manchester United. 오늘 저녁 맨체스터 시티가 맨체스터 유나이티드를 상대로 시합을 벌입니다.

	take on	~을 고용하다	

The company took on new staff to meet the demands of its growing business. 회사에서 사업의 성장으로 발생한 수요를 맞추려고 새 직원을 채용했어요.

105	**throw on**	~을 급히 입다	★★☆

I threw on a T-shirt and a pair of jeans to go out.
나는 외출하려고 티셔츠와 청바지를 걸쳐 입었어요.

106	**touch on**	(간단히) ~에 대해 언급하다	★★☆

The comments touched on an acutely sensitive topic.
그 댓글들은 매우 민감한 주제를 언급했어요.

107	**try on**	~을 입어[신어] 보다	★★☆

Try on the shoes to see if they fit. 맞는지 보게 신발 한번 신어 봐.

108	**turn on**	(라디오·전등·TV·컴퓨터 등을) 켜다	★★★

Jack turned on the lamp and read a book. 잭은 전등을 켜고 책을 읽었어요.

turn on	(기존의 태도를 바꾸어) ~을 공격하다

We'll turn on the enemy with strategic precision, catching them off guard. 적을 전략적으로 정밀하게 공격하여 방심하게 할 겁니다.

turn on	~에 달려 있다

The success of this study turns on whether teamed-up researchers made devoted efforts for prolonged period of time.
본 연구의 성공 여부는 팀 연구원들이 오랫동안 헌신적인 노력을 기울였는지 아닌지에 달려 있습니다.

turn ~ on	~가 흥미를 갖게 하다

Science fiction just doesn't turn me on. 공상 과학 소설에는 나는 흥미가 안 생겨요.

109	**wait on**	(식사) 시중을 들다	★★☆

My sister is not here to wait on you! 내 여동생이 너 시중 들려고 여기 있는 게 아니야!

110	**walk in on**	(~한 일이 벌어지고 있는 곳에) 생각지도 않게 우연히 들어가다	★★☆

He walked in on her when she was getting undressed.
그녀가 옷을 벗고 있는데 그 사람이 그녀가 있는 곳으로 걸어 들어왔어요.

His family became hostages once they walked in on the robbery.
그의 가족은 강도 발생 현장에 우연히 들어갔다가 인질이 되었어요.

111	**wear on**	(시간 등이 더디게) 흘러가다	★★☆

I was feeling more tired as the night wore on.
밤이 지날수록 나는 더 피곤해지는 걸 느꼈어요.

112	**weigh on**	(정신적으로) ~을 짓누르다	★★☆

The financial burdens weigh heavily on her, causing significant stress. 재정적인 부담이 그녀는 무겁게 짓눌러서 상당한 스트레스를 야기하고 있어요.

113	**work on**	~에 공을 들이다	★★★

He has spent the last two years working on a book about childcare.
그는 육아 관련 책 집필에 공을 들이느라 지난 2년의 세월을 보냈어요.

	work on	~을 설득하다	

You leave him to me. I'll work on him. 그 사람은 나에게 맡겨. 내가 그 사람 설득할게.

114	**zero in on**	~에 초점을 맞추다	★★☆

I would like to zero in on another important point.
다른 중요한 사항에 초점을 맞추고 싶습니다.

115	**zoom in on**	(피사체 등을) 확대하다	★★☆

You can even zoom in on texts with this device.
이 디바이스로 심지어 텍스트도 확대할 수 있어요.

	zoom in on	~에 집중하다	

During the presentation, the speaker zoomed in on the key points to ensure clarity and understanding among the audience.
발표 동안 발표자는 청중이 명확하게 이해할 수 있도록 핵심 사항에 집중했습니다.

on

미묘한 뉘앙스 차이

동사가 단독으로 쓰일 때와 동사 뒤에 'on'을 붙여 사용할 때 어감의 차이가 있을 때가 있습니다. 'on'은 행동이 단발성으로 끝나지 않고, 상태가 끊이지 않고 지속적으로 이어지는 느낌을 더해 줍니다.

1-1 **Dinah went into the kitchen.**

디나는 부엌으로 들어갔어요.

1-2 **The show went on for days.**

쇼가 며칠 동안 계속되었어요.

2-1 **He lives just across the street from me.**

그는 우리 집에서 바로 길 건너편에 살아요.

2-2 **The gene lives on from generation to generation.**

그 유전자는 세대에서 세대로 전해지면서 계속 살아갑니다.

3-1 **She moved the ball toward the opponent's goal.**

그녀는 상대방의 골대를 향해 공을 움직였어요.

3-2 **When you finish, move on to the next exercise.**

끝나면 계속해서 다음 운동으로 넘어가.

UNIT 2 명사 + on

PREPOSITION

on

MP3 033

1	**advice on**	~에 대한 조언	★★☆

I sought my friend's advice on how to approach the job interview.
난 친구에게 취업 면접을 어떻게 접근할 것인가에 대한 조언을 구했어요.

2	**anger on**	~에 대한 분노	★★☆

Be careful not to take out your anger on others.
다른 사람에 대한 분노를 표출하지 않도록 주의해.

3	**assault on**	~에 대한 공격	★★☆

Such assaults on freedom have multiplied lately.
자유에 대한 그런 공격이 최근에 급증했습니다.

4	**attack on**	~에 대한 공격	★★★

There have been several attacks on foreigners recently.
최근 외국인에 대한 공격이 여러 차례 있었어요.

▸ 법률 용어로 'assault'는 물리적인 접촉이 없는 공격을, 'attack'은 육체적인 가격을 포함한 폭력의 의미를 내포. 하지만 일반적인 의미로는 'assault'와 'attack' 둘 다 신체적인 접촉 여부를 모두 포괄하는 '공격'의 의미로 서로 호환되어 쓰임.

5	**backlash on**	(사회 변화 등에 대한 대중의) 반발	★★☆

We wonder why there would be zero backlash on such a fundamental change in the approach to justice.
정의에 대한 그런 기본적인 접근 방식 변화에 왜 반발이 없는지 궁금하네요.

6	**ban on**	~의 금지	★★☆

There should be a ban on talking loudly in cinemas.
영화관에서 큰 소리로 말하는 것을 금지해야 합니다.

7	**blame on**	~에 대한 비난	★★☆

We can't place blame on him. 우리는 그를 비난할 수 없어요. (← 그에 대한 비난을 둘 수 없다.)

8	**claim on**	~에 대한 요구	★★☆

The self-employed can make a claim on their tax return.
자영업자는 소득 공제를 요구(신청)할 수 있습니다.

	claim on	~에 대한 권리/청구권	

They have a rightful claim on their father's land.
그들은 자기 아버지 땅에 대한 정당한 권리가 있어요.

9	**comment on**	~에 대한 발언	★★★

His dialogue often includes comments on their weaknesses.
그의 대화에는 종종 그들의 약점에 대한 발언이 들어 있어요.

10	**compliment on**	~에 대한 칭찬	★★☆

We got so many compliments on how perfect our ceremony was.
예식이 얼마나 완벽했는지 칭찬을 많이 받았습니다.

11	**concentration on**	~에 집중	★★☆

His presentation emphasized a need for greater concentration on environmental issues. 그는 발표에서 환경 문제에 더 크게 집중할 필요가 있다고 강조했습니다.

▸ concentration: 작업에 계속 몰입하는 데 필요한 강도와 정신적 노력을 강조하며, 종종 방해 요소를 피하는 것을 포함.

12	**condolences on**	~에 대한 애도	★★☆

Please accept my condolences on your father's sudden death.
아버님의 갑작스러운 부고에 애도를 표합니다.

13	**constraint on**	~의 제약	★★☆

Land availability is one of the main constraints on food production.
토지 가용성은 식량 생산을 제한하는 주요 제약 중 하나입니다.

14	**crush on**	~에게 홀딱 반함	★★☆

Jane had such a crush on Jake. 제인은 제이크에게 홀딱 반해 버렸어요.

15	**curse on**	~에게 내린 저주/악담	★★☆

The curse on the ancient tomb was said to bring misfortune to anyone who dared to disturb it.
그 오래된 무덤에 내린 저주가 감히 그것을 훼방하려는 사람에게 불행을 가져올 거라고들 했어요.

16	**cut on**	~의 감소/삭감	★★☆

The company announced a significant cut on expenses to improve profitability. 회사는 수익성 개선을 위해 비용을 대폭 삭감한다고 발표했습니다.

17	**decision on**	~에 대한 결정	★★☆

The board's decision on the new project funding surprised everyone in the company. 새로운 프로젝트 자금 지원에 대한 이사회의 결정에 회사 구성원 모두가 놀랐습니다.

18	**dependence on**	~에 의존	★★★

We need to reduce our dependence on foreign oil.
우리는 해외 석유 의존도를 줄여야 합니다.

19	**effect on**	~에 미치는 영향	★★★

Eating junk food such as hamburgers and soda will eventually have a bad effect on your health.
햄버거와 청량음료 같은 정크 식품을 먹으면 결국 건강에 나쁜 영향을 미치게 됩니다.
▸ effect: 일반적으로 덜 강렬하거나 점진적인 결과에 사용.
▸ impact: 보다 강력하고 즉각적인 영향력을 나타냄.

20	**emphasis on**	~에 대한 강조	★★★

In Japan, there is a lot of emphasis on politeness.
일본에서는 공손함을 많이 강조합니다.

21	**focus on**	~에 집중	★★★

Our school shall maintain its focus on the needs of the teachers and students. 우리 학교는 교사와 학생들의 요구에 계속 집중할 것입니다.
▸ focus: 더 넓은 의미로 특정 영역에 주의를 집중하거나 중요하게 여기는 행위를 의미.

22	**grasp on**	~에 대한 이해	★★☆

She struggled to get a grasp on the complex mathematical concept.
그녀는 복잡한 수학적 개념을 이해하는 데 어려움을 겪었어요.

	grasp on	~에 대한 통제	

She struggled to gain a grasp on the unruly horse, but eventually, she mastered it. 그녀는 다루기 힘든 말을 통제하느라 고군분투했지만 결국에는 그걸 마스터했습니다.

23	**impact on**	~에 영향	★★★

The sudden change in weather had an impact on the outdoor event.
갑작스러운 날씨 변화는 야외 이벤트에 영향을 미쳤습니다

24	**imposition ... on ~**	~에 대한 (세금·벌) 부과	★★☆

There will be an increase in imposition of tariffs on imports.
수입 관세가 인상될 것입니다.

	imposition on	~에 대한 부담/방해	

It is an imposition on the free flow of information and data.
그것은 정보와 데이터의 자유로운 흐름을 방해합니다.

25	**improvement on**	~의 향상/개선	★★☆

The company wants to make an improvement on earlier models.
회사는 이전 모델을 개선하고 싶어 합니다.

26	**influence on**	~에 미치는 영향	★★★

His father is a bad influence on Tony.
토니의 아버지는 토니에게 나쁜 영향을 미치고 있어요.

27	**infringement on**	~의 침해	★★☆

They see it as an infringement on their own freedom of action.
그들은 이를 자기 행동의 자유를 침해하는 것으로 봅니다.

28	**interest on**	~에 대한 이자	★★☆

Use this account to earn interest on surplus cash.
이 계좌를 사용해서 여분 현금에 대한 이자를 받도록 해.

29	**limit on**	~의 제한	★★☆

Is there a limit on the amount of money you can claim?
청구할 수 있는 금액에 제한이 있니?
▸ limit to: 최대 범위 또는 경계에 초점.
limit on: 어떤 것에 부과된 제한이나 조건에 초점.

30	**opinion on**	~에 대한 의견	★★☆

Public opinion on military intervention shifted in recent years.
최근 몇 년간 군사 개입에 대한 여론이 바뀌었어요.

31	**prohibition on**	~에 대한 금지	★★☆

American trade laws include prohibitions on writers from embargoed countries.
미국 무역법에는 수출 금지 국가의 작가(작품)에 대한 (수입·판매) 금지 조항이 포함되어 있습니다.

32	**reliance on**	~에 의존	★★★

The country's reliance on foreign aid has increased.
그 나라의 해외 원조 의존도가 높아졌어요.

33	**restriction on**	~에 내리는 제한 명령	★☆☆

The new policy aims to ease the restriction on international travel for vaccinated individuals.
새로운 정책은 백신 접종을 받은 개인의 해외 여행 제한 완화를 목표로 합니다.

34	**revenge on**	~에 대한 복수	★★☆

The cat, feeling slighted, decided to take revenge on its owner by knocking over a vase.
모멸감을 느낀 고양이는 꽃병을 넘어뜨려 주인에게 복수하기로 결심했습니다.

35	**sanction on**	~에 대한 제재	★★☆

That means lifting the sanctions on trade and travel between our two countries. 이는 우리 두 나라 간 무역과 여행에 대한 제재 해제를 뜻합니다.

36	**side effect on**	~에 끼치는 부작용	★★☆

The medication had an unexpected side effect on his mood, causing him to feel more irritable than usual.
약물이 그의 기분에 뜻하지 않은 부작용을 일으켜, 그가 평소보다 더 짜증을 느끼게 되었어요.

37	**take on**	~에 대한 의견	★★☆

We'd love to hear your take on this issue.
우리는 이 문제에 대한 너의 견해를 듣고 싶어.

38	**theory on**	~에 대한 해석/설명	★★☆

There are several different theories on the actual cause of death.
실제 사망 원인에 대해서는 여러 가지 다른 해석이 있습니다.

39	**thought on**	~에 대한 생각	★★☆

Thank you for sharing your thoughts on this topic.
이 주제에 대한 네 생각을 공유해 줘서 고마워.

40	**tip on**	~에 대한 팁	★★☆

The instructor gave him a map and a pamphlet with tips on how to camp responsibly.
강사는 그에게 지도와 책임감 있게 야영하는 방법에 대한 팁이 담긴 팸플릿을 주었습니다.

41	**touch on**	~의 작업/손질	★★☆

I am working on the final touches on the album artwork and the pictures for the book that is due to be released.
발매 예정인 책의 앨범 아트 작업과 사진에 대한 막바지 작업을 하고 있어요.

42	**view on**	~에 대한 견해	★★☆

Several scholars expressed their views on religion.
몇몇 학자들이 종교에 대한 자신들의 견해를 밝혔어요.

43	**wrath on**	~에 대한 분노	★★☆

He then unleashed his wrath on everyone, especially his son.
그런 다음 그는 모든 사람, 특히 자기 아들에 대한 분노를 표출했습니다.

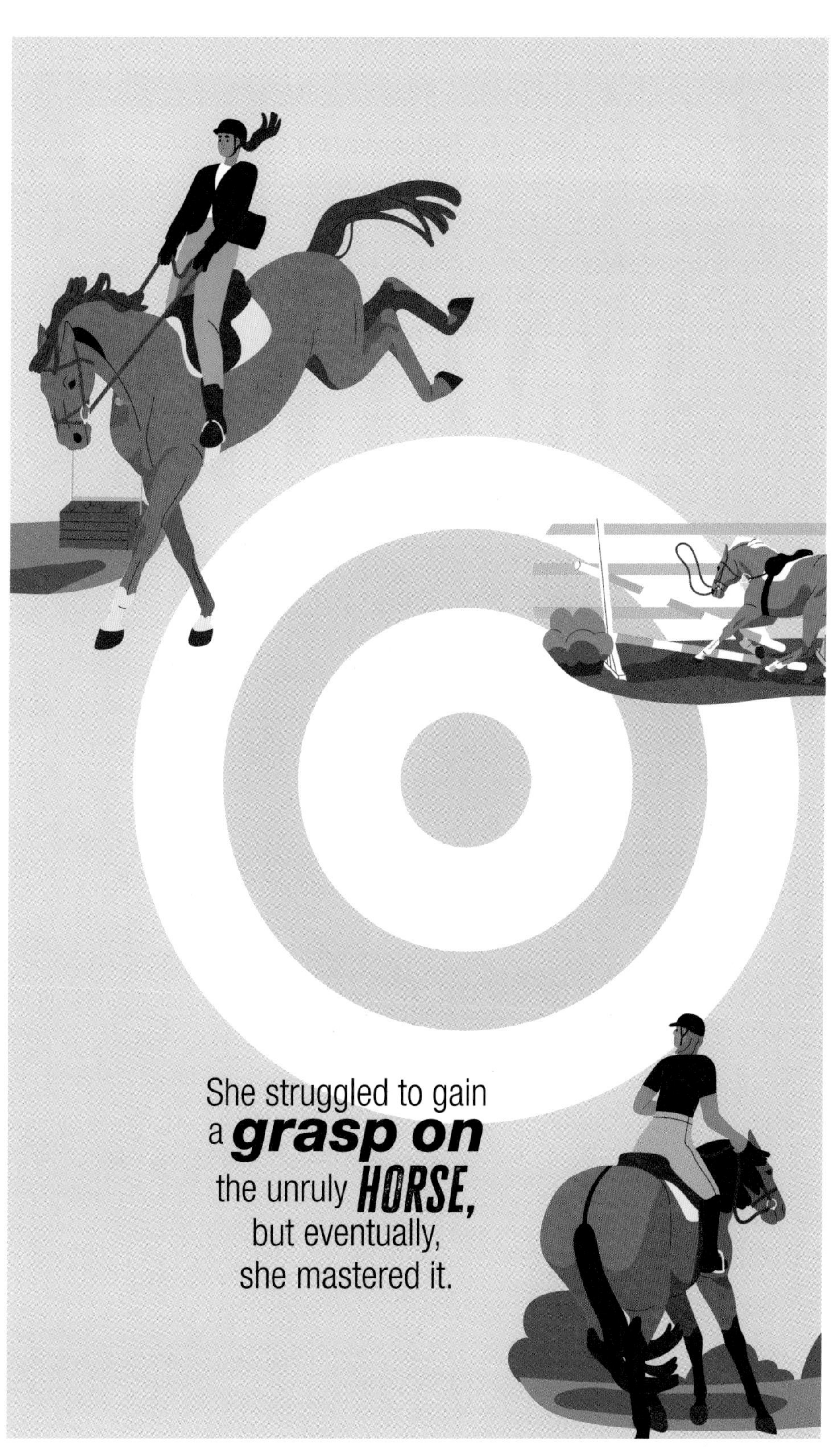
She struggled to gain
a grasp on
the unruly HORSE,
but eventually,
she mastered it.

CHAPTER 9

거의 모든 전치사 with의 표현

with

전치사 'with'는 연결과 관계의 의미가 있습니다. 누구 혹은 무엇과 연결되어 가까이 있다 보니 동반을 나타내는 '~와(함께)'라는 의미가 기본이 되지요. '~와'라는 의미는 조화로운 관계뿐만 아니라 상대와의 비교·대립·경쟁의 의미로도 확장됩니다.

또 'with'는 '~로', '~을 사용하여'라는 도구적 의미로도 쓰이며, 주요 이벤트와 더불어 부수적인 일이 동시에 일어난다는 뜻에서 '~하면서'라는 부대 상황을 나타낼 때도 쓰입니다.

시간의 추이와 과정의 변화, 혹은 그 과정에서 발생하는 결과, 목적 등을 나타내는 의미로도 확장되어 '~함에 따라', '~하면서', '~임에도'의 뜻으로도 활용됩니다.

UNIT 1 동사 + with

PREPOSITION

MP3 034

MP3 034-1

1	**abound with**	~로 풍부하다	★★☆

The ocean abounds with life, offering sea animals a place to live.
바다는 생명체가 풍부하여 바다 동물들이 살 수 있는 터를 제공하지요.

2	**agree with**	~에 동의하다	★★★

I don't agree with hitting kids. 난 아이를 때리는 것에는 동의하지 않아요.

	agree with	~에게 잘 맞다	

You both look good — marriage must agree with you.
너희 둘 다 좋아 보인다. 결혼생활이 잘 맞나 봐.

3	**argue with**	~와 언쟁을 벌이다	★★☆

Kids, will you stop arguing with each other? 얘들아, 이제 서로 그만 좀 싸울래?

4	**associate with**	(친구로서) ~와 어울리다	★★☆

I don't like my children associating with people who lead unhealthy lifestyles. 내 아이들이 생활 습관이 건강하지 않은 사람들과 어울리는 것이 싫어요.

	associate A with B	A를 B와 연관 짓다	

I associate cozy sweaters and hot cider with autumn. 저는 가을 하면 포근한 스웨터와 뜨거운 사이다를 떠올려요. (← 나는 포근한 스웨터와 뜨거운 사이다를 가을과 연관 짓는다.)

5	**battle with**	~와 싸우다	★★☆

Congress is battling with the White House over funding.
의회는 자금 조달을 놓고 백악관과 싸우는 중입니다.

6	**blend in with**	~와 조화를 이루다	★★☆

Those new highlights really do blend in with your natural hair.
하이라이트 새로 한 게 네 원래 머리와 진짜 잘 어울린다.

7	bombard A with B	A에게 B를 퍼붓다	★★☆

The investors bombarded him with questions about the project.
투자자들은 그에게 그 프로젝트에 관한 질문을 퍼부었습니다.

8	chat with	~와 수다 떨다	★★☆

He's been on the computer all morning, chatting with his friends.
그는 친구들과 수다를 떨면서 아침 내내 컴퓨터 앞에 앉아 있어요.

9	coincide with	(우연히) ~와 일치하다	★★☆

This migration coincides with increased reports of shark attacks.
이러한 이동은 상어의 공격 보고가 증가하는 것과 일치합니다.

10	collide with	~와 충돌하다	★★☆

It was predicted that a comet would collide with one of the planets.
혜성이 행성 중 하나와 충돌할 거라고 예측되었습니다.

11	come down with	(그다지 심각하지 않은 병에) 걸리다	★★☆

She suddenly felt fatigued and feared she might be coming down with the flu. 그녀는 갑자기 피곤해졌고, 혹시나 독감에 걸리는 건 아닌가 싶어 두려웠어요.

12	come up with	(해답·제안 등을) 내놓다	★★★

Three sisters came up with three different solutions to the problem.
세 자매는 그 문제에 세 가지 다른 답을 내놓았어요.

	come up with	겨우 (돈을) 마련하다	

My uncle gave me 20 days to come up with the money I owed.
삼촌은 내가 빚진 돈을 마련할 수 있게 20일의 시간을 주었어요.

13	compare with	~에 필적되다, ~와 비교되다	★★★

The quality of the local university's research facilities now compares with those of the top international institutions.
현지 대학의 연구 시설 수준이 이제 세계 최고 수준의 국제 기관과 비교해도 손색이 없습니다.

14	**comply with**	~을 준수하다	★★★

They refused to comply with the UN resolution.
그들은 UN 결의안 준수를 거부했습니다.

15	**confront A with B**	B로 A와 맞서다	★★☆

During the meeting, I confronted him with solid evidence.
회의 동안 나는 구체적인 증거로 그와 맞섰어요.

16	**confuse A with B**	A를 B로 혼란시키다	★★☆

He confused his wife with conflicting accounts of what happened yesterday, making it difficult for her to understand the situation.
그는 어제 있었던 일에 대한 상충된 설명으로 아내를 헷갈리게 하고 상황 이해를 더 어렵게 했어요.

17	**contrast with**	~와 대비되다	★★☆

The tartness of the lemons contrasts with the sweetness of the honey. 레몬의 시큼함이 꿀의 달콤함과 대비됩니다.

	contrast A with B	A를 B와 대조하다	

If you contrast some of his early pictures with his later work, you can see just how his style changed.
그의 초기 그림과 후기 작품을 대조해 보면 그의 스타일이 어떻게 바뀌었는지 알 수 있습니다.

18	**coordinate with**	~와 조정하다	★★☆

Retailers should coordinate with suppliers in order to maximize the benefits of advertising campaigns.
광고 캠페인의 이득을 극대화하기 위해서는 소매상들이 공급자들과 잘 조정해서 협업해야 합니다.

19	**cope with**	~을 다루다/처리하다	★★★

During times of crisis, communities must find ways to cope with limited resources and increasing demands.
위기 상황에서 지역 공동체들이 제한된 자원과 증가하는 수요에 대처할 수 있는 방법을 찾아야 합니다.
▸ deal with과 바꿔 쓸 수 있으나 도전이나 스트레스 관리를 강조하는 의미.

20	**cram A with B**	A를 B로 쟁여 넣다	★★☆

She crammed her bag with her clothes. 그녀는 가방에다 옷을 쟁여 넣었어요.

21	**deal with**	(문제·과제 등을) 처리하다	★★★

The council has failed to deal with the problem of homelessness in the city. 의회는 도시 내 노숙자 문제를 처리하지 못했어요.
▸ cope with과 바꿔 쓸 수 있으나 특정 문제를 해결하기 위한 조치를 취하는 걸 강조.

22	**disagree with**	~에 동의하지 않다	★★☆

I'm afraid I have to disagree with you on that point.
미안한데 그 점에서는 너와 의견을 달리해야겠다.

	disagree with	(특히 음식이) ~에게 안 맞다	

Spicy food at the restaurant disagrees with some people.
그 식당에서 파는 매운 음식이 어떤 사람들한테는 맞지 않아요.

23	**dispense with**	필요 없는 것을 없애다	★★☆

The new software update allowed us to dispense with several outdated features, streamlining the user interface. 새로운 소프트웨어 업데이트를 통해 몇 가지 오래된 기능을 없애고 사용자 인터페이스를 간소화할 수 있었습니다.

24	**do away with**	~을 제거하다	★★☆

They simply wanted to do away with censorship.
그들은 그저 검열을 없애고 싶을 뿐이었습니다.

25	**do with**	~을 처리하다	★★★

She's been doing with the challenges of single parenthood remarkably well. 그녀는 한부모라는 어려움을 놀라우리만치 잘 극복하여 처리하고 있습니다.

	do with	~와 관련 있다	

Her success had nothing to do with luck; it was all due to her hard work and determination. 그녀의 성공은 운과는 무관하며, 모두 그녀의 노력과 결단력 덕분이었습니다.
▸ 주로 have nothing[something, anything] to do with의 형태로 쓰임.

26	**end ... with ~**	~와 관계를 끊다	★★☆

I told Tom I wanted to end things with him.
나는 톰에게 그와의 관계를 끝내고 싶다고 말했어요.
▸ end things with의 형태로 자주 쓰임.

27	**end up with**	결국 ~하다	★★☆

I ended up with a ticket to the concert at the last minute.
나는 결국 막판에 콘서트 티켓을 얻었어요.

28	**endow A with B**	A가 B를 지니고 있다고 믿다	★★☆

He endows his son with the qualities that his wife possesses.
그는 아들이 아내에게 있는 자질을 갖고 있다고 믿고 있어요.

29	**equate A with B**	A와 B를 동일시하다	★★☆

My boss equates dissent with disloyalty.
우리 상사는 반대 의견을 불충과 동일시합니다.

30	**equip A with B**	A에게 B를 제공하다	★★★

The school used the money to equip every student with a tablet.
학교는 그 돈을 사용해 모든 학생들에게 태블릿을 제공했어요.

31	**fall in with**	~에 동의하다	★★☆

Once she explained her problem, he was happy to fall in with her plans. 그녀가 일단 자신의 문제를 설명하자 그는 기꺼이 그녀의 계획에 동의했어요.

	fall in with	(사람들과) 어울려 시간을 보내다	

She fell in with a strange crowd of people at university.
그녀는 대학에서 이상한 무리의 사람들과 어울리게 되었어요.

32	**fiddle with**	(자꾸 이리저리 바꾸며) 만지작거리다	★★☆

He couldn't resist fiddling with the settings on his new phone, trying to customize it to his liking.
그는 새로 산 휴대전화 설정을 만지작거리면서 원하는 대로 맞춤 설정해 보고 싶은 걸 참을 수가 없었어요.

33	**fight with**	(연합해) ~와 싸우다	★★★

The soldiers fought with the allied forces to liberate the city from the invaders. 군인들은 침략자들로부터 그 도시를 해방시키기 위해 연합군과 함께 싸웠습니다.

34	**finish with**	~이 필요 없게 되다	★★☆

Have you finished with the scissors? 가위 다 썼어? (← 가위가 필요 없게 됐어?)

35	**get along with**	~와 잘 지내다	★★☆

My strengths are that I learn fast and get along with everyone.
제 장점은 빨리 배우고 모든 사람과 잘 지낸다는 거예요.

36	**get away with**	(나쁜 짓을 하고도) 처벌을 모면하다	★★☆

Don't think you'll get away with that prank!
그 장난을 치고 그냥 넘어갈 생각은 하지 마!

	get away with	그냥 넘어가다	

You can get away with having a poor accent, but you should understand the grammatical rules of a language.
억양이 안 좋은 건 그럭저럭 넘어갈 수는 있지만 언어의 문법 규칙은 이해하고 있어야지.

37	**get even with**	~에 앙갚음하다	★★☆

The villain escaped, vowing to get even with Spider-Man afterwards.
악당은 나중에 스파이더맨에게 복수하겠다고 다짐하며 탈출했어요.

38	**get on with**	(중단했다가) ~을 계속하다	★★☆

Stop talking and get on with it. 얘기 그만하고 그거나 계속해 나가렴.

39	**go along with**	~에 동의하다	★★☆

Democracy means going along with decisions made by the majority rule. 민주주의는 다수결의 원칙에 따라 내린 결정에 동의하는 것을 의미합니다.

MP3 034-2

40	**go through with**	~을 끝까지 해내다/관철하다	★★☆

After some consideration, he bravely went through with the mission.
고민 끝에 그는 용감하게 임무를 끝까지 해냈어요.

41	**go with**	~에 포함되다, ~와 관련되다	★★★

What are the main health problems that go with smoking?
흡연이 수반하는 주요 건강 문제에는 무엇이 있나요?

go with (= match)	~와 잘 어울리다	

I don't think that necklace really goes with your dress.
그 목걸이가 네 드레스와 그렇게 잘 어울리는 것 같지가 않아.

42	**grapple with**	~을 해결하려고 애쓰다	★★☆

The government must grapple with the problem of corruption.
정부는 부정부패 문제 해결을 위해 노력해야만 합니다.

43	**interfere with**	~을 방해하다	★★★

Even a low level of noise interferes with my concentration.
낮은 수준의 소음도 내가 집중하는 데 방해가 된다고.

44	**keep up with**	(~의 진도·증가 속도 등을) 따라잡다	★★☆

He struggles to keep up with the fast pace of the conversation during the meeting. 그는 회의 중에 오가는 대화의 빠른 속도를 따라잡으려고 고군분투합니다.

45	**level with**	~에게 솔직하게 털어놓다	★★☆

I'll level with you – this project is beyond your capacity.
솔직히 말할게. 이 프로젝트는 네 능력 밖이야.

46	**live with**	~와 동거하다	★★★

I am living with my sister. 나는 (당분간) 언니와 함께 살고 있어요.

	live with	~을 받아들이고 익숙해지다	

I had to learn to live with the noisy neighbors in my apartment building. 우리 아파트의 시끄러운 이웃들을 참고 받아들이는 법을 배워야 했어요.

47	make do with	~으로 견디다/지내다	★★☆

Don't worry about it. We can make do with what's here and get them tomorrow. 그것에 대해 걱정하지 마. 일단 여기 있는 것으로 견디고 내일 가져오면 돼.

Can you make do with $10 for a week and I'll give you the rest next week? 한 주간 동안 10달러로 견디고 나머지는 내가 다음 주에 줄 수 있을까?

48	make up with	~와 화해하다	★★☆

Have you made up with Patty yet? 패티랑 이제 화해했니?

49	meddle with	(남의 일에) 관여하다	★★☆

Don't meddle with his affairs. It's none of your business.
그 사람 일에 상관하지 마. 네 일도 아닌데.

	meddle with	(남의 것을) 건드리다	

My brother has been meddling with my computer trying to fix something. 내 동생이 뭔가를 고치겠다고 하면서 내 컴퓨터를 건드렸던 거예요.

50	mess with	~에 얽히다/관여하다	★★☆

Don't mess with the copyright law. 저작권법에 얽히지 마라.(← 저작권법을 어기지 마라.)

	mess with	~를 부주의하게 다루다	

Never mess around with scissors. 절대 가위 가지고 장난치지 마라.

51	mingle with	사람들과 어울리다	★★☆

You'll get the chance to mingle with more European tourists.
더 많은 유럽 관광객들과 어울릴 수 있는 기회를 얻게 될 겁니다.

52	**mix with**	~와 섞이다	★★☆

Oil does not mix with water. 기름은 물과 섞이지 않아요.

53	**negotiate with**	~와 협상하다	★★☆

We're negotiating with them to reach a mutually beneficial agreement. 그들과 상호 수혜 협정을 맺으려고 우리가 협상하고 있는 겁니다.

54	**part with**	(자기가 계속 가지고 싶은 것을) 내주다	★★☆

I'm reluctant to part with any of the kittens, but we need the money.
새끼 고양이를 내주기는 싫지만, 우리가 돈이 필요하거든요.

	part with	~와 헤어지다	

I'm sorry to have to part with you. 너와 헤어져야 해서 아쉽다.

55	**play with**	(사람·감정)을 가지고 놀다	★★★

He tends to play with women's emotions; none of the female workers in the department like him.
그는 여자의 감정을 가지고 노는 경향이 있어요. 그래서 부서 내 여성 직원 중 아무도 그를 좋아하지 않아요.

	play with	~을 만지작거리다	

He couldn't focus on the conversation because he was busy playing with his phone.
그는 전화기를 만지작거리느라 바빠서 대화에 집중할 수가 없었어요.

56	**provide A with B**	A에게 B를 제공하다	★★★

The project is designed to provide young people with work.
그 프로젝트는 젊은이들에게 일자리 제공을 위해 기획된 것입니다.

57	**put up with**	(짜증스럽거나 불쾌한 것을) 참다	★★☆

I don't know why I have to put up with humiliating procedures.
내가 왜 굴욕스러운 절차를 참아야 하는지 모르겠어요.

58	**quarrel with**	~와 언쟁하다	★★☆

My mom and I often quarrel with each other over small things.
엄마와 나는 사소한 일로 자주 다퉈요.

	quarrel with	~에 이의를 달다	

Nobody would dare to quarrel with her decisions once they understood her reasoning.
그녀가 그렇게 한 까닭을 이해하면 누구도 그녀의 결정에 감히 이의를 달지 못할 겁니다.

59	**rank with**	~와 어깨를 나란히 하다	★★☆

This must rank with the greatest movies ever made.
이거, 틀림없이 지금까지 만들어진 최고의 영화와 어깨를 나란히 하겠는걸.

60	**reckon with**	~을 다루다	★★☆

The company didn't anticipate the fierce competition they would have to reckon with in the global market.
이 회사는 세계 시장에서 자신들이 다루어야 할 치열한 경쟁은 미처 예상하지 못했습니다.

61	**replace A with B**	A를 B로 교체하다	★★☆

We replaced the old television set with a newer one.
우리는 오래된 TV를 새 TV로 바꿨어요.

62	**share A with B**	A를 B와 공유하다	★★★

I shared a house with three other people.
나는 다른 세 명과 집을 공유했어요.(= 3명의 동거인이 있었어요.)

63	**side with**	~의 편을 들다	★★☆

He will side with me in the debate about climate change.
그는 기후 변화 관련 토론에서 내 편을 들어줄 거예요.

64	**square with**	~와 일치하다	★★☆

That explanation squared with the fact that she was out of town during the incident, didn't it?
그 설명이 사건이 일어났을 동안 그녀가 마을에 없었다는 사실과 앞뒤가 일치했어, 그렇지?

65	**start with**	~로 시작하다	★★☆

I think I will start with an appetizer and then have a main course.
전 애피타이저로 시작하고서 주요리를 먹을 것 같아요.

66	**stay in with**	(자신에게 유리하도록) ~와 친한 관계를 유지하다	★☆☆

It's a good idea to stay in with the boss. 상사와 좋은 관계를 유지하겠다는 건 좋은 생각이야.

67	**stay with**	남의 집에 묵다	★★☆

You can stay with us until next Sunday. 다음 주 일요일까지 우리 집에서 묵어도 돼.

68	**stick with**	~의 곁에 머물다	★★☆

Stick with me until we find a way out of this maze.
이 미로에서 벗어날 길을 찾을 때까지 제 옆에 있어 주세요.

	stick with	~을 계속하다	

They opted to stick with their initial decision despite the tempting alternatives. 마음이 혹하는 대안이 있는데도 그들은 원래 결정대로 계속하기로 했어요.

69	**struggle with**	~로 고생하다/애쓰다	★★☆

The student struggled with the grammar lesson.
그 학생은 문법 수업 때문에 고생했어요.

The police have struggled with drug problems for years.
경찰은 수년째 마약 문제로 애쓰고 있습니다.

70	**swap A with B**	A를 B와 교환하다	★★☆

We swapped email addresses with the people we met on vacation.
우리는 휴가 때 만난 사람들과 이메일 주소를 교환했어요.

71	**swarm with**	~로 가득하다	★★☆

After the rain, the garden is swarming with wasps.
비가 온 후라 정원이 말벌로 가득합니다.

72	**talk with**	~와 대화하다	★★★

Let me talk with him before I send this email.
이 이메일 보내기 전에 그 사람이랑 얘기해 볼게요.
▸ talk to를 써도 같은 의미이며, talk to가 더 자주 쓰임.

73	**tamper with**	~를 (허락 없이 마음대로) 손대다	★★☆

I don't want you to tamper with the internal wiring.
네가 내부 회로를 건드리지 않으면 좋겠다.

	tamper with	~을 조작하다	

He paid off the police to tamper with his traffic accident records.
그는 교통사고 기록을 조작하려고 경찰을 매수했어요.

74	**teem with**	(사람·동물 등이) 바글거리다	★★☆

The shopping center was teeming with shoppers that Saturday.
쇼핑센터는 그 토요일에 쇼핑객들로 바글거렸어요.

75	**toy with**	~을 (재미 삼아) 생각해 보다	★★☆

I briefly toyed with the idea of going to Japan to visit my aunt.
나는 이모를 뵈러 일본에 갈까 하는 생각을 잠깐 해 봤어요.

76	**trifle with**	~을 우습게 보다	★★☆

She didn't trifle with his feelings.That's why she persuaded him to see a psychiatrist.
그녀는 그의 감정을 가볍게 보지 않았어요. 그래서 그를 설득해서 정신의학의에게 가 보게 한 거예요.

77	**wrestle with**	~을 해결하려 애쓰다	★★☆

The government is wrestling with difficult economic problems.
정부는 어려운 경제 문제를 해결하려 씨름 중입니다.

미묘한 뉘앙스 차이

'~로'라는 같은 의미로 해석되는 'with'와 'by'는 혼동하기 쉽습니다. 하지만 둘은 엄밀한 의미에서 초점의 차이가 있어요. 'with'는 수단이나 도구를 나타내는 명사를 동반하며, 'by'는 행위나 방법을 나타내는 동사 혹은 명사를 수반합니다. 예를 들어, 어떤 행위의 목적을 위해 쓰이는 도구를 나타낼 때는 'with'를 사용하여 '~을 가지고'라는 의미를 전달합니다. 목적 달성을 위한 행위에 초점을 맞출 때는 'by'를 사용하여 '~을 함으로써'의 뜻을 나타냅니다.

1-1 **He was playing the drum with sticks.**

그는 스틱으로 드럼을 연주하고 있었어요. (스틱이라는 도구에 초점)

1-2 **He was playing the drum by using the sticks.**

그는 스틱을 사용해 드럼을 연주하고 있었어요. (스틱을 이용했다는 행위에 초점)

2-1 **I acquired my camera with my parents' money.**

나는 부모님 돈으로 카메라를 샀어요. (돈이라는 수단을 통해서 물건을 샀다.)

2-2 **I acquired my camera by hard work.**

나는 열심히 일해서 카메라를 샀어요. (노력이라는 행위를 통해서 물건을 샀다.)

UNIT 2 형용사/과거분사 + with

PREPOSITION

MP3 035

MP3 035-1

1	**acquainted with**	~을 익히 알고 있는	★★★

The thieves were well acquainted with the alarm system at the jewelry shop. 그 도둑들은 보석상의 경보 체계를 잘 알고 있었어요.

2	**adorned with**	~로 장식된	★★☆

The bride's hair was adorned with beautiful flowers.
신부의 머리는 아름다운 꽃으로 장식되어 있었습니다.

3	**afflicted with**	~로 고통받는, ~을 앓는	★★☆

He was again afflicted with cancer in 2020. 그는 2020년에 다시 암을 앓았어요.

4	**alive with**	~로 활기찬/북적이는	★★☆

The forest was alive with the sounds of chirping birds and rustling leaves. 그 숲은 지저귀는 새소리와 바스락거리는 나뭇잎 소리들로 활기가 넘쳤어요.

5	**angry with**	~에(게) 화가 난	★★★

I felt angry with my father for not attending my graduation ceremony.
난 우리 아버지가 내 졸업식에 참석하지 않으신 것에 화가 났어요.

6	**associated with**	~와 연관된	★★★

The cancer risks associated with smoking have been well documented. 흡연과 관련된 암 발병 위험이 문헌으로 잘 정리돼 있습니다.

7	**bad with**	~에 서투른	★★☆

He's bad with tools, often dropping or mishandling them while working on projects.
그는 연장을 다루는 데 서툴러서 프로젝트 하는 중에 기계를 떨어뜨리거나 잘못 다루는 일이 다반사예요.

with

8	**blessed with**	~의 복을 받아 누리는	★★☆

We are both blessed with good health. 우리 둘 다 복이 많아 건강이 좋아요.

9	**bordered with**	~로 둘러싸인	★★☆

Narrow alleyways in this neighborhood were bordered with brick houses. 이 동네의 좁은 골목들은 벽돌집으로 둘러싸여 있었어요.

10	**bored with**	~가 지루한	★★☆

He was getting bored with his mom's same old lectures.
그는 엄마의 똑같은 잔소리가 점점 지루해져 갔어요.

11	**busy with**	~로 바쁜	★★☆

She's been busy with her studies all week, preparing for the upcoming exams. 그녀는 곧 있을 시험을 준비하느라 주 내내 공부로 바빠요.

12	**careful with**	(~의 취급에) 조심하는	★★☆

Be careful with my new laptop. 새로 산 내 노트북 (망가지지 않게) 조심해.

13	**charged with**	~로 기소된	★★★

He's been charged with murder and rape. 그는 살인과 강간으로 기소되었어요.

14	**cluttered with**	(어수선하게) ~로 채워진	★★☆

The small kitchen was soon cluttered with new electric appliances.
작은 주방이 곧 새 가전제품으로 채워졌습니다. (그런데 그 채워진 품새가 어수선했다는 의미)

15	**coincident with**	(장소·시간이) 일치하는	★★☆

His birth was coincident with the beginning of the Olympics.
그의 탄생은 올림픽의 시작 시기와 일치했어요.

16	**comparable with**	~에 필적하는	★★★

His poetry is hardly comparable with Shakespeare's.
그의 시는 셰익스피어의 시에 거의 필적할 수가 없지요.

17	**compatible with**	~와 호환되는	★★★

This software may not be compatible with older operating systems.
이 소프트웨어는 예전 운영 체계와 호환되지 않을 수도 있습니다.

18	**concerned with**	~과 관련 있는	★★★

It is mainly concerned with long-term development.
그것은 주로 장기적인 개발과 관련이 있어요.

19	**confronted with**	~에 직면한	★★☆

Roy was confronted with a difficult choice. 로이는 어려운 선택에 직면했습니다.

20	**confused with**	~와 혼동되는	★★☆

A tsunami is often confused with a tidal wave. 쓰나미는 종종 해일과 혼동됩니다.

21	**consistent with**	~와 일치하는	★★★

What the witness said in court was not consistent with the statement he made to the police. 목격자가 법정에서 말한 것과 그가 경찰에게 했던 진술이 일치하지 않았어요.

22	**content with**	~에 만족하는	★★☆

Your company is content with the status quo. 귀사는 현 상태에 만족하시는군요.

23	**coordinated with**	~와 조정된/조율된	★★☆

Some time-critical medications must be coordinated with meal times.
시간이 중요한 일부 약은 식사 시간에 맞춰 복용해야 합니다. (← 시간이 중요한 일부 약은 식사 시간과 조율이 되어야 한다.)

24	**coupled with**	~이 동반된	★★★

High yields are almost always coupled with high risks.
높은 수익률은 거의 늘 높은 위험이 동반되는 법이죠.

with

25	**covered with**	~로 덮인	★★★

His jacket was covered with spots of mud.
그의 재킷이 진흙 자국들로 범벅이 되었어요.

26	**crammed with**	~로 빽빽한	★★☆

The hospitality room is crammed with more new faces.
접객실이 더 많은 새로운 얼굴들로 가득합니다.

27	**cross with**	~에게 화난	★☆☆

She was cross with me for being late. 그녀는 내가 지각했다고 나에게 화가 났어요.

28	**crowded with**	~로 붐비는/복잡한	★★☆

The roads were crowded with holiday traffic. 도로가 휴일 차량으로 복잡했어요.

29	**cursed with**	(좋지 않은 일로) 시달리는	★☆☆

The museum has been cursed with financial problems since it opened. 박물관은 개관 이래로 재정 문제로 시달려 왔어요.

30	**delighted with**	~에 아주 기뻐하는	★★☆

She was delighted with her success in weight loss.
그녀는 체중 감량에 성공해서 아주 기뻤어요.

31	**disappointed with**	~에 실망한	★★☆

The TV viewers were disappointed with the ending of the soap opera. TV 시청자들은 연속극의 결말에 실망했어요.

32	**dizzy with**	(현기증이 날 만큼) ~로 어질어질한	★★☆

He was dizzy with the memory of bad dreams.
그는 악몽의 기억으로 머리가 어지러웠어요.

33	**done with**	~가 끝난	★★★

I'm done with the shower. You can use the bathroom.
나 샤워 끝났어. 이제 화장실 써도 돼.

34	**embroiled with**	(언쟁이나 갈등 등으로) ~와 뒤얽힌	★★☆

The war was embroiled with a number of conflicts in several neighboring countries. 그 전쟁은 여러 이웃 국가들의 수많은 갈등과 뒤얽혀 있었습니다.

35	**endowed with**	~를 타고난	★★☆

People think Jefferson was endowed with great wisdom.
사람들은 제퍼슨이 뛰어난 지혜를 타고났다고 생각합니다.

36	**equated with**	~와 동일시되는	★★☆

The term parenting is often equated with discipline.
육아라는 용어는 훈육과 동일시되는 경우가 많습니다.

37	**equipped with**	~을 갖춘	★★★

Graduates will be highly equipped with skills to work in various careers. 졸업생들은 다양한 직종에 종사할 수 있도록 기술을 잘 갖추게 될 것입니다.

38	**faced with**	~에 직면한	★★★

They were faced with very difficult problems.
그들은 매우 어려운 문제에 직면했습니다.

39	**face-to-face with**	~와 대면한	★☆☆

Soon, each came face-to-face with their ultimate fear.
곧, 각자가 자신의 궁극적인 두려움과 대면했어요.

40	**familiar with**	~을 잘 아는	★★★

Are you familiar with this type of machine? 너 이런 종류의 기계, 잘 아니?

41	**fed up with**	~에 진저리가 난	★★☆

I'm fed up with the constant traffic jams during rush hour.
혼잡 시간 때마다 늘 만나는 교통 체증에 진저리가 난다.

42	**filled with**	~로 채운/가득한	★★★

The river was filled with dead fish floating everywhere.
그 강은 곳곳에 떠다니는 죽은 물고기들로 가득했어요.

43	**fine with**	~에게 괜찮은	★★☆

Sharing the photos is fine with me. 사진들 공유하는 것, 난 괜찮아.

44	**finished with**	~를 마친/끝낸	★★☆

Are you finished with my tools yet? 이제 내 도구 다 썼니?

45	**frantic with**	(걱정·두려움으로) 제정신이 아닌	★★☆

The patient became frantic with pain, which lasted for hours.
그 환자는 몇 시간 동안 계속되는 고통으로 제정신이 아니었어요.

46	**fraught with**	~ 투성이인	★★☆

The research has been fraught with difficulties and problems right from the start. 그 연구는 시작부터 어려움과 문제투성이였어요.

47	**furious with**	~에게 격노한	★★☆

He was furious with me because I came late.
내가 늦게 왔다고 그가 나한테 격노했지요.
▸ furious with: 사람에 대한 분노를 특정하는 경향.
furious at: 상황·사건·사물 등 더 넓은 대상에 대한 분노를 포함.

48	**gifted with**	(타고난) ~ 재능이 있는	★★☆

Not every individual is gifted with a persuasive ability.
모든 개인이 설득력을 타고난 것은 아니죠.

MP3 035-2

49	**good with**	(취급하거나 다루는 것을) 잘하는, 재주가 있는	★★☆

My brother is not good with numbers. 남동생이 숫자를 잘 다루지를 못해.

50	**handy with**	~에 솜씨가 좋은	★★☆

If you are handy with wood, try making small boxes with recessed metal panels. 나무를 다루는 솜씨가 좋다면 오목한 금속판으로 작은 상자도 만들어 봐.

51	**happy with**	~에 행복한/만족해하는	★★★

He's not happy with his current job. 그는 지금 일에 만족하지 않아요.

52	**honest with**	~에게 솔직한	★★☆

My husband has always been honest with me, and that's why I trust him. 남편은 늘 나에게 솔직했고, 그래서 내가 남편을 신뢰하는 거죠.

53	**impressed with**	~로 감탄하는	★★☆

I'm very impressed with the newly built airport.
새로 건설한 공항에 감탄이 아주 절로 나오네요.

54	**infested with**	~로 들끓는	★★☆

The kitchen was infested with cockroaches and all food in the refrigerator went bad. 부엌은 바퀴벌레로 들끓었고, 냉장고 안의 음식은 다 상했어요.

55	**inflicted with**	~로 고통받는	★★☆

He was inflicted with a serious illness that required long-term treatment. 그는 장기간 치료가 필요한 심각한 병으로 고통받았어요.

56	**involved with**	~와 연관된	★★★

Try not to become too emotionally involved with the children in your care. 네가 돌보는 아이들과 너무 감정적으로 엮이지 않도록 해.

57	**jammed with**	~로 붐비는	★★☆

The roads were literally jammed with cars during rush hour.
혼잡 시간 대에는 도로가 말 그대로 차로 붐볐습니다.

58	**laden with**	~로 가득한	★★☆

He always comes back from his business trip laden with gifts for his children. 그는 항상 출장에서 자녀들에게 줄 선물을 가득 안고 돌아와요.

59	**loaded with**	~가 실린, ~로 채운	★★☆

The airliner was loaded with 20,000 gallons of fuel.
여객기에는 20,000갤런의 연료가 실려 있었어요.

60	**lousy with**	~가 지천으로 널린, ~가 많은	★★☆

The small folk village is always lousy with tourists.
그 작은 민속촌은 늘 관광객들이 많습니다.

61	**lush with**	~로 무성한	★★☆

The garden was lush with vibrant flowers and green foliage.
정원이 생동감 넘치는 꽃들과 초록색 잎들로 무성했어요.

62	**mixed with**	~이 섞인	★★★

Remember the best lies are mixed with truth. 최고의 거짓말은 진실과 섞여 있다는 것을 기억해라.

63	**occupied with**	(공간 등이) ~로 찬	★★☆

Each block was occupied with police cars. 각 구역마다 경찰차로 꽉 차 있었어요.

	occupied with	~에 여념이 없는, ~로 바쁜	

Kids are occupied with a bug hunt in the garden.
아이들이 정원에서 벌레 잡기에 여념이 없네.

64 **ok(ay) with** | (반대하지 않고) ~이 괜찮은 | ★★☆

Something tells me that he's ok with the way things worked out for him. 내 느낌에 그는 일이 풀린 방식에 괜찮아하는 것 같아요.
▸ Something tells me ~: ~라고 생각하다

65 **packed with** | ~로 가득한 | ★★☆

This book is packed with interesting facts about sea animals.
이 책은 바다 동물들에 관한 흥미로운 사실들로 가득해.

66 **paired with** | ~와 짝을 이룬 | ★★☆

The trainees will be paired with experienced managers for hands-on coaching and support. 수습생들은 경력자들과 짝을 이루어 실무 코칭과 지원을 받게 됩니다.
▸ hands-on: 직접 해 보는

67 **patient with** | ~을 참는 | ★★☆

She is not patient with her students' errors in grammar.
그녀는 자기 학생들이 문법에서 실수하는 것을 잘 참아내지 못해요.

68 **pleased with** | ~에 기뻐하는 | ★★★

Her boss looked very pleased with her presentation yesterday.
상사는 어제 그녀의 발표에 상당히 만족하는 듯 보였습니다.

69 **popular with** | ~에게 인기 있는 | ★★☆

This type of song is popular with people from my generation.
이런 유형의 노래가 우리 세대 사람들에게 인기가 있어요.

70 **pregnant with** | ~을 임신한 | ★★☆

My wife was pregnant with our third child when the company went bust. 회사가 폭삭 망했을 때 아내가 셋째 아이를 임신 중이었어요.

71 **preoccupied with** | ~에 집착하는 | ★★☆

Why is the media so preoccupied with the love lives of celebrities?
왜 언론은 유명 인사들의 연애 생활에 그렇게 집착하는 걸까?

72	**provided with**	~이 공급된	★★★

The team was provided with maps, survival kits and communication equipment before setting out to base camp.
그 팀은 베이스캠프로 떠나기 전에 지도와 비상 생존 장비, 통신 장비를 받았어요.

73	**reunited with**	~와 재회한	★★☆

Sia was finally reunited with her long-lost family at the airport.
시아는 마침내 오랫동안 헤어졌던 가족과 공항에서 다시 만났어요.

74	**rough with**	~에게 거칠게 대하는	★★☆

Don't be rough with your sister. 여동생에게 거칠게 행동하지 마라.

75	**satisfied with**	~에 만족한	★★★

All the teachers seem satisfied with his progress.
모든 선생님이 그의 성장에 만족해하는 것 같아요.

76	**sick with**	~로 아픈	★★☆

I got very sick with pneumonia. 제가 폐렴으로 몹시 아팠어요.

77	**square with**	~에게 정직한	★★☆

I appreciate it when people are square with me about their intentions. 사람들이 자신의 의도에 대해 제게 솔직하게 이야기해 주면 전 정말 고마워요.

78	**strict with**	~에게 엄격한	★★☆

I know that my parents love me although they are very strict with me.
우리 부모님이 내게 매우 엄격하시지만 날 사랑하신다는 건 알지.

79	**stuffed with**	(속이) ~로 채워진	★★☆

The soft French roll was stuffed with shrimp.
부드러운 프렌치 롤은 새우로 속이 채워져 있었어요.

80	**supplied with**	~를 제공받는	★★☆

In addition, each room is supplied with free wireless Internet.
덧붙여 각 방에 무선 인터넷이 무료로 제공됩니다.

81	**taken with**	~에 매혹되어/사로잡혀	★★☆

I was quite taken with him when I was young.
어렸을 때 난 그 사람에게 꽤 매료됐었어요.

82	**tasked with**	~의 책무가 있는	★★☆

The jury was tasked with determining damages.
배심원은 손해 배상액을 결정하는 임무를 맡았습니다.

83	**tied up with**	~와 관련 있는	★★☆

The success of the project is often tied up with effective communication among team members.
프로젝트의 성공은 팀원들 간 효과적인 커뮤니케이션과 관련 있는 경우가 많아요.

84	**unsatisfied with**	~에 불만족한	★★☆

Are you unsatisfied with your recruiting process?
채용 절차가 만족스럽지 않으신가요?

85	**vested with**	~이 부여된	★★☆

The president is vested with executive powers.
대통령이 행정권을 가집니다.(← 대통령은 행정권을 부여받는다.)

86	**vexed with**	~로 짜증난	★★☆

She was vexed with her computer's constant crashes during the important presentation.
중요한 발표를 진행하는 동안 컴퓨터가 계속 다운되는 바람에 그녀는 짜증이 났습니다.

87	**wrong with**	~에 문제가 있는	★★★

I think there's something wrong with my foot. 내 발에 뭔가 이상이 있는 것 같아요.

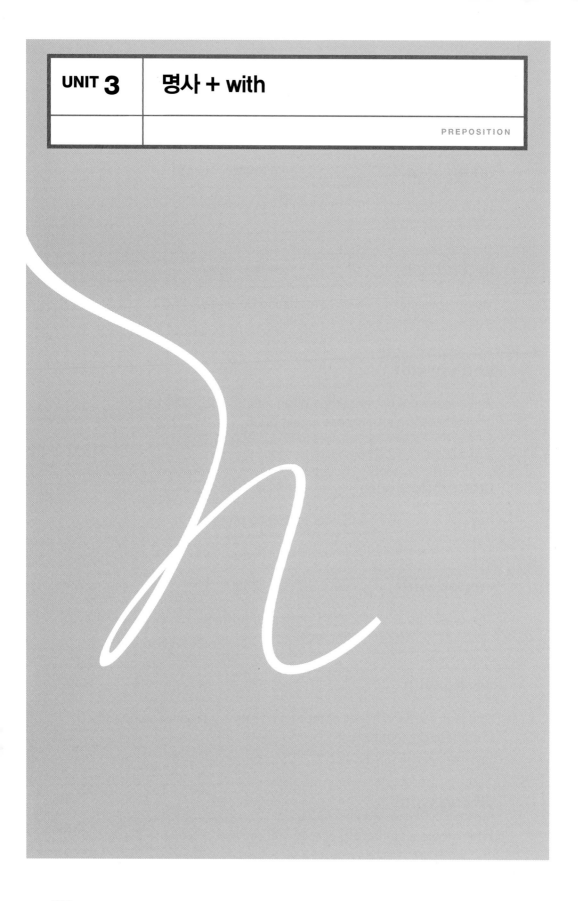

UNIT 3 명사 + with

PREPOSITION

MP3 036

1	acquaintance with	~에 대한 지식	★★☆

His acquaintance with ancient history allowed him to offer valuable insights during the discussion.
고대 역사에 정통한 그는 토론 중에 상당히 값진 통찰력을 제공할 수 있었습니다.

	acquaintance with	~와의 친분	

My acquaintance with those interesting families continued until recent years. 저와 그 흥미로운 가족들과의 친분은 최근 몇 년까지 계속되었죠.

2	affiliation with	~와 관계/제휴	★★☆

He denied any affiliation with the Communist party.
그는 자신이 공산당과의 어떤 관계나 제휴가 있었다는 것을 부인했어요.

3	agreement with	~와의 일치, ~에게 동의	★★★☆

His proposal was in agreement with the company's long-term objectives. 그의 제안은 회사의 장기 목표와 일치했습니다.

4	anger with	~에 대한 분노	★★☆

I can understand their anger with what has happened in Boston.
보스턴에서 일어난 일에 대한 그들의 분노를 전 이해할 수 있어요.

5	argument with	~와의 논쟁	★★☆

He had an argument with his brother over who would get to use the car first. 누가 그 차를 먼저 쓰게 될 것인가로 그는 동생과 언쟁했습니다.

6	association with	~와 관련성	★★★

Her association with the charity organization allowed her to make a meaningful impact on the lives of underprivileged children. 그녀가 자선 기구와 관련을 맺고 있어서 혜택받지 못하는 아이들의 삶에 의미 있는 영향을 끼칠 수가 있었습니다.

with

7 **comparison with** ~와 비교 ★★★

She's a good pop singer but she doesn't stand comparison with Whitney Houston. 그녀는 훌륭한 가수이지만 휘트니 휴스턴과 비교할 수는 없어요.

8 **compatibility with** ~와 양립성/호환성 ★★☆

The software update needs to ensure compatibility with older existing systems to maintain functionality and interoperability.
소프트웨어 업데이트는 기능 및 상호 운용성 유지를 위해 기존 구형 시스템과의 호환성을 보장해야 합니다.

9 **compromise with** ~와의 타협 ★★☆

The government has said that there will be no compromise with terrorists. 정부는 테러리스트와의 어떤 타협도 없을 것이라고 말했습니다.

10 **consultation with** ~와 상담 ★★☆

After consultations with our accountant, we've decided how to cut costs within the company.
회계사와 상담 후, 우리는 회사 내에서 어떻게 비용을 절감할지를 결정했습니다.

11 **conversation with** ~와 대화 ★★★

She had an unplanned conversation with the man who stood in front of the store. 그녀는 그 가게 앞에 서 있던 남자와 계획에도 없던 대화를 나누었어요.

12 **coordination with** ~와 조정/조화 ★★☆

The team worked in close coordination with the local authorities to ensure the smooth execution of the event.
팀은 원활한 행사 진행을 위해 현지 당국과 긴밀히 조정하며 일했습니다.

13 **correlation with** ~와 상관관계 ★★☆

Recent studies have shown a correlation with regular exercise and improved mental health.
최근의 연구를 보면 꾸준한 운동과 정신 건강 향상에는 상관관계가 있습니다.

14	**disappointment with**	~에 대한 실망	★★☆

We can understand your disappointment with the service you received. 고객님께서 받으신 서비스에 실망하신 점, 이해합니다.

15	**discourse with**	~와의 담론/대화	★★☆

Your interviewer can engage in further discourse with you to see if you are a good candidate or not.
면접관은 지원자가 좋은 후보자인지 아닌지 확인하기 위해 지원자와 추가 대화를 나눌 수도 있습니다.

16	**empathy with**	~에 대한 공감	★★☆

He expressed empathy with her struggles, having experienced similar challenges himself.
그는 자신도 비슷한 어려움을 겪은 경험이 있기에 그녀의 어려움에 공감을 표했습니다.

17	**encounter with**	~와 맞닥뜨림/조우	★★★

My brother had a frightening encounter with a wild bear.
남동생이 야생곰과 오싹한 조우를 하게 됐지요.

18	**engagement with**	~에 관여	★★★

His engagement with online forums allows him to connect with like-minded individuals around the world.
온라인 포럼에 관여하게 되면서 그는 자신과 같은 생각을 하는 전 세계 사람들과 연결될 수가 있습니다.

19	**familiarity with**	~에 대한 친숙함/익숙함	★☆☆

His familiarity with the city makes him a great taxi driver.
그 도시에 익숙하다 보니 그는 훌륭한 택시 운전사가 되었어요.

20	**interaction with**	~와 상호작용	★★★

Learning is through interaction with the environment.
학습은 환경과의 상호 작용을 통해 이루어집니다.

21	**interview with**	~와 인터뷰	★★★

She has an upcoming interview with a prestigious law firm for a position as an associate attorney.
그녀는 부변호사 자리를 놓고 유명 법률회사와 면접을 앞두고 있습니다.

22	**intimacy with**	~와의 친밀함	★★☆

He was incapable of achieving any intimacy with anyone.
그는 누구와도 친밀감을 얻을 수가 없었어요.

23	**involvement with**	~에 참여/개입, ~와의 관련	★★☆

I am uncomfortable with military involvement with civilian affairs.
민간 문제에 군이 개입하는 것이 전 불편합니다.

Her involvement with the theater group enhances her creativity and confidence on stage.
그녀가 극단에 참여하고 있어서 그런지 무대에서의 창의성과 자신감이 올라갑니다.

24	**issue with**	~의 문제	★★☆

All the people in the study had low self-esteem and had issues with their bodies. 연구에 참여한 사람들 모두 자존감이 낮았고 신체에 문제가 있었습니다.

25	**luck with**	~에서의 행운	★★☆

Thanks very much again and good luck with everything.
다시 한번 진심으로 감사드리며 모든 일에 행운이 함께하기를 바랍니다.

26	**negotiation with**	~와 협상	★★☆

She's in negotiation with the landlord over the terms of the lease for her new office space. 그녀는 새 사무실 공간의 임대 계약 조건을 놓고 집주인과 협상 중입니다.

27	**quarrel with**	~와의 다툼/언쟁	★★☆

My quarrel with him did severe damage to our relationship.
내가 그와 말다툼을 해서 우리 관계가 깊은 손상을 입었어요.

28	**relation with**	~와의 관계	★★☆

Greece has established full diplomatic relations with Israel.
그리스는 이스라엘과 완전한 외교 관계를 수립했습니다.

29	**replacement with**	~와 교체	★★☆

His replacement with Ray had little effect on the score.
그를 레이와 교체한 것이 점수에는 거의 영향을 주지 않았어요.

30	**satisfaction with**	~에 대한 만족	★★☆

They reported strong satisfaction with library services.
그들은 도서관 서비스에 매우 만족한다고 보고했습니다.

31	**sympathy with**	~에 공감	★★☆

Nevertheless I must admit some sympathy with that view.
그런데도 내가 그 견해에 어느 정도 공감한다고 인정해야겠는걸.

32	**talk with**	~와 회담/대화	★★☆

His talks with the Russian president will focus on defense, trade and nuclear cooperation. 러시아 대통령과의 회담은 국방, 무역 및 핵 협력에 초점을 맞출 것입니다.

33	**tussle with**	~와의 격투/다툼	★★☆

He accidentally got in a tussle with an alligator.
그는 어쩌다 악어와 격전을 벌이게 됐습니다.

with

CHAPTER 10

거의 모든 전치사 of의 표현

of

전치사 'of' 는 '~의'라는 뜻으로 전체의 한 부분에 속해 있기에 떼어낼 수 없는 밀접한 관계를 나타냅니다. 'A of B'의 형태에서 A는 B의 한 부분으로 전체와 불가분의 관계, 소유, 소속이라는 기본 의미를 가집니다. A의 영역과 범위가 점차 넓어지면 B와 동일한 관계, 그 자체, 동격으로까지 확장이 되는데요, 즉 'B인 A'라는 뜻이 되지요. B가 A의 속성·성질·품성·특징을 나타낼 때는 '~을 가지고 있는', B가 A를 이루는 재료일 때는 '~로 만든', B가 모여서 A라는 단위·군·수치를 나타낼 때, 예를 들어 'age of 18'의 경우 '18살이라는 나이'라는 의미가 됩니다. 'of'가 동사와 함께 쓰일 때는 뒤따라오는 목적어의 자세한 세부사항과 주변 정보에 관심이 있는 'about'과 달리 목적어 자체에 초점을 두는 것도 이 때문입니다. 'of'는 제거·박탈·분리의 의미를 지닌 동사와도 함께 쓰이는데, 이때는 밀접한 A에서 B를 제거한다는 의미로 사용됩니다.

UNIT 1 동사 + of

PREPOSITION

MP3 037

1	accuse A of B	A를 B로 비난하다/고소하다	★★☆

Julia harshly accused me of repeatedly making mistakes.
줄리아는 내가 실수를 반복한다고 맹비난을 했어요.

2	approve of	~에 찬성하다	★★☆

I strongly approve of the new policy adopted by the current government.
나는 현 정부의 새 정책에 확실히 찬성합니다.

3	assure A of B	A에게 B를 장담하다/약속하다	★☆☆

Her parents assured her of their continuing support.
그녀의 부모님은 그녀에게 지속적인 지원을 하겠다고 약속했습니다.

4	bereave A of B	A에게서 B를 빼앗다	★☆☆

The tragic accident bereaved the family of their eldest son.
그 비극적인 사고로 가족은 장남을 잃었습니다. (← 그 비극적인 사고는 가족에게서 장남을 빼앗았다.)
▸ bereave는 (병/사고/죽음 등으로) 가까운 사람이 희생되었을 때, 'bereaved parents'와 같이 명사를 수식하는 분사(형용사) 형태로 많이 쓰임.

5	clear A of B	A에서 B를 치우다	★★☆

The cleaning crew worked diligently to clear the office of clutter before the big meeting.
청소팀은 중요한 회의를 앞두고 사무실의 어수선함을 치우기 위해 부지런히 움직였습니다.

6	complain of	~을 불평하다	★★☆

Lately, she has been persistently complaining of a severe headache.
요즘 그녀는 계속에서 심한 두통을 호소합니다. (← 그녀는 요즘 심한 두통이 있다고 불평한다.)
▸ complain of는 주로 병명과 함께 사용됨.

of

7	conceive of	~을 상상하다	★★☆

It's not easy to conceive of how much money billions of dollars would be. 수십억 달러의 돈이 얼마나 큰지 상상하기란 쉽지 않죠.

	conceive of A as B	A를 B로 여기다/생각하다	

My uncle still conceives of me as a 7-year-old girl.
삼촌은 아직도 나를 7살짜리 꼬마로 여긴다니까요.

8	consist of	~로 구성되다	★★★

The committee consists of five members from various departments.
위원회는 다양한 부서에서 온 5명으로 구성되어 있습니다 .

9	convict A of B	A에게 B로 유죄를 선고하다	★★☆

The jury convicted him of robbery. 배심원들은 강도 혐의로 그에게 유죄를 선고했습니다.

10	convince A of B	A에게 B를 확신시키다	★★☆

My teacher convinced me of my academic success in the future.
선생님은 미래에 제가 학업적으로 성공할 것이라고 확신시켜 주셨어요.

11	cure A of B	A를 B에서 벗어나게 하다, 치료하다	★★☆

Repeated rehearsals cured her of stage fright.
반복적인 리허설을 통해 그녀는 무대 공포증에서 벗어났습니다.

12	deprive A of B	A에게서 B를 빼앗다/박탈하다	★★☆

It was proven that the guard deprived the prisoners of basic human rights. 그 교도관이 죄수들의 기본 인권을 박탈했다는 것이 입증이 되었습니다.

13	despair of	~을 체념하다	★★☆

As time passed, Brian began to despair of ever being rescued.
시간이 지날수록 브라이언은 구조에 대해 체념하기 시작했어요.

14	**die of**	~로 죽다	★★☆

He died of a brain tumor at the age of 26. 그는 26세에 뇌종양으로 죽었어요.

15	**disapprove of**	~을 반대하다	★★☆

Jessica's father strongly disapproved of her getting married.
제시카의 아버지는 딸의 결혼에 강하게 반대했어요.

16	**dispose of**	~을 처리하다/폐기하다	★★☆

Burial deep underground is the safest way to dispose of radioactive waste. 땅속 깊이 묻는 것이 방사성 폐기물을 처리하는 가장 안전한 방법입니다.

She never wears that jacket, but she's hesitant to dispose of it.
그녀는 절대 그 재킷을 입지 않아요. 그런데도 버리는 건 주저해요.

17	**dream of**	~에 대해 꿈 꾸다	★★☆

He dreams of becoming a skilled politician.
그는 노련하고 능력 있는 정치인이 되는 걸 꿈 꿉니다.

18	**free A of B**	A에게서 B를 벗어나게 하다	★★★

The new technology aims to free businesses of cumbersome paperwork. 이 새로운 기술이 목표로 하는 것은 기업이 번거로운 서류 작업에서 벗어나는 것입니다.

19	**get rid of**	~을 제거하다	★★★

Let's get rid of this old computer and buy a new one.
이 오래된 컴퓨터 버리고 새로 하나 사자.

20	**hear of**	~에 대해 듣다	★★☆

A Do you happen to know Birmingham? 너 혹시 버밍엄이라고 아니?
B I think I've heard of it. 들어 본 것 같은데.

of

21	**inform A of B**	A에게 B를 알리다	★★☆

He was reluctant to inform his parents of his dropout of college.
그는 자신이 대학을 중퇴했다는 사실을 부모님께 알리는 게 꺼려졌습니다.

22	**relieve A of B**	A에게서 B를 덜어주다	★☆☆

The doctor relieved his patient of the pain he had been experiencing.
의사는 환자가 겪어 왔던 고통을 덜어주었어요.

23	**remind A of B**	A에게 B를 생각나게 하다/상기시키다	★★☆

Whenever I visit this neighborhoold, it reminds me of my friend Lia.
이 동네는 방문할 때마다 친구 리아를 생각나게 해요.

24	**rid A of B**	A에게서 B를 없애다	★★☆

We need to rid the organization of corruption.
우리는 그 단체에서 부정부패를 없애야 해요.

25	**rob A of B**	A에게서 B를 빼앗다/박탈하다	★★☆

The unexpected rainstorm robbed us of our planned outdoor picnic.
예상치 못한 폭풍우로 인해 계획했던 야외 피크닉을 취소해야 했어요. (← 예상치 못한 폭풍우가 우리의 계획했던 피크닉을 박탈했다.)

26	**strip A of B**	A에서 B를 벗겨내다	★★☆

He meticulously stripped the tree of its bark, rendering it smooth and exposed. 그는 나무 껍질을 세심하게 벗겨내어 나무가 매끄럽고 속살이 드러나게 했어요.

	strip A of B	A에서 B를 박탈하다	

The new law stripped small businesses of their tax benefits.
새로운 법은 중소기업의 세금 혜택을 박탈했습니다.

27	**suspect A of B**	A를 B(하는 것으)로 의심하다	★★☆

The policeman suspected him of lying.
경찰관은 그가 거짓말을 하는 것으로 의심했어요.

28	**think of**	~에 대해 생각하다	★★★

What do you think of your new teacher?
새로 오신 선생님에 대해 어떻게 생각해?

think of A as B	A를 B로 생각하다	

I think of Chelsie as my best friend.
나는 첼시를 내 가장 친한 친구로 여겨요.

of

UNIT 2 | 형용사/과거분사 + of

PREPOSITION

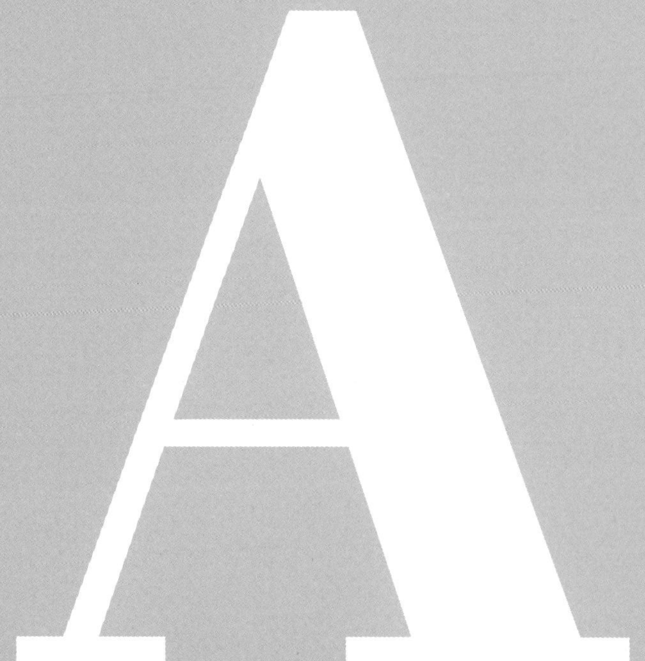

MP3 038

1	**accused of**	~로 기소된	★★★

He has been accused of robbery. 그는 강도 혐의로 기소되었어요.

2	**acquitted of**	~에 무죄 판결을 받는	★★☆

She was acquitted of all the charges against her.
그녀는 자신에 대한 모든 혐의에 무죄 판결을 받았어요.

3	**afraid of**	~을 무서워하는	★★★

I'm afraid of heights; even standing on a balcony makes me nervous.
저는 고소 공포증이 있어요. 발코니에 서 있기만 해도 긴장이 돼요.

4	**ashamed of**	~을 부끄러워하는	★★☆

You should be ashamed of what you did. 네가 한 일에 부끄러운 줄 알아야지.

5	**aware of**	~을 인식하는	★★★

She was well aware of the danger of walking alone at night in that neighborhood. 그녀는 그 동네에서 밤에 혼자 걷는 것의 위험에 대해 잘 알고 있었어요.

6	**capable of**	~을 할 수 있는	★★★

She is fully capable of handling complex projects with minimal supervision. 그녀는 감독을 최소한으로 하면서 복잡한 프로젝트를 완벽하게 처리할 수 있습니다.

7	**certain of**	~을 확신하는	★★★

I'm 100% certain of our victory. 난 우리가 승리할 거라고 100% 확신해.

8	**characteristic of**	(특유한) ~의 특징인	★☆☆

Confidence is characteristic of successful leaders.
자신감은 성공한 지도자의 전형적인 특징이죠.

9	**composed of**	~로 구성된	★★★

Water is composed of hydrogen and oxygen.
물은 수소와 산소로 구성되어 있습니다.
▸ 참고로, 비슷한 의미의 comprise가 있는데, 그것은 of 없이 쓰임.
This thesis comprises five chapters. 이 논문은 5개 장으로 구성되어 있습니다.

10	**conscious of**	~을 알아챈	★★★

I became conscious of being constantly under surveillance.
내가 계속 감시받고 있다는 걸 알아채게 됐어요.

11	**deprived of**	~가 박탈된	★★☆

You can't function properly when you're deprived of sleep.
잠이 부족하면 제대로 활동할 수가 없어.

12	**desirous of**	~을 원하는	★★☆

He was desirous of pursuing medical studies abroad.
그는 해외에서 의학 공부를 하고 싶었지요.

13	**distrustful of**	~을 믿지 않는/불신하는	★★☆

Marriage has made him distrustful of women in general.
결혼으로 인해 그는 일반적으로 여성들을 불신하게 되었죠.

14	**doubtful of**	~를 의심하는	★★☆

He seemed doubtful of the truth of the stories she told.
그는 그녀가 말한 이야기의 진실성을 의심하는 것 같았습니다.
▸ 다소 격식을 갖춘 느낌이라서 일반 회화체에서는 doubtful about이 더 자주 쓰임.

15	**envious of**	~을 부러워하는	★★☆

I'm really envious of people who have those big boats.
저런 큰 보트를 가진 사람들이 참 부럽네요.

16	**fond of**	~을 좋아하는	★★★

She was particularly fond of female vocals in the band.
그녀는 그 밴드에서 여성 보컬을 특히 좋아했어요.

17	**forgetful of**	~을 (잘) 잊어버리는	★★☆

She became increasingly forgetful of the details of the meeting as time went on. 시간이 갈수록 그녀는 회의의 세세한 내용을 점점 더 잊어버리게 됐습니다.
▸ 다소 격식을 갖춘 느낌이라서 일반 회화체에서는 forgetful about이 더 자주 쓰임.

18	**free of**	~이 없는	★★★

The routes are relatively free of traffic. 그 길들이 비교적 교통량이 없어요.

19	**frightened of**	~에 놀라는/공포가 있는	★★☆

Are you frightened of thunderstorms? 넌 천둥 치면 깜짝 놀라니?

20	**full of**	~으로 가득 찬	★★★

The case was full of clothes. 상자가 옷으로 꽉 차 있었어요.

I can't stand her – she is so full of herself. 난 걔 못 봐주겠어. 자만이 쩔거든.
▸ full of oneself: 자만심에 가득 찬

21	**hopeful of**	~을 기대하는	★★☆

They were hopeful of building a big shopping mall in the center of the city. 그들은 도시 중심부에 큰 쇼핑몰을 세우는 것을 기대했어요.
▸ 다소 격식을 갖춘 느낌이라서 일반 회화체에서는 hopeful about이 더 자주 쓰임.

22	**ignorant of**	~을 모르는, ~에 무지한	★★☆

She was completely ignorant of the danger she was facing.
그녀는 자신이 직면한 위험에 대해 전혀 몰랐어요.

23	**incapable of**	~을 할 수 없는	★★★

She seemed incapable of maintaining any close personal relationships. 그녀는 어떤 친밀한 인간 관계도 유지할 수 없는 것처럼 보였어요.

24	**independent of**	~에서 독립한	★★★

After marriage, he became financially independent of his parents.
결혼 후, 그는 경제적으로 부모님에게서 독립했어요.

25	**indicative of**	~을 보여주는/시사하는/나타내는	★★★

The current increase in consumption is indicative of markets returning to normal. 현재의 소비 증가는 시장이 정상으로 돌아오고 있다는 걸 나타냅니다.
▸ 다소 격식을 갖춘 느낌이라서 일반 회화체에서는 suggestive가 더 자주 쓰임.

26	**informed of**	~을 통보받은	★★☆

Staff were informed of the decision yesterday afternoon.
직원들은 어제 오후에 그 결정을 통보받았습니다.

27	**innocent of**	~의 죄를 범하지 않은, ~에 결백한	★★☆

He said that he was innocent of all the criminal charges.
그는 모든 범죄 혐의에 자기는 결백하다고 말했어요.

28	**jealous of**	~을 질투하는, 부러워하는	★★☆

She's jealous of my success. She tries to hide her true feelings, but I can tell. 그 애는 내가 성공한 것을 시기해요. 본심을 숨기려고 하지만 전 알 수 있어요.

She's jealous
of my success.

29	**mindful of**	~을 염두에 두는	★★☆

The school is mindful of its responsibilities towards all the children.
학교는 모든 어린이에 대한 책임을 염두에 두고 있습니다.

30	**observant of**	~을 준수하는	★★☆

He is very observant of the school rules, which is why all the teachers speak highly of him. 그는 교칙을 아주 잘 지켜서 모든 선생님들이 그에 대해서 좋게 말해요.

31	**predictive of**	~의 지표가 되는, ~을 예측하는	★★☆

Problem-solving skills are predicative of success in advanced learning. 문제 해결 능력을 보면 심화 학습이 성공할 것인지 알 수가 있습니다.

32	**protective of**	~을 보호하는	★★☆

The manager is very protective of his clients' privacy.
그 관리자는 고객의 개인정보를 중요하게 보호합니다.

33	**proud of**	~을 자랑스러워하는	★★★

You must be very proud of your daughter. 넌 네 딸이 정말 자랑스럽겠다.

34	**regardless of**	~에 상관없이	★★★

I tell them the truth, regardless of what they want to hear.
그들이 듣고 싶어 하는 것과 상관없이 난 그들에게 진실을 말해.

The tax was levied regardless of marital status.
세금은 결혼 여부와 관계없이 부과되었습니다.

35	**relieved of**	~을 덜어낸	★★☆

I was relieved of the responsibility for choosing a successor.
난 후임자를 선정해야 하는 책무에서 벗어났습니다.

	relieved of	~에서 해임된	

Both men were subsequently relieved of their positions.
나중에 이 두 사람 모두 직위에서 해임되었습니다.

of

36	**reminded of**	~가 생각나는	★★☆

Occasionally, she would get upset when reminded of her previous marriage. 가끔, 이전 결혼생활이 생각나면 그녀는 화가 났어요.

37	**representative of**	~을 대표하는	★★☆

I am representative of the whole class. 제가 학급 전체를 대표하고 있어요.

	representative of	~을 나타내는	

The behavior is representative of experimental results.
그 행동이 실험 결과를 나타냅니다.

38	**required of**	~이 필요하여 요구받는	★★☆

Karen will know exactly what's required of her.
캐런은 자신이 무엇을 요구받을지 정확히 알게 될 겁니다.

39	**scared of**	~을 두려워하는	★★☆

He's scared of telling her what really happened.
그는 실제로 무슨 일이 있었는지 그녀에게 말하는 걸 두려워하고 있어요.

40	**short of**	~이 부족한	★★★

I couldn't walk far without becoming short of breath.
난 멀리 걸을 때마다 숨이 찼어요. (← 난 숨이 부족해지지 않고는 멀리까지 걸어갈 수 없었다.)

41	**sick of**	~이 꼴도 보기 싫은	★★☆

I'm sick of him complaining about money.
그 사람이 돈 가지고 징징대는 게 꼴도 보기 싫어요.

42	**sure of**	~을 확신하는	★★★

She was sure of her decision to move to a new city, feeling confident that it was the right choice for her career.
그녀는 새로운 도시로 이사하기로 한 결정이 자신의 경력에 딱 맞는 선택이라는 확신이 있었습니다.

43	**suspected of**	~의 혐의를 받는	★★☆

The man was suspected of being a spy. 그 남자는 스파이로 혐의를 받았어요.

44	**suspicious of**	~을 의심하는	★★☆

Some of his coworkers became suspicious of his intentions.
직장 동료 중 일부는 그의 의도를 의심하게 됐어요.

45	**terrified of**	~을 완전히 무서워하는	★★☆

I'm terrified of the dark and hate being alone in it.
나는 어둠이 무서워. 그래서 어둠 속에 혼자 있는 거 아주 싫어해.

46	**thoughtful of**	~을 배려하는/헤아리는	★★☆

She was always thoughtful of her friends' feelings.
그녀는 늘 자기 친구들의 감정을 헤아렸습니다.

47	**tired of**	~에 싫증 나는	★★★

I'm tired of watching TV; let's go for a walk.
TV 보는 것도 지겨우니까 나가서 좀 걷자.

48	**true of**	~에 해당하는	★★★

The same is also true of everyone else in the group.
똑같은 사항이 그룹 내 다른 사람 모두에게도 해당합니다.

49	**typical of**	~을 대표하는, ~의 전형적인	★★★

This is not typical of Chinese but is a feature of the Thai language.
이건 중국어의 전형적인 모습이라기보다는 태국어가 가지는 특징입니다.

50	**unaware of**	**~을 모르는/알지 못하는**	★★★

She was completely unaware of the changes that had been made to the project deadline. 그녀는 프로젝트 마감일이 변경되었다는 것을 전혀 몰랐어요.

51	**wary of**	**~을 조심하는/경계하는**	★★☆

She is always wary of strangers approaching her in an unfamiliar place. 그녀는 낯선 곳에서 모르는 사람이 다가오는 것을 항상 경계합니다.

52	**worthy of**	**~할 만한, ~에 맞는**	★★★

It has many features worthy of exploration. 그것에는 탐색해 볼 만한 점들이 많습니다.
He threw a party worthy of a millionaire. 그는 백만장자에 걸맞은 파티를 열었어요.

INDEX

A

B

C

D

E

J

K

L

M

N

O

P

Q

R

S

T

U

V

W

Y

Z

참고 문헌

Azar, B. S. (2002). *Understanding and using English Grammar.* NY: Pearson Education.

Murphy, R. & Smalzer, W. (2007). *Grammar in use.* NY: Cambridge University Press.

Celce-Murcia, M. & Larsen-Freeman, D. (2015). *The grammar book.* Heinle ELT.

Greenbaum, S. & Quirk, R. (2006). *A student's grammar of the English language.* Edinburgh: Pearson Education.

Swan, M. (2009). *Practical English Usage.* Oxford: Oxford University Press.

Yu, T. & Yoo W. (2010). *Korean university students' use of prepositional verbs: A corpus based study.* English Teaching, 65④, 403–424.

MIKE'S